信毅学术文库

国家社科基金青年项目（14CJY053）
中国博士后科学基金面上项目（2015M571982）
江西省博士后科研项目（2015KY56）

水产品冷链物流中心区位选择与评价研究

王友丽 著

復旦大學出版社

总序
Preface

“书籍是人类进步的阶梯。”通过书面记载，语言、文字、图画能够较为完好地保存下来，可以大量印制和快速传播，大大地方便人类的阅读和学习。当下，国家和社会对创新性知识的巨大需求促成了中国学术出版的新一轮繁荣。学术能力已成为当前高校综合服务水平的重要体现，是学校价值追求和人才培养的关键影响因素。

科学合理的学科专业结构、能够引领学科前沿的师资队伍、作为知识载体和传播媒介的优秀作品，是高校作为学术创新主体必备的三大要素。江西财经大学较为科学合理的学科结构和相对优秀的师资队伍，为我校的学术发展与繁荣奠定了坚实的基础。学校教师中教材、学术专著编撰出版活动活跃。

为加强我校学术专著出版管理，淬炼教师学术科研能力，江西财经大学与复旦大学出版社经过充分磋商，达成共识，分批次推出高品质专著系列。为此，我们根据江西财经大学“信敏廉毅”校训精神，将之命名为“信毅学术文库”。前期我们已分批出版了“江西财经大学学术文库”和“江西财经大学博士论文文库”，为打造学术精品，突出江财特色，现将上述两个系列整合汇编为“信毅学术文库”。

本期“信毅学术文库”共选取了9部学术专著予以资助出版。这些学术专著囊括对经济、管理、法律、社会等各方面内容的研究，关注了社会热点论题和有重要研究和参考价值的选题，有一定的学术价值和现实指导意义。专著的作者既有学术领域的资深学者，也有初出茅庐的新聘博士。资深学者学术涵养深厚，且精于写作，他们专著的出版必定能够带来较好的学术影响和社会效益。作为青年学者，优秀博士学术思维活跃，容易提出新的甚至是有突破性的学术观点，从而成为学术研究或学术讨论的焦点，把他们的学术研究成果编撰成书，其社会效益也不言自明。一般而言，国家级课题项目的研究在专业领域具有较强的创新性，必须达到国内甚至国际的领先水准，基于此，我们也吸纳了部分国家级科研课题项目研究成果。

“信毅学术文库”将分期分批出版问世，我们将严格质量管理，努力提升学术专著水平，力争将“信毅学术文库”打造成业内有影响的高端品牌。“信毅学术文库”的出版，得到了复旦大学出版社的大力支持，对他们的敬业精神和远见卓识，我感到由衷的钦佩。

王　乔

二〇一四年十一月六日

序言 Preface

冷链物流作为现代物流的重要领域，在全球范围内受到普遍的重视并获得迅速的发展。在我国，20 世纪 60 年代后，冷链技术逐步在物流环节中得到应用，进入 21 世纪以来，冷链技术发展迅猛，冷链物流发展环境和条件不断改善，冷链物流进入了一个崭新的发展阶段。特别是近年来，随着居民消费理念的转型、消费结构的优化和消费水平的提升，我国水产品产量和流通量逐年增加，全社会高度重视水产品的品质和安全，对加快发展水产品冷链物流提出了更高的要求。

水产品冷链物流中心是水产品冷链物流发展的重要基础设施，加快发展水产品冷链物流离不开一批辐射带动作用强的水产品冷链物流中心作为支撑。构建布局合理、层次分明、功能先进、集聚集约、绿色高效的水产品冷链物流中心体系，不仅对优化水产品冷链物流的空间布局和运行模式、提升物流效率、降低物流成本，而且对保障水产品的质量和消费安全具有重要的意义。因此，关于水产品冷链物流中心区位选择与评价的研究对当前水产品冷链物流的发展是非常重要的，这个研究带有鲜活的时代特色，具有前沿性。

王友丽是福州大学物流管理专业的博士，长期研究物流理论，承担参与了一批区域物流发展规划和企业物流发展战略等课题，拥有较扎实的理论基础和科研功底。《水产品冷链物流中心区位选择与评价研究》一书是她在博士学位论文基础上修改而成的，是关于水产品冷链物流发展研究的重要成果，相信能够为水产品冷链物流中心建设实践提供富有价值的参考。

值此王友丽博士的专著出版之际，我很欣喜地看到她所作的努力和取得的成果，希望她在高校从事教学和科研的道路上越走越远，也寄语在今后的学术生涯中能出更多更好的成果，是以为序。

王　健

2015 年 10 月

前言
Foreword

如同格言“Too many fishermen chasing too few fish”所言，第二次世界大战后渔船大型化、渔获规模化导致“过渔”的现象产生，造成渔船单位渔获量每况愈下。根据世界粮农组织（Food and Agriculture Organization，FAO）1998 年报告指出：全球 60%的渔业资源处于饱和或过度开发状态，衰退的主要原因为渔获能力过剩。为解决此问题，1997 年 FAO 通过了《渔获能力管理之国际行动计划》，建议各国应削减过剩的渔获能力（FAO，1998）。2001 年，面对贸易自由化竞争，我国渔业面临更艰巨的挑战，特别是我国加入世界贸易组织以后，农产品（包括水产品）的平均税率为 15.6%，比 2001 年分别降低了 23%和 17.5%。因此，国外渔产品将以较低的成本进口，严重冲击我国的渔业市场。伴随着渔业资源的衰竭，我国的渔业经济也陷入低谷。与此同时，随着国民经济的发展、人民生活水平的不断提高，人们对冷冻冷藏食品的认知度越来越高，对水产品的需求也越来越高，同时对水产品的新鲜、质量与安全卫生等要求更加严格，水产品在供需方面的矛盾迅速推动了水产品冷冻冷藏、加工行业以及低温物流与冷链物流的发展。

自 2004 年的中央“一号文件”提出关注生鲜产品物流的问题后，累计 11 年的“一号文件”中共 10 次提及相关行业，2013 年中央“一号文件”的 80 项政策措施中有 7 项涉及冷链物流，2014 年，这一词汇再度被提及。此外，农产品质量与食品安全也是近年来中央“一号文件”中的高频词汇。水产品是人类摄取动物性蛋白质的主要来源之一，保证水产品的质量、保障水产品食用安全需要冷链。在水产品冷链物流中，着眼于质量保证、耗损减少，确保水产品不间断的冷链流通，而温度和时间在流通中甚为关键，直接影响到水产品的品质。水产品冷链物流中心是水产品冷链物流的重要节点，建立水产品冷链物流中心，在发挥资源合理分配、提高水产品品质、增强经济效益、打造国际竞争力等方面都具有重要的意义和作用。

根据空间尺度，物流中心的区位可分为宏观区位、微观区位和超微观区位。水产品冷链物流中心作为产地型物流中心的典型代表，其在本研究中的区位选择从空间层次上属于城市选择的范畴，城市选择作为宏观区位选择中的最后一层即为选择水产品冷链物流中心进入的城市。理论方面，以水产品物流中心的区位选择问题作为研究对象，将宏观与微观机制相结合对水产品冷链物流中心区位选择进行系统思考，重点把握水产品冷链物流与一般物流的差异性和特点，科学回答区位选择的基本机理和评价方法，提出水产品冷链物流中心的区位选择与评价模型，能够深化人们对现代水产品冷链物流特征的认识，丰富区位选择之于水产品冷链物流中心的相关理论研究成果。实践方面，对于政府而言，根据国家发改委编制的《农产品冷链物流发展规划》提出有效地缓解我国冷藏技术设施不足的目标，对于水产品冷链物流中心区位选择问题系统地研究，有利于指导政府进行合理规划和科学决策，为各地兴起的水产品冷链物流中心建设的实践提供政策建议和智力支持。对于企业而言，有利于降低水产品生产、加工和流通的成本，减少耗损，提高水产品生产的总体效益；有利于加快水产品市场的反应速度，增加水产品收入；有利于促进渔业结构调整，提高渔业规模化经营水平，加快渔业现代化的进程；有利于促进水产品生产加工结构调整和产业升级，使水产品加工与流通取得长足进展，提高我国水产品的国际竞争力。对于消费者而言，几乎所有的水产品腐坏都是由温度引起的，水产品安全问题关系到全社会每个人最基本的利益，水产品冷链物流中心系列问题的研究是以达到保持食品质量完好与安全为目的的。

全书共分为七章。第一章是导论。主要分析了选题的基本背景，明确了研究意义，指出了本书的研究对象，介绍了研究的主要内容体系，并阐述了本研究的思路、方法和技术路线等。第二章是文献检视和理论基础。在国内外相关研究现状的把握和评析上，对核心概念进行界定，并介绍了区位选择的方法模式，并就本文的相关理论基础做了较为详细的介绍和讨论。第三章是有关区位因子设计与方法的研究。内容包括区位因子维度探索和测量量表的开发，以及本研究实证分析的数据来源和调查方式及其分析工具。第四章是区位因子探索性研究与验证性研究的内容。主要通过预试的探索性研究和验证性因子分析的手段对水产品冷链物流的区位因素进行深入分析和探讨，包括概念的操作化、研究样本描述分析、问卷质量评价与测量模型的验证。第五章是区位选择评价研究设计与方法。介绍了区位选择评价的方法和计量模型，基于结构方程模型分析得出区位因子权重系数，并结合 TOPSIS 分析确立了区位选择评价的模型和实证分析的基础。第六章是区位选择评价的实证分析。以闽台水产品贸易和水产品冷链物流中心区位选择进行实证研究，得出综合评价结果，并与当前实践现状进行对比，查找原因，检验理论评价的效度。第七章是本书的结论部分，内容包括研究结论与讨论，管理及实践的启示研究的贡献和不足，以及提出后续研究展望等。

本书通过水产品冷链物流中心与区位选择理论分析，提出了水产品冷链物流中心区位选择的测量模型和测量量表，对区位因子和区位选择评价的影响因素及其机理进行了探讨，立足于区位选择的空间经济学基础，应用综合评价与多属性决策方法，以闽台水产品冷链物流为实证分析对象，探讨水产品冷链物流中心区位选择的决策问题，形成三个主要观点：(1) 加强水产品冷链物流中心区位选择的合理规划是实践的重中之重。区位选择评价的本质和途径是科学构建模型(指标体系)和加以检验。(2) 水产品冷链物流中心区位选择的影响因素既有内生性因素，也有外生性因素，因而必须全面客观把握，并科学确定其权重。(3) 水产品冷链物流中心区位选择评价模型和方法的选择，由于指标特点上不仅有效益型指标，还有非效益型指标，这种特点使逼近理想点法和模糊层次分析法相对更有优势，更适合于这类评价研究。

目录
Contents

第一章

导　论

本章首先通过明确选题背景和意义，界定研究对象和层次，安排本书的研究结构，以便从整体上把握本书的整体架构和轮廓体系，并介绍本研究的基本思路和所采取的技术路线。

1.1　研究背景和意义

在经济全球化迅猛发展的背景下，国际水产品贸易量持续增长。全球水产品约有 38%在国际进行贸易流通，其中贸易额 50%以上来自发展中国家，而高达 80%的水产品则主要出口到日本、美国和欧盟。我国改革开放以后，特别是在 1985 年水产品价格全面放开后，渔业生产力得到了极大解放，渔业经济总量及对外贸易持续增长①。渔业生产的持续发展，极大地支持了我国水产品对外贸易的发展。早在 2008 年，全球水产品出口额就已突破千亿美元大关。其中，中国以 10%的市场份额占据首位。2010 年，中国水产品进出口贸易总额 203 亿美元，其中出口额 138 亿美元，增长 28.1%，已超过美国成为世界最大的水产品贸易国②。水产品国际贸易的增长拓展了我国渔业发展空间，也急需推动水产品冷链物流的规模化、一体化发展。

---

① 郝丹. 国际水产品冷链物流优化——以 BSL 公司为例[D]. 中国海洋大学，2009：1.

② 陈述平. 在全国水产品对外贸易形势分析座谈会上的专题报告"2010 世界水产品贸易形势简析"[EB/OL]. http://dof.hainan.gov.cn/hyjj/detail.asp?gid=5009.

由于水产品生产和加工对客户需求的多样化和个性化需求要有快速响应能力，但囿于水产品的生产季节性、地域性、局限性，以及水产品消费的普遍性、全年性和全球性等特点，造成了水产品生产与消费之间的矛盾。因而发展现代物流，尤其是发展水产品冷链物流是解决上述矛盾的一个有效途径。通过发展低温、冷冻水产品的生产和加工，可有效地解决这种“供求”矛盾。

当前，关于现代物流问题的研究已成为国内学界研究的热点。然而，到目前为止，学界对于我国水产品物流的研究还停留在资料汇编或散见于个别论著之中，对于水产品冷链物流方面的研究极为少见，而在水产品冷链物流规划设计中的区位选择研究更是基本处于空白，迫切需要对此问题进行深入系统的研究。我国作为世界上最大的水产品贸易国，是渔业大国，但不是渔业强国，究其原因之一，就是适合我国国情的水产品冷链物流发展较为滞后。建立水产品冷链物流中心，对于发挥资源合理分配、提高水产品品质、增强经济效益、打造国际竞争力等方面都具有重要的意义和作用。

1. 研究背景

(1) 国际冷链物流发展迅猛。

水产品冷链是指水产品在生产流通的全过程，包括捕捞、运输、贮藏、流通、加工、监管、管理和服务条件等体系，抑制微生物和菌类的活性、降低水质的活性，对水产品的腐烂起到了抑制和延缓的作用，不含防腐剂和食品添加剂是保证水产品营养价值、鲜度和风味的最佳途径(陈坚等，2001)。完善的水产品冷链能够保证水产食品的质量，目前市场上出现较多的是冷冻鱼块(片)。欧美和日本在水产品冷链系统中的设备设施、管理咨询、信息系统等方面的建设走在前面，相对比较完善。

根据国际冷藏仓库协会(IARW)在华盛顿发布的全球冷库容量报告，2008 年全球总体冷藏库容量大约为 87.5 亿立方英尺，约合 7 428.724 5万吨，其中美国冷库容量为 2 122 万吨，日本冷库容量为 831 万吨，我国冷库容量为 450 万吨，但是我国人均冷库占有量只有 3.4 千克，与发达国家相比具有较大的差距(参见表 1－1)。随着易腐食品贸易越来越多地依靠冷链来保证其质量，因此在世界各地增加冷藏容量已成必然趋势。

表 1-1 2008 年世界各国人均冷库容量

国 家	GDP（亿美元）	人均 GDP（美元）	冷库容量（万吨）	人均冷库占有量（千克/人）
美 国	139 800	46 280	2 122.2	702.5
日 本	52 900	41 480	830.7	65.1
中 国	33 700	2 520	450.0	3.4
德 国	32 800	39 710	402.0	48.7
印 度	9 280	830	557.4	5.0
荷 兰	7 560	45 880	378.0	229.4
俄罗斯	11 400	8 030	480.0	33.8

资料来源：国际冷冻仓储协会、中国统计年鉴、仲量联行分析，2009 年。

根据 2010 年 6 月国家发改委发布的《农产品冷链物流发展规划》，预计到 2015 年，全国冷库总容量将达到 1 880 万吨（2011 年为1 200万吨），肉类和水产品冷链物流水平将显著提高，水产品冷链流通率提高到 36%以上（2010 年为 23%），冷藏运输率提高到 65%左右，流通环节水产品腐损率降至 10%以下（2010 年为 15%，一般发达国家为 5%，美国为 2%）。

（2）我国冷链物流发展缓慢。

我国的冷链物流起步较晚，最早出现在 20 世纪 50 年代。由于随着人们物质生活迅速增长的需求，加上政府的扶持和推广，冷链需求不断扩大，发展速度较快，特别是进入 21 世纪以来，发展势头更为迅猛。但就总体而言，与发达国家相比我国的冷链物流发展尚存较大差距，冷链物流体系尚未形成。当前的冷链不论从规模还是技术上都还远远满足不了当前的市场需求，基础设施和市场体系以及法律、法规都还不健全，不仅有亟待优化的必要，而且还存在很多需要优化的问题。

伴随着冷链需求的不断扩大，我国冷藏库体系也正逐步走向完善。从 20 世纪 80 年代中期起，除了传统的冷却物和冻结物冷藏库以外，我国各省市陆续建立了一批专业性冷藏库，如变温库(多用途冷库)、气调库、立体自动化冷库、超低温冷库、粮食冷库、生物制品冷库和化工原料冷库等①。根据国家发改委编制的《农产品冷链物流发展规划》提出的目标是到2015年，在全国范围内，由政府扶持新建和改建冷库库容1 000万吨，在"十二五"末期有效地缓解我国冷藏技术设施不足的问题。

水产品冷库是我国冷库的一个重要组成部分。根据2010年中国仓储行业发展综合报告公布的统计资料显示，截至2009年，我国冷库容量中肉禽类商品存储占15.6%，水产类商品存储占12.37%，果蔬类商品存储占30%，乳制品存储占0.57%，综合类商品储存占41.07%②。由于我国水产品产量的增长很快，2010年已达5 366万吨，占世界水产品总产量1.3亿吨的40%，水产品冷库的发展快于其他产品冷库。根据中国冷链物流发展报告(2010)的预测，到2015年我国水产品总产量为6 367万吨，应当采用冷链物流方式流通的水产品总量将达到1 490万吨③，而存在"断链"的水产品数量达到1 063万吨④。

我国水产品冷链物流发展缓慢的原因，主要表现在：缺乏现代冷链水产品物流的认识，水产品冷链物流成本过高，水产品冷链物流技术手段落后，水产品冷链物流信息化建设迟缓，水产品冷链物流社会化、市场化、标准化程度低。因此，加强我国水产品冷链物流中心的科学规划和建设是促进我国水产品冷链物流发展的必由之路，合理的区位选择则显得尤为重要。

(3) 国外冷链物流中心建设的示范影响。

国内外冷链物流发展经验表明，冷库依托冷链物流中心而存在，水产品冷库是水产品冷链物流中心必不可少的设施，而水产品冷链

---

① 芮文琴，荆有印. 中国冷库现状及节能途径[J]. 冷藏技术，2011(3).

② 中国物流产品网. 2010年中国仓储行业发展综合报告[EB/OL]. http://www.56products.com/special/201076153916/Index.html. [2010.07.06].

③ 应当采用冷链物流方式流通的水产品总量＝海水养殖量＋海水捕捞量＋30%内陆水产品。根据2006年《中国渔业年鉴》中，上海海洋大学及上海水产协会相关专家预计。

④ 水产品冷链流通率＝实际采用冷链物流方式流通的水产品数量/应当采用冷链物流方式流通的水产品总量水产品冷链运输率＝(实际采用冷链物流方式流通的水产品数量＋存在断链的水产品数量)/应当采用冷链物流方式流通的水产品总量。

物流中心在水产品冷链物流体系建设中起着决定性的作用。目前，欧美、日本、澳大利亚、韩国等国家已经形成了以水产品冷链物流中心为核心的水产品冷链物流体系。例如，日本株式会社 HUTECH NORIN 关东第二支店低温物流中心是较为成功和典型的复合型低温物流中心，该中心整合了日本生活协同组合连合会(日生协)的冷冻品库存(DC)和流通加工(PC)功能，将快速分拨中心(TC)功能加入，建成 TC、DC、PC 功能合一的立体化仓库①。日本水产株式会社早在 20 世纪 90 年代就已着手构建水产品供应链，并立志成为"在水产上有特色的食品供应商"，其东京综合物流中心以自动冷藏仓库为主，拥有常温、冷藏、冷冻、超低温四个温度带的保管设备，并具备商品分类、再包装、标价、验货等物流加工功能②。荷兰的冷链物流非常发达，世界上没有任何一个国家的人均制冷和冷冻容积量能够超过荷兰③。荷兰在冷链物流建设中认为，为了满足消费者对水产品的新鲜、方便、品种多样化的要求，需要在市场的附近建立一个水产品的中转站，即水产品冷链物流中心，不断地完善和提升物流供应链。荷兰鹿特丹港和阿姆斯特丹两大支柱性水产品物流中心以及专门经营水产品的埃姆伊敦港物流中心等一大批专业的水产品物流中心都为荷兰水产品物流体系的高效运行作出了巨大贡献。

(4) 我国水产品物流配送功能短板效应突出。

根据彭丽霞(2011)的研究，随着我国实用制冷技术的发展，食品

① 日本株式会社 HUTECH NORIN 是以冷链配送为中心开展业务的物流企业。该公司成立于 20 世纪 50 年代初期，至今已有 55 年的历史。注册资金为 12 亿 1 756 万日元，现有员工 883 名。总公司设在东京都墨田区。冷冻冷藏食品配送业务在日本有着广阔的市场。2006 年 4 月，日本 COOPNET 事业联合公司开始与株式会社 HUTECH NORIN 开展合作。COOPNET 事业联合公司是一家食品销售商。其本部位于琦玉县市南区，其销货网络覆盖东京、埒玉、千叶、茨城、枥木、群马、长野一都六县。受 COOPNET 委托，株式会社 HUTECH NORIN 承担了日配食品(冷藏及冷冻品)的中转(通过型 TC)物流业务。在承担此项业务后，HUTECH NORIN 公司在墙玉县越谷市投资 70 亿日元建设了集 TC、DC、PC 功能于一体的复合型低温物流中心"关东第二支店"。

② 沙丁. DAIFUKU 印象之案例篇(一)——日本水产株式会社东京综合物流中心[J]. China storage & transport magazine，2006(1)：45 - 47.

③ 赵勤. 中国现代农业物流问题研究[D]. 东北林业大学. 2006：10.

流通的速冻、冷藏设施等方面的应用也在不断扩大，推动了水产品冷流通的发展。尽管近几年水产品物流配送取得了一些发展，但是我国的水产品冷链综合技术仍处于初始状态，在水产品物流的全过程尚未形成链环有机连接的系统，有的关键技术仍处于较落后的状况，全国鲜活水产品物流配送的普遍现状是规模小。全国主要水产批发市场中，从事鲜活水产品运销的商人90%—95%是个体商贩，这些商贩组织化程度低、经营不稳定；部分水产品批发市场，开始在市场内建设物流配送和加工中心，但物流规模较小，无论从水产品加工量、加工品种和配送的辐射范围，都达不到真正意义上的鲜活水产品物流配送；一些水产企业对专业化鲜活水产物流的需求不迫切，依然自行承担本企业的水产物流配送，也造成了水产物流业务分散的客观局面；行业竞争仍以价格竞争为主，未能形成服务品牌效应，同时水产品供送的淡旺季分明，造成各自车队资产利用率不高，制约了物流配送的社会化，导致长期以来我国水产品产后损失严重，流通腐损率高达15%。要实现水产品的鲜活流通，就需要保证尽量减少水产品的实体周转和进行技术突破，建设大规模的水产品物流配送中心①。

2. 研究意义

水产品冷链物流在各国经济发展中都具有重要的作用。在经济全球化和信息化发展的背景下，现代物流理论研究与实践应用，日益成为提高我国经济整体运行质量、改善运行环境和提高产业及国家竞争力的迫切需要。现代水产品冷链物流作为现代物流的一个重要组成部分，也必须提高到更为重要的战略高度。因而，加强水产品冷链物流的研究，具有重要的理论价值和实践意义。

我国新建、改建冷库数量的增加势必迎来水产品冷链物流中心的建设浪潮，然而，与我国水产品冷链物流中心实践应用的快速发展势头相比，水产品冷链物流中心的相关理论研究较为滞后，尤其是对水产品冷链物流中心区位选择的相关研究成果非常少见。我国水产

① 彭丽霞. 我国冷链物流发展现状及对策研究[D]. 河北工程大学，2011.

品冷链物流中心规划设计和实践发展中遇到的区位选择等许多关键问题急需寻求理论支撑。例如，影响水产品冷链物流中心区位选择的关键因素有哪些？区位选择的影响机理如何体现？区位选择评价有哪些科学可行的方法和技术？这些理论问题的思考和解决，将为我国水产品冷链物流中心科学规划设计和有效管理提供重要理论依据与实践指导。

(1) 理论意义。

我国现代物流的研究正处于起步阶段，针对水产品冷链物流发展的研究则更为薄弱，相关研究成果少且分散。本研究的目的就是在考察我国水产品冷链物流发展沿革和现状的基础上，借鉴国外发达国家的先进经验和吸收前人研究成果，对水产品冷链物流的发展，尤其是对水产品冷链物流中心区位选择进行系统思考，作出深入的理论探讨，有助于回答区位选择的基本机理和评价方法，深化人们对现代水产品冷链物流特征的认识，丰富区位选择之于水产品冷链物流中心的相关理论研究成果。

(2) 现实意义。

从实践来看，对我国现代水产品冷链物流中心区位选择进行研究，澄清有关认识误区，有利于降低水产品生产、加工和流通的成本，减少耗损，提高水产品生产的总体效益；有利于加快水产品市场的反应速度，增加水产品收入；有利于促进渔业结构调整，提高渔业规模化经营水平，加快渔业现代化的进程；有利于促进水产品生产加工结构调整和产业升级，使水产品加工与流通取得长足进展，提高我国水产品的国际竞争力。

1.2 研究对象和层次

根据我国《物流术语》(GB/T18354－2006)中对物流中心的定义为："从事物流活动且具有完善信息网络的场所或组织。应基本符合下列要求：a) 主要面向社会提供公共物流服务；b) 物流功能健全；

c) 集聚辐射范围大；d) 存储、吞吐能力强；e) 对下游配送中心客户提供物流服务。”物流中心是物流网络的一个重要节点，起着衔接、调节和管理供应链物流活动的作用，具有供应链管理主体的职能，通过对供应链上的各种物流活动进行计划、协调和控制，物流活动在整合的基础上效率更高，可以有效降低供应链的总成本，提高供应链的整体绩效（张绍杰等，2005）。

水产品冷链物流中心主要以水产品经营为主体，以加工、冷藏保鲜、质量检测、信息服务、物流配送为特色，属于专业物流中心，根据不同的市场需求还可通过会员制、代理制等新型市场组织形式，采取直销、拍卖、网上交易等经营方式，为水产品生产者、经营者和需求者提供经营场所和专业物流服务。物流中心建立的主要目的是为了减少流通环节、提高作业效率，以降低物流成本，水产品冷链物流中心将各生产地的水产品进行集中，而后根据作业标准及流程进行统一加工、统一配送，实现规模经济。

根据空间尺度，物流中心的区位可分为宏观区位、微观区位、超微观区位三个空间层次。宏观区位包括国别选择、区域选择、城市选择：国别选择指物流中心选择进入的国家（如美国等发达国家、中国等发展中国家）；区域选择指选择进入的区域（如七个经济区域、三大地带、城市经济区等）；城市选择指物流中心选择进入的城市。微观区位分析指城市内部的区位分析，包括商圈分析、店址选择和评估。超微观区位专指商业设施的内部空间设计①。城市在区域发展中起到“中心地”或“增长极”的作用，城市型物流中心所辐射的经济区域就是城市的“辐射区域”②。水产品冷链物流中心作为产地型物流中心的典型代表，其在本研究中的区位选择，从空间层次上属于城市选择的范畴，即选择水产品冷链物流中心进入的城市。

本研究在研究对象上定位于水产品物流中心的区位选择问题，

① 郭崇义. 商业布局与区位决策[M]. 北京：中国商业出版社，2008：6.

② 刘春，朱俊林. 中国城市物流中心的布局现状分析[J]. 资源开发与市场，2003(6)：368－370.

力图从区位因子的确定和区位选择的评价两个方面进行论述，并以在水产品贸易上具有互补性，以及具有不同政治、经济、文化背景的福建省和台湾地区作为实证研究的对象，以期识别影响水产品冷链物流中心区位选择的关键因素，揭示区位选择的影响机理和实证检验，探索区位选择评价的方法和技术，提出促进闽台水产品冷链物流发展的管理启示和对策建议。

1.3 研究内容和结构安排

1. 主要研究内容

本研究基于水产品理论、供应链理论、物流中心理论、区位论与区位选择理论，立足于区位选择的空间经济学基础，应用综合评价与多属性决策方法，以福建省与台湾地区为实证分析对象，探讨水产品冷链物流中心区位选择的决策问题，具体研究内容包括以下四个方面。

(1) 水产品冷链物流中心与区位选择理论分析。通过对国内外相关研究的文献梳理和系统研究，准确界定水产品冷链物流、水产品冷链物流中心及其区位选择的内涵，把握水产品冷链物流中心及其区位选择的研究现状和已有研究的主要研究视点、贡献和不足，从中找出有待研究的问题域和本研究的着力点，明确本研究的主题和视角，作出基本的理论分析。

(2) 水产品冷链物流中心区位选择的因素分析和量表探索。基于对国内外区位选择、城市竞争力、区域竞争力、物流中心选址、物流中心区位选择等相关文献的梳理与检视，初步探索出构成影响水产品冷链物流中心区位选择的六个维度，分别是生产能力、运输能力、发展能力、人力资源、经济发展潜力和政府战略。根据文献研究发现，由于水产品冷链物流中心从概念界定到区位选择测量维度的选取尚属空白，因此需要开发出相应的测量量表。方法的使用上主要采用去情景化取向的方式，结合文献研究、企业调研、专家访谈意见等编制初步量表。通过预试的探索性研究以及正式的确定性研究，分别对各测量维度以及变量进行信度和效度的检验，评估测量量表的质量。

（3）水产品冷链物流中心区位选择的因素权重确定研究。力图通过对影响水产品冷链物流中心区位选择各维度以及变量间相关系数的探索，确定进一步进行区位选择决策中各变量的权重。应用结构方程模型（SEM）对区位因子及其测量变量进行确定性研究，并通过相关系数赋权法确定各影响因子及测量变量指标的权重，为后续区位选择评价的实证研究提供基础。

（4）闽台地区水产品冷链物流中心区位选择及贸易互补性的实证研究。通过福建省与台湾地区的实证分析，应用 TOPSIS 方法对备选方案进行评价，为区位选择决策提供参考依据。在分别分析了福建省和台湾地区海洋渔业、水产品贸易和水产品冷链物流的发展概况后，通过专家访谈的方式，对各候选城市质性指标的绩效值进行测量，结合量化指标以及水产品冷链物流中心区位选择各维度以及变量间相关系数作出区位选择决策。

2. 本书结构安排

围绕以上四大块内容，本书一共分为七个部分，各章的安排如下。

第一章是导论。主要分析了选题的基本背景，明确了研究意义，指出了本书的研究对象，介绍了研究的主要内容体系，并阐述了本研究的思路、方法和技术路线等。

第二章是文献检视和理论基础。在国内外相关研究现状的把握和评析上，对核心概念进行准确界定，并介绍了区位选择的方法模式，并就本书的相关理论基础做了较为详细的介绍和讨论。

第三章是有关区位因子研究设计与方法的研究。内容包括区位因子维度探索和测量量表的开发，以及本研究实证分析的资料来源和调查方式及其分析工具。

第四章是区位因子探索性研究与验证性研究的内容。主要通过预试的探索性研究和验证性因子分析的手段对水产品冷链物流的区位因素进行深入分析和探讨，包括概念的操作化、研究样本描述分析、问卷质量评价以及测量模型的验证。

第五章是区位选择评价研究设计与方法。介绍了区位选择评价的方法和计量模型，基于结构方程模型分析得出区位因子权重系数，并结合 TOPSIS 分析确立了区位选择评价的模型和实证分析的基础。

第六章是区位选择评价的实证分析。以闽台水产品贸易和水产品冷链物流中心区位选择进行实证研究，得出综合评价结果，并与当前实践现状进行对比，查找原因，检验理论评价的效度。

第七章是本书的结论和展望。内容包括研究结论与讨论、管理及实践的启示、研究的贡献和不足，以及提出后续研究展望等。

1.4 研究思路和技术路线

研究路径一般包括研究思路、研究方法和技术路线等。在研究思路上，本研究立足于当前水产品冷链物流蓬勃发展背景下中心区位选择缺乏科学理论指导和有效支持的窘况，对现有相关文献进行系统梳理和检视，发现实践需求和理论困惑，通过规范分析和实证研究相结合的方法，通过水产品冷链物流中心区位选择的理论分析、研究假设和实证检验，识别影响区位选择的关键因素，揭示其影响机理，确立相关因素的权重，以闽台水产品冷链物流为对象作出区位选择评价和相关决策思考。

在研究方法上：本书通过文献分析，对前人研究成果进行系统梳理和评价，并概括出作为本研究的理论基础；通过规范的理论分析和质性研究，对水产品冷链物流中心的特点进行分析，探索影响区位选择的各个关键因素及其形成机理；通过量化研究方法的运用，以实证分析为主线，根据问卷调查、专家访谈、统计年鉴查询等多种手段采集信息和数据，综合运用结构方程模型(SEM)和逼近理想解排序法(TOPSIS)对闽台水产品冷链物流中心的区位选择进行综合评价，得出研究结论。

在此，技术路线主要指的是围绕研究所要达到目标拟采取的技术手段、实施步骤及解决关键性问题的方法等在内的研究途径。具体技术路线如图 1－1 所示。

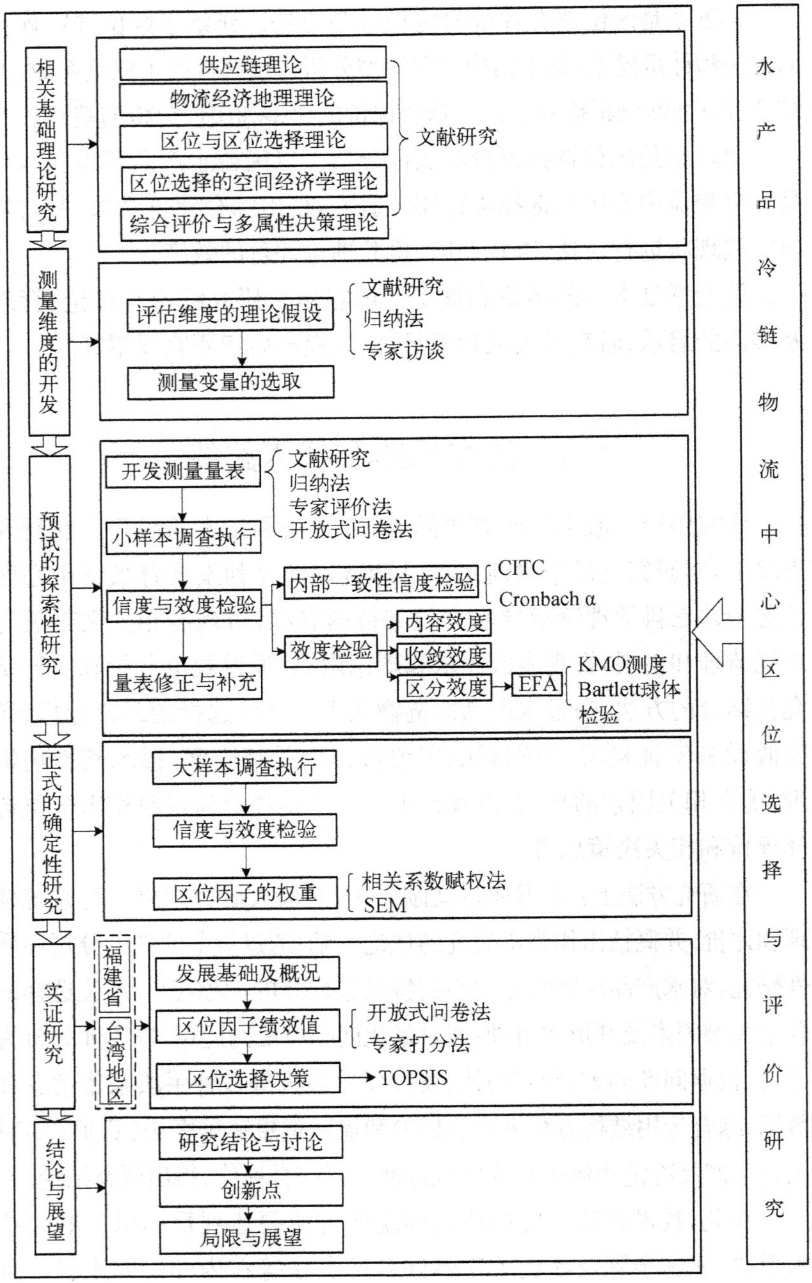
相关基础理论研究
供应链理论
物流经济地理理论
区位与区位选择理论
区位选择的空间经济学理论
综合评价与多属性决策理论
文献研究
测量维度的开发
评估维度的理论假设
文献研究
归纳法
专家访谈
测量变量的选取
预试的探索性研究
开发测量量表
文献研究
归纳法
专家评价法
开放式问卷法
小样本调查执行
信度与效度检验
内部一致性信度检验
CITC
Cronbach α
效度检验
内容效度
收敛效度
区分效度
EFA
KMO测度
Bartlett球体检验
量表修正与补充
正式的确定性研究
大样本调查执行
信度与效度检验
区位因子的权重
相关系数赋权法
SEM
实证研究
福建省
台湾地区
发展基础及概况
区位因子绩效值
开放式问卷法
专家打分法
区位选择决策
TOPSIS
结论与展望
研究结论与讨论
创新点
局限与展望
水产品冷链物流中心区位选择与评价研究

图 1－1　技术路线图

第二章

文献检视与理论基础

水产品冷链物流中心区位选择的研究，尽管以往研究成果很少见，但也有必要进一步对相关零散的研究进行系统梳理，对本书的相关概念进行准确界定，对国内外相关研究进行全面、客观的文献检视，并据此提出本研究的理论基础。

2.1 相关概念界定

2.1.1 水产品

水产品，是指海淡水经济动植物及其加工品。这里需要通过对水产品分类、水产品质量、水产品安全及水产品冷藏原理进一步把握水产品的特点。

1. 水产品的分类及其营养价值

根据中华人民共和国农业部发布的 SC001－1989《水产及水产品分类与名称》的规定，将水产品分为以下类别①：(1) 鲜、活品。包括海水鱼类、海水虾类、海水蟹类、海水贝类、其他海水动物、淡水鱼类、淡水虾类、淡水蟹类、淡水贝类以及其他淡水动物。(2) 冷冻品。

① 国家食品安全追溯平台. 水产标准总目录：水产及水产品分类与名称[EB/OL]. http：//safefood. gs1cn. org/news. asp? id＝3073.

包括冻海水鱼类、冻海水虾类、冻海水贝类、其他冷冻海产品、冻淡水鱼类、冻淡水虾类、冻淡水贝类。(3) 干制品。包括鱼类干制品、虾类干制品、贝类干制品、藻类干制品、其他水产干制品。(4) 腌制品。包括腌制鱼以及其他腌制品。(5) 罐制品。包括鱼罐头以及其他水产品罐头。(6) 鱼糜及鱼糜制品。主要有鱼糜、鱼香肠、鱼丸、鱼糕、鱼卷、鱼饼、鱼面、虾片、仿蟹肉、仿虾仁、仿扇贝柱。(7) 动物蛋白饲料。如鱼粉、鱼浆等。(8) 水产动物内脏制品。如鲜海胆黄、海胆酱、盐渍海胆黄、鲟鳇鱼子、鲑鱼子、盐渍鲱鱼子、虾子、乌鱼蛋。(9) 助剂和添加剂类。如印染用褐藻酸钠、纺织浆纱用褐藻酸钠、食用褐藻酸钠、藻酸丙二酯、褐藻酸、铸造用藻胶、琼胶、卡拉胶、甲壳素、鱼胶、鱼油。(10) 水产调味品。如鱼露、蚝油、虾油、虾酱、虾味汤料、海藻汤料、其他水产调味品。(11) 医药品类。如甘露醇、碘、角鲨烯、鱼脂酸丸、鱼肝油酸钠、蛋白胨、清鱼肝油、乳白鱼肝油、果汁鱼肝油等。(12) 其他水产品。包括海藻凝胶食品以及珍珠类。

人们经常食用的水产品有鱼、虾、鱿鱼、海参等，它们的营养成分与肉类相似，是人体摄取所需蛋白质的重要来源。鱼类脂肪含量约为3%，海水鱼含量略高于淡水鱼，海水鱼含碘也较多，同时，水产品含钙量均较高，水产品与常见食物营养成分的对比见表2-1。

表2-1 水产品与常见食物营养成分对比

常见食物		总热量(千卡)	蛋白质(克)	脂肪(克)	碳水化合物(克)
水产品	鱼肉	113	16.6	5.2	0.0
	虾肉	83	16.6	1.5	0.8
米饭		116	2.6	0.3	25.9
猪肉(肥瘦)		395	13.2	37.0	2.4
牛肉(瘦)		106	20.2	2.3	1.2
羊肉(瘦)		118	20.5	3.9	0.2
鸡肉		181	16.0	13.0	0.0

续 表

常见食物	总热量(千卡)	蛋白质(克)	脂肪(克)	碳水化合物(克)
鸡蛋	147	12.8	10.1	1.4
鸭蛋	180	12.6	13.0	3.1
牛奶	54	3.0	3.2	3.4
豆腐	81	8.1	3.7	4.2

注：每100克食物中所含营养成分。

2. 水产品质量与水产品安全

水产品的安全问题是个世界性的问题，水产品供应监管系统受到社会的广泛重视，是由多方面原因造成的，归纳起来，有如下四个方面。

(1) 环境污染。由于水产品养殖的有害、有毒物质与卫生指标达标及规定难度加大，水域污染日趋严重，安全得不到保障。

(2) 滥用药物。由于渔民对渔用药物的药力知识掌握不够，药物的滥用使养殖水产品中药物残留超标，危及水产品安全。

(3) 重金属超标。近些年，中国工业的快速发展，使江河湖泊重金属超标严重。受到污染水域养殖的水产品中铅、镉、汞、砷等重金属含量往往超标。

(4) 检测体系。检测条件和检测技术水平较低，检测机构在构成、数量与布局上难以满足水产品安全监督与检验检测的需要。各级的检测工作缺乏协调，检测资源不能共享，检测力量缺乏整合，快速检测手段落后，无法对水产品生产和销售等环节进行有效的检测及监控。

目前，我国水产品的质量，存在以下四个方面的问题。

(1) 过度开发。由于养殖规模盲目扩大，导致水产品病害频发，水域过度开发，水产品品质受到影响。

(2) 含有寄生虫或致病微生物。随着养殖密度的不断扩大，养殖水体的生态平衡遭到破坏，致使养殖水体含有寄生虫类及多种致病微生物。其中常见的致病微生物有霍乱弧菌、副霍乱弧菌及甲肝病毒等。

（3）含生物毒素。水产品质量的另一问题是水产品中含有生物毒素，生物毒素有通过饵料生物转移于水产动物体内的，也有生物自然合成的。全世界每年由于水产品中含有生物毒素而引起的食物中毒事件超过2万起，死亡率达1%①。

（4）生产规范标准推行力度不够。近些年来，国家农业部渔业局等有关部门颁布了《中华人民共和国渔业法》《水产养殖质量安全管理规定》《食品添加剂使用卫生标准》《水产苗种管理办法》《兽药管理条例》等法律、法规，为水产品发展和监管提供了一定的法律保障。在一些水产品养殖和流通等环节，由于相关法律、法规不够健全，监管力度显得薄弱。

3. 水产品安全的影响因素

根据相关文献可知，影响水产品安全的因素是多方面的，主要包括以下六个方面②。

（1）温度变化。每种水产品均有其相适应的生存温度环境。在可适范围内，通常其新陈代谢强度和耗氧率随着水温的降低而相应减弱。大多数水产品对温度较敏感，降低水温可降低水产品在运输过程中的活动量，一定程度上保证了水质、环境骤变导致水产品生病或死亡。因而在运输中可采用梯度降温，降温速度控制在3℃/h以内。

（2）水质情况。在水产品可适温度内，尽量降低水温，使水体溶氧充足，可减少水产品由于缺氧、疲累等造成的死亡，同时使水体氨氮等还原性物质含量降低。

（3）水产品的自身条件。鱼类的健康程度、鱼类对运输环境的忍受力及运输前其所处的环境等因素，对于其成活率至关重要。

---

① 张传涛，姚国成. 提高水产品质量安全水平的新思考[J]. 河北渔业. 2010(9)：53-56.

② 李利等. 水产品保活运输方法综述[J]. 安徽农业科学，2009(15).

(4) 监控措施。国内活鱼运输设备中监控设施的缺乏，造成鱼死亡的机理不太明了。运输过程中，及时监测水中的温度溶解氧和pH值等指标，就能及时采取各种措施，完善运输环境，从而提高运输效率①。

(5) 环境污染。随着环境污染状况的日益严峻，水产品的养殖地、周边土壤、空气质量及水源状况对水产品的质量安全造成直接或间接的影响；同时，滥用药物导致水产品中毒事件频发，严重影响了水产品的质量②。

(6) 经营者安全意识薄弱。由于社会信用体系的不健全，加上监管机制不完善，违规成本偏低，在实际生产环节中，少数经营者严重缺乏水产品安全意识，唯利是图，危害了消费者权益，破坏了市场秩序。

4. 水产品的冷藏原理及原则

微生物生活环境的化学与物理条件只能在一定的范围内变化，若超过了这个范围，则会停止生长。此外，综合的环境条件，即使在可能生长的范围内，各个环境因素远离微生物生长的最适值，也会导致微生物生长速度降低。因此，利用冷藏、冷冻来防止水产品变质，应使其环境温度处于不适于腐败微生物的生长范围内，以使微生物活动而引起的水产品成分的反应难以发生与进行，这就是低温保藏的原理。微生物生长的可适温度与新陈代谢的温度范围，一般和此微生物生活环境的温度相关。在自然状态下附带在海洋中生活的鱼类上的微生物几乎都是嗜低温性的微生物，这些微生物即使在0℃也能较好地生长。由此，鲜鱼贝类等水产品黏附嗜低温微生物的可能性较大。多数嗜低温细菌生长最快的温度通常为15℃或20℃，特别低温下能生长的微生物的最适温度也是在10℃上下。因此，在低温

---

① 李利，江敏，马允，晓琴. 水产品保活运输方法综述[J]. 安徽农业科学. 2009(15)：7303-7305.

② 张西瑞. 水产品质量安全管理与对策[J]. 河南水产. 2007(3)：1-9.

下，嗜低温细菌生长速度较低，0℃以下则极其缓慢①。

实验室数据表明，引起细菌繁殖的最主要原因是储存温度的不适合性，占35%②，而几乎所有的水产品腐坏都是由温度引起的，水产品的储藏时间与温度密切相关，通常，温度每下降10℃，冷藏期将增加3倍，因此冷链对于食品安全具有重大意义。以日本为例，1950年日本冷藏设备使用率几乎为零，导致食品中毒死亡人数达到332人，然而至2005年其冷藏设备使用率已接近100%，因食品死亡人数已减至7人。伴随着冷链物流的发展，日本已走上了真正食品安全的道路。

可见，低温贮藏过程中，微生物的活菌数减少的速度极其缓慢，因而用冷冻与冷藏等的低温处理方法来杀灭水产品中的微生物效用不大。微生物种类、冷冻时的温度、细胞的老幼、冷冻时间、冷冻速度、解冻速度等因素都直接或间接的影响低温下微生物的死亡逗度。

一般而言，水产品冷藏有以下四项原则③。

(1) 冷藏标准统一性原则。

就标准而言，国家标准以"GB"开头，水产行业标准以"SC"开头，企业自定标准以"Q"开头。其中，国标的要求要高于企业标准与行业标准。市场上冰冻袋装水产品有墨鱼仔、小黄鱼及冻带鱼等众多品种，然而同种产品标称的保质期长短不一，执行标准不一致。就冰冻虾仁而言，不同品牌的产品所执行的标准有SC/T3110《冻虾仁》、Q/JJY0008S-2010、Q/ZH001-2008、Q/JG01-2005等多种，保质期为12个月至18个月。

(2) 3C、3P原则。

3C原则是指"清洁、冷却、小心"三个原则：要确保水产品的清洁

---

① 冷藏和冷冻方法的原理[EB/OL]. http: //www. foodmate. net/tech/jiagong/jiagong3/163474. html.

② CDC Report "Surveillance for Food Borne Disease Outbreaks-USA，1988-1992".

③ 姜军. 我国进出口水产品冷链物流的六西格玛管理模式研究[D]. 中国海洋大学，2008.

而不被污染；要让水产品快速冷却或冻结，尽快达到其可适温度范围；要在操作过程中保持谨慎，防止水产品受到伤害。3P 原则指原料、加工工艺、包装原则：要求被加工原料必须采用不受污染、品质新鲜的产品；使用合理的加工工艺；成品应具有既卫生规范又健康无污染的包装。

(3) 3T 原则。

3T 原则指产品的最终质量由冷藏链中贮藏与流通的温度、时间及产品耐藏性等决定。3T 原则揭示了冻结食品的品质所容许的保持时间与温度之间的关系。引起食品品质下降的主要因素之一是温度波动，冷藏食品在流通中由于时间—温度的关系而造成的品质降低是不可逆的，所以，对于不同的产品品种所要求的不同的品质需求，应该具有相应的储藏时间与产品控制的技术经济指标①。

(4) 终端原则。

最适合水产品的鲜度测定的方法，是感官检验方法，主要从外观、气味及触摸等方式来判定其品质、鲜度与价位。坚持终端原则，不论冷藏链如何运行，最终的质量检查应在冷藏链的终端进行。

2.1.2 水产品物流

在水产品物流的概念方面，归纳起来主要有两种具有代表性的观点。

定义一：水产品物流是以满足客户需求为目标，运用现代化的物流手段，对水产品物质实体相关服务及其信息从供应源到消费源所进行的组织、控制与管理过程。它包括水产品的生产、收购、运输、流通加工、储存、装卸、包装、配送、分销与信息等环节，并在整个过程

---

① 蒋国玲，张银，沈海亮，宋平. 浅谈我国冷藏链物流的主要问题及措施[J]. 饮料工业，2011(6)：6-8.

中实现了水产品的保值、增值和组织目标(赵勤,2005;陈思云,2006;周应恒、吕超,2008;李海涛、包特力根白乙,2008 等)。

定义二:水产品物流是由一系列创造时间价值、空间价值和加工价值的经济活动组成,将水产品运输、储存、装卸、搬运、包装、保管、库存管理、流通加工、配送、信息情报处理等基本功能和服务实现有机结合(陈蓝荪;朱伟伟,2006;余辉、秦祥梅,2008 等)。

我国《物流术语》(GB/T18354－2006)对物流的定义是“物品从供应地向接收地的实体流动过程。根据实际需要,将运输、储存、装卸、搬运、包装、流通加工、配送、信息处理等基本功能实施有机结合”。① 本研究认为,水产品物流是将水产品与物流相结合的一种物流形式,因此前一种观点显得更为全面,它不仅注重水产品物流的管理,还包括了水产品的生产、收购、分销等环节,使水产品的物流概念更加广阔,强调了水产品生产资料物流、采购物流和销售物流等方面的内容。

在水产品物流的特征方面,由于水产品本身区别于工业品的特性以及其在生产和销售等环节的特殊需求,使得水产品物流具有一般产品物流所不同的特性。毕延彤(2005)认为水产品物流具有以下特性:(1) 供应主体的分散性;(2) 水产品具有的生物特性;(3) 水产品与工业品的巨大差异性;(4) 水产品物流对于水产行业的特殊效用②。余辉、秦祥梅等(2008)认为水产品物流应有以下特点:(1) 满足顾客对水产品多品种、小批量订货和处理的要求;(2) 满足保持水产品鲜活性的要求;(3) 满足包装良好、防止腐变的特殊要求;(4) 满足缓解水产品需求量不平衡性的要求③。

总结来说,水产品物流有以下五个特点。

(1) 水产品物流供应主体分散。水产品的生产以家庭为单位,以及众多小规模、分散的养殖户,使水产品物流的供应分散,无法

① 中华人民共和国国家标准《物流术语》(GB/T18354－2006).

② 毕延彤,王心一.浅析现代水产品物流[J].渔业经济研究,2005 (5):14－716.

③ 余辉,秦祥梅等.水产品物流发展研究[J].上海物流,2008(2):24－26.

形成统一的供应主体，这也是由于我国水产品市场不健全所造成的。

(2) 水产品物流量大而类多。这是由水产品的产量和水产品的品种决定的。我国水产品的产量占世界产量之首，内销与出口的数量均很庞大，这就保证了水产品的流通量；另外，水产品的品种多，在物流过程中的采用的运输、加工、保管等方式就多种多样，如金枪鱼物流等。同时，消费者对水产品的要求呈现多品种、小批量和加工处理的要求，使水产品物流的数量和形式各不相同。

(3) 水产品物流的鲜活性要求高。水产品的鲜活性和易腐性、安全性要求水产品物流区别于其他物流对水产品包装、冷藏、冷链等方面提出要求，从而保证水产品的快速流通，保质保量。

(4) 水产品物流的需求不平衡。由于水产品季节性生产和各地对水产品的消费数量具有均衡性而品种具有多样性等特征，为了缓解这些不平衡性，水产品物流需求更为迫切，其过程就更为复杂。

(5) 水产品物流成本较高。相对于价值来讲，由于水产品在其运输过程中对温度、时间等方面的高要求，使得其在仓储和运输中耗费着较大的成本。

2.1.3 冷链物流

水产品因具有营养丰富、味道鲜美、高蛋白、低脂肪等特点，深受人们喜爱。由于水产品因水分和蛋白质含量高，容易携带大量细菌，在贮藏、运输、加工与销售过程中，容易引起变色、变味，甚至腐败变质，这些生物特性显示水产品物流与工业品物流在本质上的差异，而主要与低温物流及冷链物流有着更为密切的联系。

我国台湾地区“经济部商业司”(1996)将低温物流定义为：低温物流泛指提供冷藏及冷冻类的食品仓储及配送。郭儒家(2001)将低温物流分为广义的低温物流和狭义的低温物流，揭示了低温物流结构(见图 2-1)。与低温物流相比较，冷链物流泛指冷藏冷冻类食品、药品等特殊商品，在生产、储藏、运输、销售等消费前的各个环节中始终处于规定的低温环境下，以保证其质量，减少其损耗的一项系统工程(俞玮，2008)。

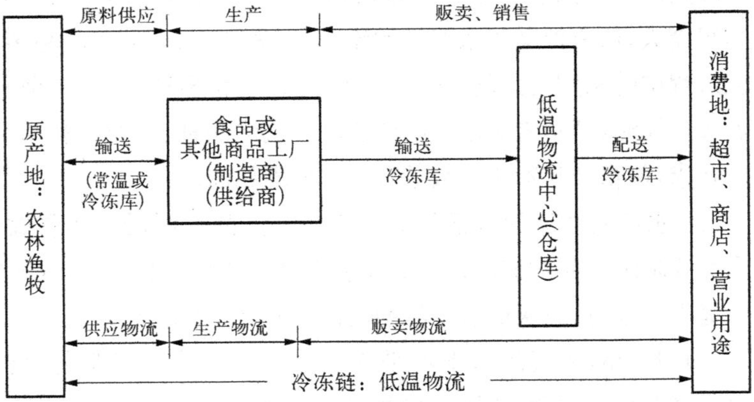

图 2-1 低温物流结构图

冷链的出现可以追溯到 19 世纪上半叶冷冻机的发明，到 20 世纪 30 年代，欧美的冷链系统已初具雏形。冷链技术也随着科技浪潮和全球化的潮流迅速在世界各地生根发芽并蓬勃发展。在欧洲、美国、日本等发达国家，冷链得到了较系统的推广和应用，并已经形成了全面和一体化的冷链系统。

在冷链物流的概念方面，Marija Bogataj(2005)认为冷链物流是指为了满足顾客在全球范围内的需求，对整个过程进行计划、实施、有效控制并使其保持高速流动，并提供相关的从原产地到加工、分销、消费地的信息和服务。它是整合现有经营活动包括一些为易腐烂物品提供的特殊活动的价值链，它使得出现更多的原材料、半成品供应商为顾客创造更多的价值，并提出当出现温度扰动或时滞时，冷链管理需要非常小心的温度控制和快速反应①。Beasley(1998)认为

① Marija Bogataj, Ludvik Bogataj, Robert Vodopivec. Global logistics management of cold chains[J]. International Journal of Production Economics, Volumes 93 - 94, 8 January 2005: 345 - 356.

用来保护低温和冷冻食品设备、流程和信息管理被称为“冷链”。完整的冷链应该包括原产地，生产加工，以及消费家庭或餐厅的储存。Ju-chia Kuo(2010)认为对温度敏感、易腐烂的产品(TSPPs)物流，一种特殊类型的供应链管理称为冷链管理①。Zhang，Habenicht & Spie(2003)认为有效的物流系统不仅要求物品新鲜、安全，还要求及时，这才是顾客最关心的；而特殊的物流系统——冷链物流要求保持产品的质量，这要依赖于交货时间和温度的控制②。

邓汝春(2007)认为冷链物流泛指冷藏冷冻类产品在生产、储藏运输、销售到消费前的各个环节中始终处于规定的低温环境下，以保证产品质量，减少产品损耗的一项系统工程。它是随着制冷技术的进步、物流的发展而兴起的。冷链物流是一门综合性、交叉性的应用科学，是以冷冻工艺学为基础、以制冷技术为手段的低温物流过程。冷链包括冷冻加工、冷冻储藏、冷藏运输及配送、冷冻销售四个方面③。王之泰(2005)认为冷链系统是在物流过程中创造物流环境的温度条件，是进行控温或冷藏、冷冻的一种特殊的精益物流系统。冷链的“链”，指的是“全过程”和无缝衔接的、不断运动的连续过程。它和一般冷藏物流系统相比较，特别强调一开始就进入所要求的温度环境之中，而且整个过程中没有停顿或者尽量少停顿，过程中始终保持所需要的环境，直到交给消费者为止。冷链作为供应链的一种特殊形态，也和供应链的特殊属性相同，既然是供应链，在途中就不能或者很少有长期的仓储存储活动。从流通加工角度来看，冷链工程系统是在物流过程中同时进行流通加工的特殊的流通加工工程系统。这种“冷”加工系统是伴随着物流全过程的链式系统④。苏玲利

---

① Ju-chia Kuo，Mu-chen Chen. Developing an advanced multi-temperature joint distribution system for the food cold chain[J]. Food Control，Volume 21，Issue 4，April 2010：559-566.

② Zhang G，Habenicht W & Spie W. E. L. Improving the structure of deep frozen and chilled food chain with search procedure[J]. Journal of Food Engineering 2003，60(1)：67-79.

③ 邓汝春. 冷链物流运营实务[M]. 北京：中国物资出版社，2007：7-8.

④ 王之泰. 物流工程研究[M]. 北京：首都经济贸易出版社，2005：230-233.

(2007)认为冷链物流是指为实现顾客需求连接供应主体与需求主体之间，克服温度、空间和时间阻碍的一种快速和有效的低温商品流动和服务的经营活动过程。冷链物流是低温食品供应链和超低温水产品供应链中的一个重要组成部分，它把冷冻、物流和信息技术融为一体，把冷链物流配送、仓储理货、分装与加工和车辆调度各功能环节，按照第三方物流或第四方物流服务的需求，以及客户物流系统和物流网络发展规划的需求，实现客户集成冷链物流服务的物流市场需求资源信息量的最大化①。在我国《物流术语》(GB/T18354－2006)中，冷链(cold chain)是指为保持新鲜食品及冷冻食品等的品质，使其在从生产到消费的过程中，始终处于低温状态的、配有专门设备的物流网络②。冷链物流(也叫低温物流)是一种特殊物流形式，其主要对象是易腐食品(包括原料及产品)，所以国内外都普遍称其为易腐食品冷藏链(perishable food cold chain)。冷链物流是以冷冻工艺学为基础，以人工制冷技术为手段，以生产流通为衔接，以达到保持食品质量完好与安全为目的的一个系统工程③。

在冷链物流的特征方面，邓汝春(2007)认为冷链物流相对于其他产品的物流有以下三个特点：(1) 投资大、运营成本高，技术含量高，监控困难；(2) 商品全程温度控制；(3) 冷链物流过程中有流通加工。王之泰(2005)则认为冷链物流应该具有绿色特征和精益化特征。苏玲利(2007)认为从配送角度而言，与常温物流比较而言冷链物流具有以下三个特征：(1) 冷链物流配送货物的易腐性；(2) 冷链物流配送货物的时效性；(3) 冷链物流配送装备要求的特殊性。张瑞夫(2008)认为冷链物流有以下三个方面特点：(1) 环境要求严格；(2) 系统构建条件苛刻；(3) 系统投资较大。匡勇(2008)认为冷链物流主要有两个特征：(1) 组织协调性强；(2) 物流成本高。杨博

① 苏玲利. 城市冷链物流发展现状及存在问题探析[J]. 流通论坛，2007(7)：45－46.

② 中华人民共和国国家标准《物流术语》(GB/T18354－2006).

③ 中华人民共和国国家物流标准术语[J]. 中国储运，2001(3).

(2010)认为,与常温物流相比,冷链物流具有五个特征:(1) 配送货物易腐性;(2) 时效性;(3) 装备特殊性;(4) 效率低、成本高;(5) 各环节具有更高的组织协调性。胡天石(2010)认为,冷链物流具有以下三个特征:(1) 复杂性;(2) 协调性;(3) 高成本性。谭兆涛(2010)认为,冷链物流应具有三个特征:(1) 建设投资大,技术复杂;(2) 要求冷链各环节具有更高的组织协调性;(3) 有效控制运作成本与冷链的发展密切相关等特征。安久意(2010)认为冷链物流本身具有对象产品特殊性、设备专用性、运作流程高度协调性、高成本性等行业特点。

由上可知,冷链物流(Cold Chain)是指冷藏冷冻类食品在生产、贮藏、运输、销售等在消费前的各个环节中始终处于规定的低温环境下,以确保食品质量、减少食品损耗的一项系统工程,也称为低温物流(low temperature logistics),冷链的一般组成及冷链供应链流程如图 2-2 和图 2-3 所示。冷链物流适合的商品一般分为三类:一是初级农产品,包括蔬菜、水果、肉、禽、蛋、水产品、花卉等;二是加工后的食品,如速冻食品、禽、肉、水产等包装熟食、冰淇淋和奶制品等;三是特殊商品,即药品和疫苗。

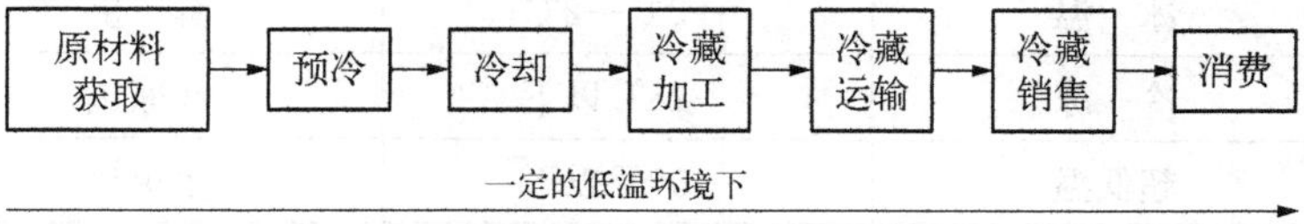

图 2-2 冷链的一般组成

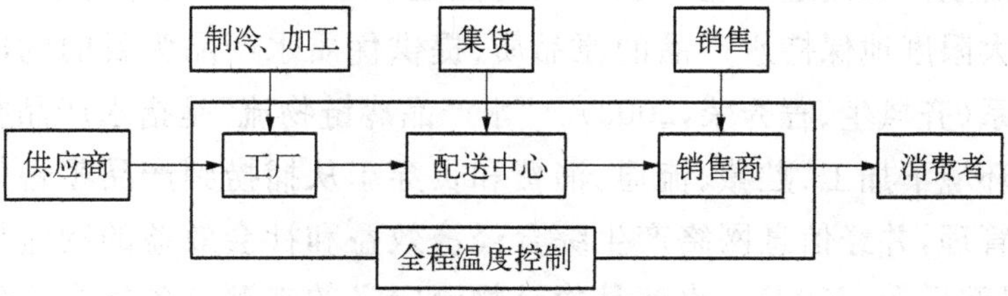

图 2-3 冷链供应链流程

资料来源:邓汝春. 冷链物流运营实务[M]. 北京:中国物资出版社,2007:7-8.

冷链物流的特征归纳为以下七点：(1) 投资大，回报周期长，运营成本高；(2) 时效性高；(3) 装备特殊性；(4) 技术含量高；(5) 组织协调性强；(6) 冷链物流配送货物的易腐性；(7) 冷链物流过程中强调流通加工。此外，冷链物流服务的产品生产、消费市场和冷链物流服务环境还具有明显的区域性，冷链物流具有很强的复杂性。

2.1.4 水产品冷链物流

一般而言，不同的水产品类别和不同的品质要求，具有不同的温度控制和贮藏时间标准，这主要是由于水产品在流通中因时间和温度的变化可能导致产品质量降低这种很强的不可逆转性。总体而言，冷链水产品可按照保存的温度分为三类(见表 2-2)，但通常情况下，仅把冷链水产品分为冷藏和冷冻(将超低温纳入冷冻范畴)两类。

表 2-2 冷链水产品分类

冷链类别	保存温度	水产品类别
冰温	−2℃—2℃	鲜鱼
冷冻	−18℃以下	冷冻鱼
超低温	−50℃以下	生鱼片

“水产品冷藏链”是指以制冷技术与设备为基本手段，使水产品的生产和流通的全过程在适度低温状态下运行的综合系统，以最大限度地保持水产品的原品质、提供优质水产品为目的的冷藏体系(齐凤生、程秀荣，2003)。“水产品冷链物流”是指水产品在冷链环境下加工、贮藏、流通、消费和贯穿于从捕捞到产品零售的科学管理，并经信息网络产生综合经济效益和社会效益的物流形式(吴稼乐等，2008)。水产品冷链物流定义的来源及各概念间的关系如图 2-4(a)、图 2-4(b)、图 2-4(c)、图 2-4(d)和图 2-4(e)所示。

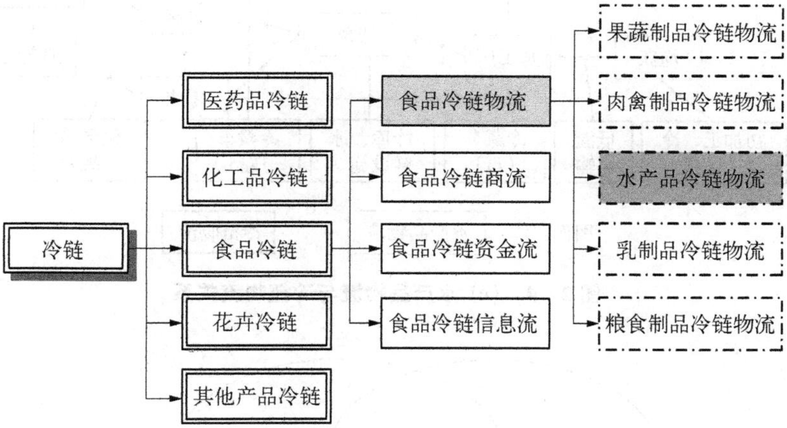

图 2－4　(a) 冷链中的水产品冷链物流

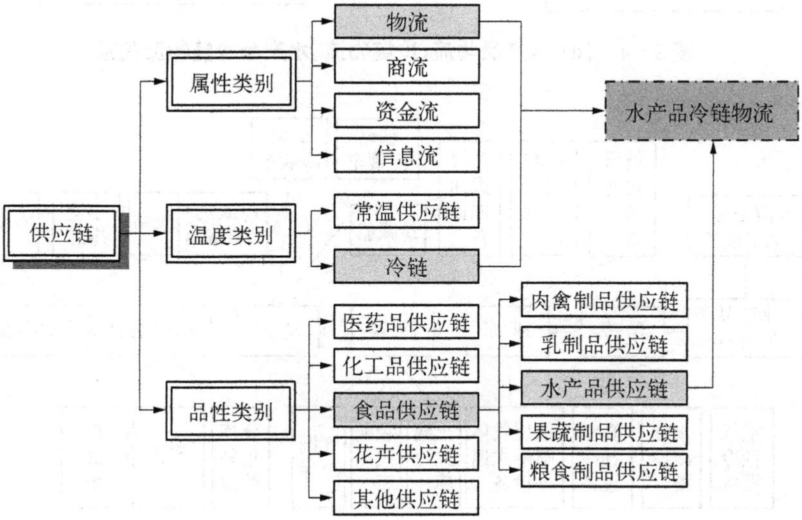

图 2－4　(b) 供应链中的水产品冷链物流

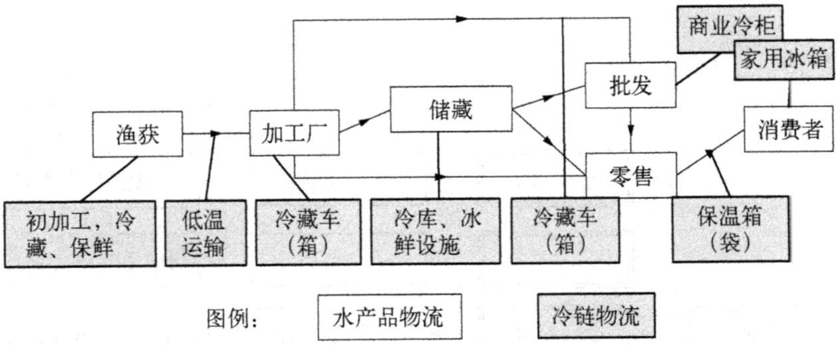

图 2－4 （c）水产品物流与冷链物流关系

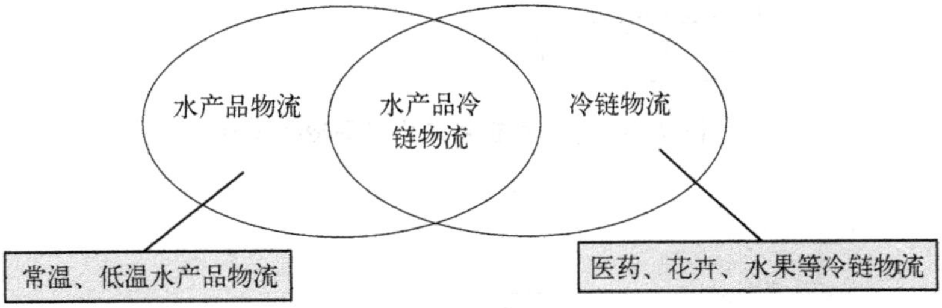

图 2－4 （d）水产品物流、冷链物流、水产品冷链物流关系

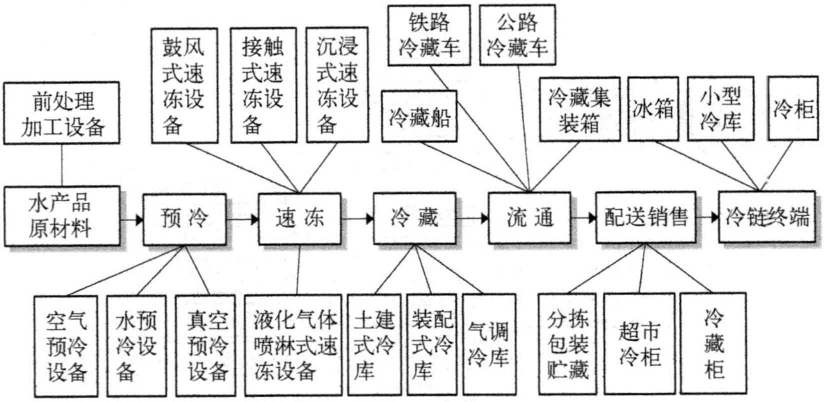

图 2－4 （e）水产品冷链装备、设施

资料来源：于学军，张国治. 冷冻、冷藏食品的贮藏与运输[M]. 北京：化学工业出版社，2007.

2.1.5　水产品冷链物流中心

20世纪下半叶，随着科技进步与经济的快速发展，货物运输量急剧增加，运输业发展迅猛，迫使企业缩短交货周期、减低生产成本、提升产品质量与提高服务水平，为更好地满足不同层次消费者的需求，零售业中专卖店、连锁经营与无店铺销售等业态应运而生。流通环节呈现高效化特征，仓库由单一的保管功能向收货、分货、装卸、加工、配送等多种功能发展，码头、港口、城市仓库与货运站等物流节点发展迅速，众多物流节点逐步演变为现代物流中心①。

物流中心选址问题成为物流网络设计与构造的核心，它决定了物流网络的结构、基本模式及形状。我国众多学者在这方面做了较多的研究，并取得了一定的研究成果。王健(2005)认为，物流的全部活动是在链和节点之间进行的，物流网络系统水平高低和功能强弱取决于网络中链与节点这两个基本元素及其配置。物流链上主要进行运输和信息传递活动等；物流节点上主要进行仓储、装卸、包装、流通加工和信息收集处理活动等，节点的数量、规模、地理位置、服务区域等决定物资从企业到市场的线路，构成物流网络规划的基本框架②。

我国《物流术语》(GB/T18354－2006)规定物流中心是从事物流活动且具有完善信息网络的场所或组织。物流中心作为重要的物流节点，具有一定规模和综合服务功能的流通中心。王健(2005)指出，物流中心从地理位置上看，都位于在城市边缘、交通条件较好、用地充足的地方，一般都选择交通枢纽中心地带，可以衔接陆运、空运、水运等运输方式，使物流基地内部物流网络与外部运输枢纽网络相适应；在选址方面还需考虑物流市场需求、地价、交通设施、劳动力成本、环境等经济、社会、自然条件因素。从占地规模上看，一般来说，占地面积大、集多种设施为一体、发挥综合协调和基础作用的物流设

① 周凌云，赵刚. 物流中心规划与设计[M]. 北京：清华大学出版社，2010.
② 王健. 现代物流概论[M]. 北京：北京大学出版社，2005.

施的区域集合体，是大规模、集约化物流设施的集中地和物流线路的交汇点，是以仓储、运输、加工等用地为主，同时还包括一定的与之配套的信息、咨询、维修、综合服务等设施用地。从流通功能上看，是综合性、区域性、大批量的物资物理位移集中地，它把商流、物流、信息流、资金流融为一体，成为产供销企业之间的中介。在功能上集中物流服务组织与物流运作管理的功能，即物流活动所必须具备的运输、存储、装卸、包装、流通加工等功能，成为具有多种物流功能的流通形式和作业体系；并通过先进的管理、技术和现代化信息网络，对商品的采购、进货、储存、分拣、配送等业务进行了科学、统一、规范的管理，使商品运动过程达到高效、协调、有序①。

伴随着我国各种具备水产品物流中心功能或者部分功能的水产品加工中心、水产品配送中心、水产品加工基地等的设立，水产品冷链物流中心的实践蓬勃兴起。近年来，我国许多学者开始探讨水产品冷链物流中心建设问题。例如，郭建兴(2006)主要从发展环境、面临的机遇与挑战、制约产业发展的因素等方面进行分析，提出构建海峡西岸漳州水产品加工基地的思路以及战略举措。姜清春(2005)对烟台市水产品加工工业的情况进行了介绍，并对建设烟台市水产品原料基地、加工基地等提出了发展思路及建议。

水产品冷链物流中心的建设实践方面已经开始出现，如具有水产品冷链物流中心功能的海峡两岸(福建东山)水产品加工集散基地、霞浦台湾水产品集散中心、福建海峡连江水产品加工基地已经顺利运营；2011 年福建省万翔冷链物流中心也开始建设，2013 年投入使用；江苏省万吨级水产品冷链物流中心已于 2011 年投入使用；台湾北部水产配销及加值示范中心也已经建成投入使用等。然而，在理论研究方面却显得滞后。

水产品冷链物流中心应该是提供水产品集中、分配、配送、增值等功能，拥有码头、渔港补给设备、水产物流中心、深层加工厂、渔获

---

① 王健. 现代物流概论[M]. 北京：北京大学出版社，2005.

市场、海洋研发中心、水产养殖基地、住宅区等水产品物流运作设施的中心，其主要特征为：(1) 水产品冷链物流中心由水产品保存仓库、交易及信息中心、水产加工厂等组成；(2) 水产品冷链物流中心基本上属产地型物流中心，以水产品冷冻仓储、流通加工、运销配送为主；(3) 水产品冷链物流中心内的水产加工厂以水产加工为主，提供水产品物流中心水产加工品的来源；(4) 水产品冷链物流中心产销范围涵盖远洋、近海、沿岸及养殖渔业等水产品产业。

水产品冷链物流中心具有以下四个主要功能：(1) 传统捕捞养殖功能。中心结合渔港传统功能提供渔船遮蔽风浪、加水、加冰、加油、维修、靠泊避风避难、卸渔、补给等功能。(2) 储运与拍卖功能。中心整合大型都会区城市群及渔获拍卖市场与渔市成为现代化水产拍卖据点，具备储存、冷藏(冻)、运送与保鲜、拍卖的功能。(3) 水产品初级加工功能。中心应该具备清理、水产包装及制作鱼浆(丸)、海鲜火锅料、鱼松(干)、水产水饺、水产罐头、水产冰淇淋等初级加工的功能，提高水产品之附加价值。(4) 水产品深层加工功能。中心应该具备制作蚬(虾)精、鱼卵染色、深层水利用、海洋生物科技健康食品、化妆品(面霜、面膜)等深层加工功能，透过生物科技做深层加工以大幅提高水产品的附加价值。

水产品冷链物流中心的发展目标为：(1) 建立安全卫生及高质量的水产品供应链系统；(2) 增设冷藏(冻)仓储、加工等设施，促进渔业及港区发展；(3) 缩短水产品流通通路，降低流通成本，保障渔民及消费者权益；(4) 调整水产品产业运作与结构，促进上下游的整合与国家总体经济发展；(5) 促进国内物流与国际物流的整合、联结，加速国际化。

2.2 物流中心区位选择与区位选择模型

2.2.1 物流中心区位选择

最早对物流中心区位决策的探索，来自实践者在做决策时进行思考而形成的一般性文章，而非学术性论文（Ady，1981；Donovan，1982；Freed and Best，1981；Gaforth，1981）。

E. A. Kauts（1934）创立“海港区位论”标志着物流载体区位研究拉开了序幕[①]，A. F. Neppzin（1934）和 K. Pirath（1934）全面论述了运费和集聚的问题，指出区位分散，运费不仅不增大，反而有减少的可能，他的观点深刻地影响着物流分销仓库的布点问题[②]。D. F. Ross（1998）和 M. L. Htch，R. D.（1999）对配送中心区位选择的影响因素进行了专门的综合调查和研究。Daskin et al.（2005）对选址问题的文献进行了广泛的分析并做了大量研究，Beamon（1998）使用从随机数据中抽取的确定性数据对选址模型进行辨别，Owen and Daskin（1998）明确地区分了选址的静态与动态模型。近年来，国内开始出现关于物流中心选址的研究，这些研究主要从微观的角度出发，多以物流企业作为决策主体，进行物流设施的选址，尚处于探索阶段。同时，区位选择决策问题也主要聚集在区域内的选址上（如国内、省内、区内），而对于国际物流中心的区位决策则较少。卢川（2002）认为，配送中心的区位选择和用地规模的确定通常是物流企业自己的事，物流园区的规划发展对配送中心的区位选择产生了不小的影响。但是，政府在物流园区的规划过程中，也应尽量考虑物流企业的区位要求和对用地规模的需要，这直接关系到政府在引导配送中心健康发展和合理布局中的作用[③]。王冠贤等（2008）综述了国内外物流企业区位研究理论，他认为，早期物流空间特征的理论与实践研究的主要基础是传统的区位理论。

2.2.2 区位选择模型

评价模式的发展，经历了从传统到现代的转变，一共分为主观评

---

① Hesket T J L, W. E. Sasser, L. A. Schlesinger. Service Value Chain[M]. Harvard Business School Press, 1996: 57.

② 张文忠. 经济区位论[M]. 北京：科学出版社，2000：221.

③ 卢川. 国外物流中心建设的一些经验和做法[J]. 湖南大学学报（社会科学版）. 2002(5)：45－48.

价阶段、主观为主辅以客观评价、半主观半客观评价、客观评价为主四个阶段，从评价方法上看，这四个阶段分别为定性分析、定性为主定量为辅、半定性半定量分析、定性指标定量化分析。客观评价为主是现代评价模式的发展方向，以完善、全面而规范的指标体系为特征，评价方法上通过计算机软件实现定性指标的定量化处理，评价过程的各阶段往往采用多种方法综合或者组合进行评价，尽可能地排除评价的主观成分，使得评价结果趋于科学化。

综合评价一般有评价目的、评价对象、评价者、评价指标、权重系数、综合评价模型和评价结果七个要素组成，相应的综合评价的程序从操作层面通常由确定评价对象、明确评价目标、组织评价小组、确定评价指标体系、选择或设计评价方法、选择和建立评价模型、分析评价结果七个过程组成。评价是对评价对象的全体，根据所给的条件，采用一定的方法，给每个评价对象赋予一个评价值再据此择优或排序①。因此，重点针对评价程序的指标体系的确立、权重的确定方法和评价方法的选择三个方面进行分析。

1. 区位因子确定方法

区位因子的确定也就是本研究评价指标体系的确定，评价指标体系是进行区位选择评价的基础，在实际应用中，评价指标体系的确定最常用的方法是首先通过文献研究，列出一系列的评价指标，然后再采用专家调研法，征询专家对所设计的评价指标的各项意见，根据反馈结果进行统计处理后，再反复进行咨询，当专家意见趋于集中后，形成本研究初步的评价指标体系。

(1) 通过文献研究，采用原有指标体系。庄思勇等(2009)在对企业核心竞争力进行核心刚性的相对评价时，采用陈松涛等人在企业核心能力刚性的表现及评价指标设计中关于核心刚性的评价指标体系。

---

① 杜栋，庞庆华，吴炎．现代综合评价方法与案例精选(第 2 版)[M]．北京：清华大学出版社，2008.

(2) 通过文献研究,对原有指标体系进行改进。聂彤彤(2011)在借鉴物流能力评价指标的基础上,加入反映应急物流特点的指标,运用模糊聚类分析的方法,对应急物流中心能力评价指标进行分类,去除不合理指标,识别出应急物流中心能力评价指标的关键要素。

(3) 通过文献研究以及通过统计、专家访谈、问卷调查等方式设立新的指标。陈卫平等(2005)基于可获得的统计数据提出了我国农业竞争力综合评价的 7 大要素和 38 项指标的评价指标体系。赵彦云等(2000)在文献研究的基础上,根据社会发展情况对已有的指标体系进行改良,运用新的指标体系对 42 个主要国家的生活质量进行了综合评价。王玖河等(2011)运用平衡积分卡(BSC)和主成分分析(PCA)构建了适合港口物流绩效评价的新型指标体系,从而可以消除指标间的相互影响,避免主观赋权带来的偏差。郭俊华等(2009)在进行知识产权政策评估指标体系的设计时,首先通过文献研究锁定指标设计方向,再通过专家访谈和问卷调查,对初步设计的二级指标体系进行修正,通过自我检验、专家检验和实证检验的方式进一步修正指标体系。

2. 指标权重的确定方法

指标权重一般分为三种,即主观权重、客观权重和组合权重。主观权重是有决策者主观赋予的,代表决策者对被测量方案的某个属性的偏好程度、重要性程度,主观权重的测定方法较常用的有专家赋权法(也称 Delphi 法)、层次分析法(AHP)(胡鞍钢等,2006;庄思勇等,2009;郭俊华等,2009)、相对比较法、连环比率法、集值迭代法、最小平方法和特征向量法、相容矩阵法、模糊判别矩阵赋权法等(叶义成等,2006;李朝鲜等,2007;郝海等,2007;孔峰,2008;杜栋等,2008)。客观权重所反映的是备选方案属性指标的客观分布情况,客观权重的赋权方法一般有离差法、平方差法、变异系数赋权法、熵权法、相关系数赋权法、主成分分析法、因子分析法等。由于客观权重的大小会随方案的变化而变化,且所反映的信息量有限,并不能反映备选方案某区位因子在决策者心中的重要性程度,因此,在研究的过程中,往往采用主客观相结合的方式对指标进行赋权,如隋博文(2010)运用层次分析法和模糊综合评价法相结合,确定港口物流功能评价模型中各指标的权重。

近年来,学界出现了一些新的指标权重确定方法,如李志、何小勇(2010)从确定影响系统评价指标的因变量和果变量的角度出发,提出基于系统动力学因果关系的确定指标的权重方法,该方法有三个步骤,即分析评价指标间的因果关系、计算因果度、计算因果系数,该方法能够使得求解复杂评价指标体系指标权重的过程简单化,且得出的权重不仅能反映各指标的重要度,也可反映各指标间的密切度;郑延福(2011)综合所有高校专家对指标重要程度的意见后形成调查数据,利用秩和运算法分别计算重点本科院校、一般本科院校和独立学院的教学质量评价指标权重值。

3. 区位选择评价模型

从研究范畴而言,物流中心是物流网络的重要节点,而物流网络是物流系统得以运作的载体,因此物流中心区位选择的评价隶属于物流系统评价领域。高莹等(2011)运用网络 DEA 方法对 2007 年不同铁路运输企业生产运营的子过程的效率进行评价。庄思勇等(2009)在分析企业核心刚性与核心竞争力的评价指标体系、评价模型的基础上,运用 DEA 方法提出了核心刚性的相对评价。吴楚媛等(2009)分别应用 AHP 模型和综合指数法对湖北省渔业重点县、市的渔业竞争力进行了综合评价。

2.3 相关理论基础

2.3.1 供应链理论

1. 供应链管理理论和方法的发展过程

(1) 供应链理论起源。

供应链理论 (supply chain management,简称 SCM)并非起源

于学术研究，而是近20年来，企业的经营环境发生了巨大的变化，企业成本中采购物料、采购成本对产品的质量与交货期等的影响越来越大，企业和原材料供应商之间的关系不再仅仅局限于“买”和“卖”的关系，双方在技术、信息、人员及资金等方面关系日益密切。

20世纪80年代后半期，大量研究日本企业及其供应商关系的研究出现，其中Clark阐述了日本企业及其供应商于产品开发上的紧密合作关系①。John Mc Millan阐述了日本企业及其供应商之间的特殊合同关系②，其后进一步对日美企业对供应商的不同管理制度进行了对比③。1990年，MIT国际汽车研究小组出版了《改变了世界的机器》一书④，该书专门用一章论述了日本企业与其供应商的关系，并全面总结了日本企业经营管理方式的特点。1993年，Jeffrey H. Dyer和Willian G. Ouchi也全面总结了日本企业和供应商间的独特关系⑤。

（2）组织重构给SCM带来的变化。

20世纪80年代中期，世界范围内的市场竞争愈演愈烈，对企业相应市场的能力提出了更高的要求，各国企业纷纷进行组织重构，以提高市场应变能力与效率。其中一个重要的变革方向，就是沿着供应链方向重新调整组织结构，以提高整个供应链的竞争力。许多企业开始认识到，竞争的重点已经不仅在于产品本身的质量、服务与价

---

① Clark K B. Project scope and project performance: The efect of part strategy and supplier involvement on project development[J]. Management Science, 1989, 35(4): 1247-1263.

② Seichi Kawasaki, McMillan John. The design of contracts: Evidence from Japanese subcontracting[J]. Journal of the Japanese and International Economics. 1987 (4): 327-349.

③ McMillan John. Managing suppliers: Incentive systems in Japanese and US industry[J]. California Management Review. 1990 (4): 38-55.

④ Womack J P, Jones D T, Roos D. The Machine That Changed the World[C]. New York: Rawson Associates, 1990: 98-145.

⑤ Dyer Jeffrey H, Ouchi Willian G. Japanese-style partnerships: Giving companies a competitive edge[J]. Sloan Management Review. 1993 (3): 51-63.

格上,而是沿整个供应链改进提供给“最终顾客”的产品与服务的质量、价格与时间①。

(3) BPR 和 IT 对 SCM 的促进。

1993 年,哈默与钱皮出版了《企业再造》一书②,该书在世界范围内掀起了业务流程再造(business process reengineering,简称 BPR)的热潮。BPR 的目的,是从根本上对企业的工作方式、业务流程进行重新思考及改造,并对质量、服务、成本等现代企业绩效标准进行大幅度改善。BPR 的这些思想,同样适用于企业构建供应链及供应链的集成管理。因此,BPR 对企业重新思考、构建并改进供应链具有重大的作用③④⑤。

信息技术对于企业构建与改进供应链是必不可少的。对企业来说,信息技术可以帮助企业快速响应市场需求,快速分享供应链成员之间的信息。此外,随着价格的迅速低廉与信息技术的迅速发展,企业有可能大规模地利用信息技术,从此意义上而言,信息技术极大地促进了 SCM 的发展。

(4) SCM 对 TOC 理论的吸收。

TOC 理论(约束理论)中心思想是:一个系统的产出速度与产出量很大程度上由系统的瓶颈环节决定,管理的目标应放在寻找并消除瓶颈环节上,而致力于改进其他环节,则对企业的整体产出改进无益。TOC 提出,如果把系统看作一条由众多环节组成的链条,系统的整体产出由链条的强度决定,一个环节的薄弱(瓶颈环节)就可能导致整个链条的薄弱,该理论进一步提出具体的寻找与消除瓶颈的

---

① Vokurka Robert J, et al. Supply partnership: A case study[J]. Production and Inventory Management. 1998(1): 30-35.

② Hammer Michael, Champy James. Recngineecring the Corporation, A Manifesto for Business Revolutionl[M]. New York: Linda Michaels Literary Agency, 1993.

③ Buzzell Robert D, Orlmeyer Gwen. Channel partnerships streamline distribution [J]. Sloan Management Review, 1995(1): 85-96.

④ Quinn Francis J. Recngineering the supply chain: An interview with Michael Hammer[J]. Supply Chain Management Review, 1999(1): 20-26.

⑤ 陈志祥等. SCM 建模理论与方法研究[J]. 管理科学学报, 1999, 2(1): 67-70.

方法。SCM 理论很大程度地吸收了 TOC 的思想①,供应链是一个由多个环节构成的系统,当今的市场竞争已经不仅是企业与企业的竞争,更是供应链和供应链的竞争。

(5) 全球经济一体化对 SCM 的促进。

20 世纪 80 年代中期,跨国公司首先开展了 SCM 的探索与应用,对 SCM 理论、方法与应用的研究大幅增多,跨国公司积极地探索与应用供应链管理的理论来改进自身的管理实践,提高其供应链上的许多中小企业的供应链管理水平,跨国公司在推动 SCM 理论与方法的发展及实践中,起了不可低估的重要作用。

(6) 网络基础上的 SCM。

随着 IT 的迅猛发展,企业越来越多地借助信息技术进行管理,随着网络技术的迅速发展,网络的全球化,EDI 的迅速推广,这些信息技术在企业的 SCM 发挥着日益重大的作用。为更好地实现企业间的横向沟通,许多软件公司皆在其软件上预留与 Internet 的接口,因此,基于网络的 SCM 以逐渐成为潮流,"e-supply chain"的说法也已出现②。

2. 供应链环境下的物流中心

(1) 供应链环境下的物流中心功能设计。

供应链的各成员都需要物流中心。对于原材料供应商,比较注重物流中心在原材料的分拣、配套储存、加工和预处理、及时配等方面的功能。对于制造商,物流中心应为其提供良好的支持其制造活动的服务,并为制造商产品的分销提供服务。就分销商而言,物流中心应强调运输、信息交换、仓储等的服务。零售商则要求物流中心为其商品配送提供服务。一条供应链可以由多个物流中心为其服务;相反,一个物流中心也能为多条供应链服务。所以,物流中心应该明

① Shapiro Roy D. Get leverage from logistics[J]. Harvard Business Review, 1984 (3): 119-127.

② Turcotte Jim. Are you ready for the E-supply chain[C]. APICS. 1998 (8): 56-67.

确其具备的核心竞争力的功能，明确自身在供应链中所处的位置及自己的客户要求。

(2) 供应链环境下的物流中心布局。

从供应链角度而言，影响物流中心布局主要有以下四个重要因素。

一是靠近航空港、铁路枢纽及港口。航空速度最快，运距长、价值高、要求快速送达的货物选择航空运输更具优势。500 千米以上的大批量货物运输则选择铁路运输更为适合。河运与海运的运输成本最低，特别是在国际贸易方面，远洋运输方式占绝对优势。因此，在建设物流中心时，应根据物流中心的服务范围与服务对象进行选址，以适合运输方式附近的空间布局。

二是接近交通主要干道出入口。物流运输的最主要方式是道路运输，它具有方便、送达速度快、机动性好及门到门服务等优点，同时也是与其他运输方式相连的必要手段。所以，物流中心的布局应主要集中在交通干道线，如城市快速道路、高速公路等附近。

三是靠近地价低的区位。物流中心占地面积较大，以追求效益为宗旨。因此，地价的高低对其区位选择影响重要，大规模的物流中心选址时应尽可能选取地价较低的区域。

四是靠近服务对象的区域。建立经营零售产品的配送中心，可实现快速供货和有效降低运费。大规模商品集散地附近所形成的中心，则能较多地吸引客商，也要求有较完备的基础设施。因此，在此处建立物流中心能够带来较大的投资收益。

2.3.2 物流经济地理理论

1. 物流经济地理发展过程

20 世纪 90 年代，美国普林斯顿大学教授保罗·克鲁格曼(Paul Krugman)为了合理解释经济全球化背景下的经济现象，逐渐形成了新经济地理理论。克鲁格曼新经济地理学理论整合了经济学界在国际贸易和地理经济学有关方面的研究成果，在自由贸易、全球化以及推动世界范围内城市化进程的动因方面形成了一整套理论①。

O'Kelly是代表物流经济地理代表学者之一，他首次提出货物运输的轴辐设施选址模型，他认为货物空间转移必须通过具有转运功能的轴(hub)来实现，而端点之间不能直接产生货流，此前提假设多数情况下与实际交通运输相符②。O'Kelly先后根据其研究项目对轴辐模型进行扩展并提出相应启发式算法，而且对区域交通网络的可通达性进行了系统、全面的研究。

国内物流地理学与交通地理学研究内容不同，但交通地理学为国内物流地理学研究提供直接方法基础。国内交通地理学自20世纪90年代早期，张务栋(1993)在其著作中分别对各交通运输方式网络布局、交通枢纽区位、货流规划、交通网络特征、客货流预测计量方法等方面进行了较深入的研究③。而后，一些学者分别从"海陆集装箱体系的空间组织结构""港口集装箱系统的发展阶段模式""我国航空网络体系的轴辐模式及其地域系统研究""我国铁路网络的空间发展与可通达性""区域间运输联系的产生、分布及规律""我国高速公路网络空间发展现状及区域效应"等方面探讨我国交通地理有关问题④。在交通地理学理论、方法基础上，一些地理学者先后在地理期刊发表了一系列文章。韩增林先后从宏观层面分析我国物流业发展与布局特点、城市物流园区及配送中心的布局⑤⑥；陈璟研究供应链环境下城市物流的空间组织结构与方式⑦；王利(2003)、汪超分别对

① 刘禾文. 克鲁格曼新经济地理学[J]. 文化经济，2011(14)：225.

② Krugman P R. Increasing Returns and Economic Geography[J]. Journal of Political Economy，1991，99(3)：483－499.

③ 张务栋. 交通运输布局概论[M]. 上海：华东师范大学出版社，1993：51－60.

④ 金凤君. 我国航空客流网络发展及其地域系统研究[J]. 地理研究，2001，20(3)：31－39.

⑤ 韩增林等. 城市物流园区及配送中心布局规划研究[J]. 地理科学，2003，23(5)：535－541.

⑥ 韩增林，王成金等. 我国物流业发展与布局的特点及对策探讨[J]. 地理科学进展，2002，21(1)：81－90.

⑦ 陈璟. 电子商务环境下我国物流业发展对策探讨[J]. 经济地理，2001，21(5)：554－558.

区域物流规划、中心城市物流系统规划的理论架构进行探讨①②。王非(2006;2010)利用启发式粒子群算法对构建的配送中心网络选址模型进行求解并得到满意的计算结果③④。李旸(2007)在其著作中从交通、产业、商贸角度构建了物流经济地理的框架⑤。张海珍(2008)侧重各种交通运输方式与区域经济的联系⑥。以上成果充分体现出地理学界对物流的重视,反映出众多学者对物流的经济推动作用的期待。

2. 物流经济地理理论与物流中心选址

为了提高物流中心选址的准确性,可以将经济地理学空间相互作用理论的区位势概念应用于物流中心选址问题。区位势的概念是社会学科将物理学中的位势概念借用到区位现象的定量分析中。它是相互作用、相互影响的地理空间的不同区位之间,围绕着某一区位的其他所有区位施加的总的影响强度。根据物流中心区位势的概念,物流中心的区位势应考虑物流中心所在地及其服务区域的经营环境(通过该地及其服务区域的经济水平来表现)、物流成本费用、物流中心服务区域的作业量、物流中心与其服务区域的集疏运系统条件。从物流中心区位势的角度筛选出最佳的选址方案。将区位势理论应用于物流中心的选址过程中,建立了区位势数学模型,它不仅考虑了费用问题,还考虑了作业量以及物流中心与其所服务区域的集疏运条件因素,而且该模型更注重物流中心在将来一段时间内的发展潜力问题⑦。

---

① 王利,韩增林. 现代区域物流规划的理论框架研究[J]. 经济地理,2003,23(5):601-605.

② 汪超,杨东援. 中心城市现代物流系统规划框架研究[J]. 城市规划汇刊,2001(2):53-56.

③ 王非,徐渝,李毅学. 离散设施选址问题研究综述[J]. 运筹与管理,2006(5):64-69.

④ 王非,王丽萍,贾涛. 引入补偿策略的风险共担配送中心选址问题研究[J]. 公路交通科技. 2010(5):171-177.

⑤ 李旸. 物流经济地理[M]. 北京:北京理工大学出版社,2007:1-323.

⑥ 张海珍. 物流经济地理[M]. 北京:人民交通出版社,2008:1-164.

⑦ 黄天翔等. 基于区位势理论的物流中心选址[J]. 物流工程与管理,2009(8).

2.3.3 区位与区位选择理论

区位(location)的主要含义有“空间内的位置(人类活动所占据的场所)”“放置”“为特定目的而标定的地区”三个方面的内容①。人类活动多种多样,包括经济、政治、社会等,其中经济活动是一项最为重要的活动。英格兰德认为,区位的纯理论是一个关于经济中“地方条件性”(local conditionality)的一般理论②。

区位论也称为区位经济学、地理区位论,是关于人类活动、特别是经济活动空间组织优化的学问③。区位论是一个典型的边缘理论学科,既属于经济学,也属于地理学。区位理论(standortslehre)源于古典经济学,大概经历了古典区位论、近代区位论和现代区位论三个阶段④(见表 2-3)。德国经济学家杜能(J. H. von Thünen)1826 年出版的《孤立国》(*Der isolierte Staat*),是古典区位论的第一部名著;而 1933 年德国地理学家克里斯塔勒(W. Christaller)出版的《南德的中心地——城市功能居民点分布和发展的经济地理研究》(*Die Zentralen Orte in Süddeutschland*),提出中心地方模型,是地理学的第一个区位模型。现代区位理论,不仅是对生产类型的描述,更要对生产、流通、消费和市场等经济活动和过程进行分析,研究他们空间上内在联系,自然要借助于数量方法和计算技术。乌尔曼 1941 年刊登在《美国社会学杂志》上的“A theory of location for cities. American Journal of Sociology”同克里斯塔勒的著作一样,成为区位论的里程碑文献(benchmark paper)⑤。以 1954 年沃尔特・艾萨德

---

① 杨吾扬,梁进社. 高等经济地理学[M]. 北京大学出版社,1997.

② Oskar Englander. Kritisches und Positives zu einer allgemeinen reinen Lehre vom Standort[J]. Zeitschrift fur Volkswirtschaft und Sozialpolitik. Neue Folge. 1926(V): 7-9.

③ 杨吾扬. 区位论原理——产业、城市和区域的区位经济分析[M]. 兰州: 甘肃人民出版社,1989.

④ 同上。

⑤ 艾南山. 序言. 杨吾扬. 区位论原理——产业、城市和区域的区位经济分析[M]. 兰州: 甘肃人民出版社,1989.

教授发起成立区域科学协会、1956 年出版《区位与空间经济》、1960 年出版《区域分析方法》三大事件为标志，区域科学作为一个新的学科领域正式成立了，从而将自冯·杜能以来的关于区位与空间经济的只是探索历史划分为前艾萨德时期、艾萨德时期和后艾萨德时期三个阶段。其中，作为区域科学理论大厦的奠基之作，《区位与空间经济》一书从尝试建立涵盖所有分布在空间中的经济活动的一般理论出发，系统地总结和概括了前艾萨德时期各种主要的区位理论，以及土地利用、贸易、城市结构，甚至经济均衡理论等各个方面的理论进展，开辟了尝试建立包含经济活动的时间和空间在内的更加具有普适性的一般理论的知识探索道路，为艾萨德时期区域科学的各个研究领域以及后艾萨德时期新经济地理学的兴起提供了思想的“种子”，奠定了艾萨德作为区域科学创始人的历史地位①。

表 2-3 区位理论发展的三阶段

	古典区位论	近代区位论	现代区位论
1. 起始时期	19 世纪 20 年代	20 世纪 30 年代	20 世纪 70 年代
2. 涉及对象	第一、第二产业	第二、第三产业和城市	城市和区域
3. 追求目标	成本最低	市场最优	优势最显
4. 理论特色	微观的静态平衡	宏观的静态平衡	宏观的动态平衡
5. 代表人物	杜能(1926)、韦勃(1909)	克里斯塔勒、廖什	俄林、哈格斯特朗

在我国，杨吾扬教授的《区位论原理》(1989)②从杜能的古典农业区位论、古典工业区位论和集聚规模经济、空间相互作用论、中心

① ［美］沃尔特·艾萨德著，杨开忠，沈体雁，方森，王滔等译. 区位与空间经济：关于产业区位、市场区、土地利用，贸易和城市结构的一般理论[M]. 北京：北京大学出版社，2011.

② 约翰·冯·杜能，吴衡康译，谢钟准校. 孤立国同农业和国民经济的关系[M]. 北京：商务印书馆，1986.

地方论、城市地域结构论、交通点线网的区位分析、区域的空间结构与经济区别到地域分工与一般区位论，比较全面地介绍了古典区位论、近代区位论和现代区位论。

郝寿义等(2011)认为，区位理论是关于经济要素的区位选择。区位理论作为经济地理学和区域经济学的核心基础理论，长期以来侧重于企业区位选择的研究，即企业在经济利益最大化的目标下，根据自身的需要和相应的约束条件选择最佳区位①。由此形成了新古典理论学派、行为学派、结构学派和新经济地理学派等主要流派。区位理论在其历史发展过程中大致分为微观区位理论和宏观区位理论。前者阐明行为主体在不考虑对外部经济环境产生影响的情况下所做的区位选择决策过程；后者阐明不同的行为主体在区位选择过程中的相互影响以及外部经济环境的制约作用②。安虎森(2008)认为，区位是活动主体所占据的场所；行为主体为了实现其特定经济目的而从事活动的场所称为经济区位，区域经济学说研究的区位都是经济区位③。姚文捷(2010)认为，区位的概念需要考虑三个方面的问题：一是其地理概念性；二是宏观与微观两个层面性；三是区位点与区域面的关系问题。他将区位的概念定义为：区位是经济行为主体在特定的经济目标下，从事经济活动所占据的一定面积的场所，在区域中受到各种外部影响的作用下所选择的地理决策点④。

区位选择决策是选择标准、选择方法在空间层次下的具体应用。区位选择是指区位主体为了追求利益的最大化，在一定约束条件下，根据自身需要和各种影响因素，选择最优占据区位的行为。区位的

---

① 郝寿义，倪方树，林坦，方兴. 企业区位选择与空间集聚的博弈分析[J]. 南开经济研究，2011(3)：69－78.

② 姚文捷. 空间点面视角下的区位选择理论探微[J]. 哈尔滨商业大学学报(社会科学版)，2010，6(115)：73－78.

③ 安虎森. 新区域经济学[M]. 大连：东北财经大学出版社，2008. 8.

④ August Losch. The Economics of Location[M]. Yale University Press，1954，New Haven and London.［德］奥古斯特·勒施著，王守礼译. 经济空间秩序：经济财货与地理间的关系[M]. 北京：商务印书馆，1995.

选择要用科学的方法得到，这些科学的方法得到的区位选择结果“并不是绝对正确的，只不过是一种健全的推测”（勒施，1995）①。区位选择，既包括动态的区位选择过程，也包括静态的区位选择结果，因此需要从诸多区位方案中选择一个合理的区位方案并付诸实施。勒施（1995）认为，“一个合适的区位，必然是一个能保证事情会更妥善发展的区位”。不同的区位选择主体具有不同的选择使命，对商业企业而言，其关注的是选择一个能够实现其利润最大化的区位，而对政府而言，其关注的是如何通过法律、政策引导来形成合理布局，以提高流通的效率，因此可以说，区位选择事实上是在寻找一种经济的空间秩序。

根据丁萍萍等（2002）对于区位的指向类型的划分，将区位划分为原料指向、市场指向、劳动力指向和技术指向四类②。原料指向是指产业分布趋于接近原材料产地的倾向。当原料指数（地方性原料重量/制成品重量）大于1时，产业布点应靠近原料产地；小于1时靠近消费地；当原料指数等于1时，产业布点既可靠近原料地，也可靠近消费地。市场指向是指某些产业靠近消费低比靠近原料产地布点有利的倾向。这类产业原料指数小于1，也包括产品不便于运输或保管的产业以及消费需求对生产影响较大的产业，如食品、家具、农机制造、硫酸工业等。劳动力指向是指某些产业具有密集使用廉价劳动力的倾向。当一个产业的劳动成本指数（劳动成本/制成品重量）越大，则该产业依靠劳动力指向布点的趋势就越大。技术指向又称研究考法指向，主要是指革新技术变革而产生的一系列新兴产业朝着文化、教育、科技发达地区布点的倾向。本研究所探讨的产地型物流中心区位选择属于原料指向的区位类型，在进行该区位选择决策时，期望能够通过合适的方法选择出合适的区位，达到

① August Losch. The Economics of Location. Yale University Press, 1954, New Haven and London.［德］奥古斯特·勒施著，王守礼译. 经济空间秩序：经济财货与地理间的关系[M]. 北京：商务印书馆，1995.

② 丁萍萍，程玉申. 经济地理学[M]. 北京：中国物资出版社，2002.

帕累托最优①状态，正如勒施所宣称的"要决定一个区位真正如何最好，实际上是困难的""在动态世界最好的区位是不存在的"。

2.3.4 区位选择的空间经济学理论

1. 理论渊源

1826年，杜能完成了《孤立国同农业和国民经济的关系》一书，该书奠定了农业区位论的基础。他建立了著名的农业区位论，该理论只考虑一个假定的均质空间里农业生产方式的配置和距城市距离的关系，其农业区位论首次从理论上系统地阐述了空间摩擦对人类经济活动的影响②。

劳恩哈特利于1882年发表"确定工商业的合理区位"。韦伯于1909年出版的《工业区位论：区位的纯理论》，该区位论试图通过探索工业区位原理，来解释近代工业快速发展时代人口的地域间大规模移动，以及城市的人口与产业集聚的原因③。克里斯塔勒于1933年出版了《德国南部的中心地区》一书，系统地阐明了中心地区理论(central place theory)，它说明在一个区域内，高级的中心地只有一个，次一级的中心地较多，等级愈小的中心地越多，规模越小。每一中心地的相对重要性取决于它所提供的商品和服务的数量与等级④。1939年，勒施出版了《经济空间秩序》，最概括性的描述将一般均衡理论应用于空间，距离本身成为中心，建立了市场区位理论并研究了市场网络对工业区位的作用⑤。

---

① 帕累托最优(Pareto Optimality)，也称为帕累托效率(Pareto Efficiency)、帕累托改善、帕雷托最佳配置，是博弈论中的重要概念，并且在经济学，工程学和社会科学中有着广泛的应用。帕累托最优是指资源分配的一种理想状态，即假定固有的一群人和可分配的资源，从一种分配状态到另一种状态的变化中，在没有使任何人境况变坏的前提下，也不可能再使某些人的处境变好。换句话说，就是不可能再改善某些人的境况，而不使任何其他人受损。

② 罗应霞，浅析杜能及其《孤立国》在经济学中的贡献[J]. 云南行政学院学报，2003(2)：01-04.

③ 钱伟. 区位理论三大学派的介析与评价[J]. 科技创业月刊，2006(2)：179-180.

④ 沃尔特·克里斯塔勒. 德国南部中心地原理[M]. 北京：商务印书馆，1998.

⑤ 奥古斯特·勒施. 经济空间秩序[M]. 北京：商务印书馆，2010.

2. 理论发展过程

(1) 空间经济学的旁支——区域经济学与城市经济学。

艾萨德(Isaid W.)于 1956 年出版了 *Loration and Space — Economy* 一书,将冯·屠能、韦伯、克里斯塔勒、勒施等人的模型整合为一个统一的易驾驭的框架,把区位问题重新表述为一个标准的替代问题,他开创了一个折中的应用领域——区域科学。艾萨德认为应当把区域的划分看作空间资源经济的基础,而不是把行政划分作为考察的限制条件,区域内资源具有近似性,其相互关系是一个空间中的密切的经济协作关系①。

1969 年,Jacbos 出版了 *The Economy of Cities* 一书,该书的研究对象是城市系统和城市的内部空间结构。这样的文献有着和冯·屠能的经典模型同样的基本缺点,那就是假设存在一个中心,但没有解释为什么存在一个中心商业区,在它的周围形成了城市,尽管也可以用集聚经济来做些说明,但总不是那么令人满意②。

(2) 新经济地理和空间经济学。

1991 年和 1995 年,麻省理工学院连续出版了克鲁格曼的新著《地理和贸易》和《发展、地理和经济理论》,克鲁格曼定义的经济地理,是指"生产的空间区位"。因此,经济地理为新贸易理论、新增长理论等提供了一个思想和实证的实验室。经济活动的空间区位对经济发展和国际经济关系的重要作用在过去的十年中异乎寻常地重新引起人们的高度重视,克鲁格曼引导了经济地理和空间经济学的复兴③④。

3. 与物流中心区位选择的联系

在空间经济学框架下讨论物流中心问题时,主要考虑的是物流

① 艾萨德. 区位与空间经济:关于产业区位、市场区、土地利用、贸易和城市结构的一般理论[M]. 北京大学出版社,2011.

② 雅各布斯. 城市经济[M]. 北京:中信出版社,1997.

③ 克鲁格曼. 地理和贸易[M]. 北京:北京大学出版社,2001.

④ 克鲁格曼. 发展、地理和经济理论[M]. 北京:北京大学出版社,2000.

中心的集聚与分散。城市物流空间结构演化的基础是城市内部空间结构的发展阶段，实质是城市物流功能在空间上的分异，外在形式是城市物流节点在空间上的布局，发展阶段表现为城市物流“分散、集聚、再扩散、再集聚”的循环过程。由于城市中地理、经济、文化等条件的影响，城市各种要素空间分布不均匀，因此城市物流中心也并非均匀聚集和扩散，而是表现出与城市产业空间耦合发展、与交通运输轴线耦合发展的特征。

（1）与城市产业空间耦合发展。

产业空间效应是影响城市物流中心空间布局演变的关键因素。工业和商业是影响城市物流中心活动空间布局的两个最主要的需求因素，随着城市经济发展，城市生产方式由劳动密集型转变为资本密集型，原有劳动密集型产业的过度集聚造成了外部不经济现象。同时，城市CBD迅速发展，成为高级管理、服务业、商业等业态的集聚地，原有工业向外扩展，城市内部制造业空间布局越来越倾向于发展开发区或工业区的形式城市内部制造业的集聚性明显增强。在工业向外围转移的同时，城市人口也向外围扩散，新的居住区形成，大型的商业设施在新的居住区迅速建立起来，城市副中心效应初步显现，城市物流中心在新成长的城市副中心布局①。

（2）与城市交通运输轴线耦合发展。

能否保证货物在时间和空间上有较高的流动能力，是判断物流活动是否有效的重要标志之一。原有物流中心在土地发展空间上受到限制的同时，往往也伴随着货物流动能力的降低，因为与拥挤空间相伴而行的是堵塞的交通以及城市对货物运输实行的一系列时空限制政策，所以原有物流中心虽然位于城市的中心区，但其可达性实际上会降低。为了提高货物流动的可达性，物流中心就会沿着交通运

① 秦璐，刘凯. 城市物流空间结构演化机理研究[J]. 中国流通经济，2011(6)：30-35.

输轴线向远离城市中心区的方向迁移，以寻求新的发展区位。此时，城市物流活动的空间变化不是向外圈层均匀地推移，而是呈现沿交通运输轴线方向集聚扩散变化①。

4. 物流中心布局演化阶段

集聚和扩散的循环往复运动城市物流中心空间结构在城市产业、物流功能、物流节点集聚和扩散的循环往复作用下，必将经历由内向外、由简单到复杂、由混沌布局到有序布局的过程，从而形成若干不同的发展阶段②。

第一阶段，城市物流内部空间分散阶段。该阶段与城市发展建立初期相适应，物流企业小而分散，物流功能单一，物流中心尚未形成。

第二阶段，城市物流中心在中心区集聚阶段。该阶段城市中心区发展已成熟，综合型物流企业出现，在交通枢纽形成城市物流节点，由于城市规模有限，物流在中心区集聚。

第三阶段，城市物流中心向外扩展、再分散阶段。城市的过度集聚导致效率降低，此时扩散力变得有效。随着城市空间结构向外扩散，物流也开始向外扩张，城市物流集聚水平出现先上升后下降的过程。这一阶段，中心区物流集聚点逐渐瓦解，新的物流集聚点尚未形成，呈现分散的空间布局。

第四阶段，多中心集聚阶段。城市新的中心逐步形成，各中心之间的交通基础设施趋于完善。城市物流空间也相应形成多中心布局。过去集中于城市中心区的物流节点已分别转移到城市的新城，尤其在交通区位优越、工业开发区集中的新城建设有较强集聚能力的物流园区，在原有的中心城区和新城分布小规模的物流中心和配送中心，城市物流空间形成了多中心的网络状结构。

---

① 秦璐，刘凯. 城市物流空间结构演化机理研究[J]. 中国流通经济，2011(6)：30－35.

② 同上。

2.3.5 区域经济学理论

1. 区域经济学理论发展过程

(1) 中心-外围理论。

普雷维什的“中心-外围”理论得以成立的基本条件实际上就是“中心-外围”体系的三个基本特征：整体性、差异性和不平等性。“中心-外围”之间在生产结构上存在很大的差异性；“中心-外围”之间的关系是不平等的。对于所谓的整体性，他强调的是，无论是“中心”还是“外围”，它们都是整个资本主义世界经济体系的一部分，而不是两个不同的经济体系①。后经藤田昌久、克鲁格曼等学者对其理论不断深入和完善其基本内容为：区域系统均由中心和外围两个子空间系统组成②。

(2) 增长极理论。

增长极理论最初由法国经济学家弗朗索瓦·佩鲁提出。增长极指“经济增长并非同时出现在所有的地方，它以不同的强度首先出现于一些增长点或增长极上，然后通过不同的渠道向外扩散，并对整个经济产生不同的终端影响”③。美国学者尼科尔斯将增长极理论发展到地理空间的角度，把增长极看成一个城市。他认为“增长极即经济活动的城市中心，城市中心的一致增长能够扩散到该增长极所在的区域中，并最终扩散到所在国家欠发达的整个区域中”④。

(3) 罗斯托的区域经济增长阶段理论。

美国经济史学家惠特曼·罗斯托(Whitman Rostow)在1960年出版的《经济增长的阶段：非共产党宣言》一书中，以主导产业、制造结构和人类的追求目标为标准，采用部门总量分析方法，根据对已经完成工业化的一些发达国家的经济增长过程所做的研究结果，对区

---

① 杨贤才. 经济增长理论文献综述[J]. 东方企业文化，2011(1)：253.
② 董国辉. 劳尔·普雷维什经济思想研究天津：南开大学出版社，2003.
③ 孟省. 区域经济理论综述[J]. 区域经济，2011(7)：99－101.
④ 王瑜. 增长极理论与实践评析[J]. 商业研究，2011(4)：33－37.

域经济发展的阶段性规律做了颇有影响的探讨分析，在宏观经济层面上提出了一个国家或区域的经济增长需经历传统社会阶段、“起飞”准备阶段、起飞阶段、成熟阶段、高额消费阶段五个阶段的观点。

2. 区域经济学理论与物流中心选址

(1) 区域物流与区域经济的关系。

所谓区域物流是在一定的区域地理环境中，以大中型城市为中心，以区域经济规模和范围为基础，结合物流辐射的有效范围，将区域内外的各类物品从供应地向接收地进行有效的实体流动，它的主体是区域货物运输。区域物流的发展是和区域经济密切相关、相辅相成的，两者相互依存、相互促进，是一个有机的统一整体①。

区域物流是区域经济的主要构成要素，是区域经济系统形成与发展的一种主导力量。区域经济的发展可以促进区域物流的发展，同时区域物流的发展反过来也可以为区域经济提供更好的条件。一般来说，区域经济越发达，对区域内及区域间的物流需求越大，区域物流系统就愈发达；反之亦然。区域物流与区域经济的发展水平和规模密切相关。区域经济的发展是区域物流的基础，没有区域经济也就没有所谓的区域物流。不同的经济水平、发展规模和产业形态，要求与之相适应的区域物流作为服务保障，只有这样，区域经济才能持续、健康地发展。区域物流的区域划分原则是应该按“经济区域”，而不是按“行政区域”进行，行政区域划分有着明确具体的界限，且具有相对长期的稳定性，而经济区域的界限是模糊的，是一条过渡带，这形成了经济区域的开放性、动态的扩展性与收缩性。一般而言，区域物流的范围与其所属的区域经济的范围相一致，但又不完全重合，这是物流运输的距离经济性原理的作用。可以说，物流运输的距离经济性原理往往决定了物流企业最有效的运输距离，从而确定了区域物流的辐射范围②。

---

① 卢斌.建设长株潭区域物流中心的研究[D].湖南师范大学，2006.

② 同上。

(2) 区域物流中心在区域经济发展中的作用。

其作用是充当区域经济发展中的"增长极"。根据区域经济理论,区域物流中心是商品集散和加工的中心,第一、第二产业发展优势明显,而且物流设施和基础设施齐全、流通人力资本高、消费集中而且需求量大、交通与信息发达、人口众多、区域物流中心与周围地区存在不对称性。在这种非对称结构中,区域物流中心扮演着"中心地"与"增长极"的角色,以其为核心枢纽将其他地域"极化"成一个商品流通整体,它的发展在促进整个区域物流、区域经济发展的同时,也极大地推进了自身经济的发展速度①。

首先,形成新的产业形态,优化区域产业结构。物流业的发展推动了区域经济发展,既解决了当地的就业问题,又增加了税收,促进其他行业的发展。同时,物流业的发展还将进一步带来商流、资金流、信息流、技术流的集聚,以及交通运输业、商贸业、金融业、信息业和旅游等多种产业的发展。物流还有利于利用现代化的物流设施、先进的信息网络进行协调和管理,对分散的物流进行集中处理,实现量的集约。相对于分散经营、功能单一、技术原始的储运业务,物流属于技术密集型和高附加值的高科技产业,具有资产结构高度化、技术结构高度化、劳动力高度化等特征。从这个角度来说,建立区域物流中心有利于区域产业结构向高度化方向发展。

其次,改善城市环境。区域物流中心还对改善城市环境也起到了一定的作用。区域物流中心的规划建设要和当地的经济条件和生活条件相一致,在考虑发挥最大经济效益的同时还要考虑到整个区域的整体发展情况,它是区域整体规划的一部分。合理的区域物流中心可以减少物流线路,减少货站、货场、相关设施在城市内的占地、减少车辆出行次数,以及集中进行车辆出行前的清洁处理,从而起到减少噪声、尾气、货物对城市环境的污染②。

---

① 卢斌. 建设长株潭区域物流中心的研究[D]. 湖南师范大学, 2006.

② 苏春玲. 区域物流规划研究——以广西壮族自治区为例[D]. 中南大学, 2007.

2.3.6 综合评价与多属性决策理论

1. 多属性决策理论发展历程

诺贝尔经济学奖获得者西蒙(H. A. Simon)说过:"管理就是决策。"决策理论的发展经历了统计决策、序贯决策、多目标决策、群决策、模糊决策理论、集成决策论等阶段①。

一般而言,经典的多准则决策问题可划分成多目标决策(MODM)与多属性决策(MADM)两大类。多属性决策考虑如何在事先已经确定好的有限数目的备选方案中进行选择,而多目标决策问题中的方案却没有事先给定②。

1896年,法国经济学家帕雷托(V. Pareto)首先从政治经济学角度将不可比较的多目标转化为单个目标进行优化,开始涉及多目标概念。1947年,诺依曼-摩根斯坦(J. V. Neumann-O. Morgenstern)提出的期望效用值理论,从策略论角度提出在相互矛盾情形下的多准则决策问题。后期,库普曼斯(T. C. Koopmans)于1951年引入有效解的概念,由生产和分配问题角度提出多准则问题。1963年扎德(L. A. Zadeh)从控制论中提出了多指标优化问题,并得出一些基本结果。

邓聚龙③在2002年提出了灰色关联分析法,该分析法在多属性决策问题上得到广泛的应用。2006年,徐玖平在《多属性决策的理论与方法》④一书中对多属性决策的理论和方法的内容进行了全面、深入而系统的总结,他指出决策者应考虑如何在事先已确定好的有限数目的备选方案中作出选择。随着研究的日益深入,对于不确定性多准则决策的研究越来越得到重视。同年,Zhang与Tian⑤将

① 黄明知,张守凤,江涛.决策理论的发展演变及新动向[J].统计与决策,2003(6):42-43.

② 李荣均.模糊多准则决策理论与应用[M].北京:科学出版社,2002.

③ Deng J L. Grey System Theory[D]. Wuhan: press of Huazhong University of Science &. Technology,2002.

④ 徐玖平.多属性决策的理论与方法[M].北京:清华大学出版社,2006.

⑤ Tian Chun qiao, Zhang Qiang. Intuitionistic fuzzy sets method for fuzzy multiple attribute decision making[J]. Fuzzy systems and Mathematics, 2006,20(5): 71-76.

TOPSIS方法与直觉模糊集结合起来应用到模糊多属性决策问题的研究。为更好地研究模糊多属性决策问题，2011年杨红军和董礼①在直觉模糊集理论的基础上提出了一种新的灰色关联分析方法。依据灰色关联分析法的思想，他们提供了基于直觉模糊多属性决策的灰色关联分析方法的解决方法。

2. 综合评价理论发展历程

(1) 综合评价理论。

综合评价是指对多属性体系结构描述的对象系统做出全局性、整体性的评价②。综合评价是多学科边缘交叉、多点支撑、相互渗透的新的研究领域，因为研究基础及出发点与研究偏好、观点的不同，综合评价的研究成果未得到较好的推广与使用，这一重要技术仍处于一种凌乱分散中。

常用的综合评价方法大致可分为九大类，主要有技术经济分析方法、定性评价方法、多属性决策方法（MODM）、统计分析方法③④、运筹学方法、模糊数学方法⑤、系统工程方法、智能化评价方法、对话式评价方法。

综合评价问题是多因素决策过程中具有普遍意义的问题。综合评价是科学决策中的基础性工作，是科学决策的前提，决策需要评价。综合评价最主要的功能是排序，对于每一评价对象，可以通过综合比较与评价找到自身的差距，从而及时采取措施，进而改进。

(2) 综合评价方法的新发展。

近年来，综合评价问题有了新的发展，综合大致有以下六类。

第一，灰色综合评价。中国学者邓聚龙教授首先提出灰关联度

---

① 杨红军，董礼. 基于直觉模糊集多属性决策的灰色关联分析法[J]. 微电子学与计算机，2011(9)：155-157.

② 王宗军. 综合评价的方法、问题及其研究趋势[J]. 管理科学学报，1998，1(1)：75-79.

③ 何小群. 现代统计分析方法[M]. 北京：中国人民大学出版社，1998：215-344.

④ Jacgues Savoy. Statisticai inference in retrievai effectiveness evaiuation [J]. Information Processing and Management，1997，33(4)：495-512.

⑤ 杜栋. 现代综合评价方法与案例精选[M]. 北京：清华大学出版社，2006.

评价，其基本思想是通过待分析系统的各特征参量序列曲线间的变化态势的接近程度或几何相似来判断其关联程度的大小。

第二，仿真评价方法。以模拟为手段，在反馈控制理论的基础上，应用计算机技术进行系统仿真，从而对过程进行评价及分析。

第三，动态综合评价方法。主要应用在参数变动较大或随时间变动指标的系统，候选人的排列、管理者的绩效评价和考核、动态经济系统等问题均涉及动态评价。

第四，信息论方法。信息熵的主要应用领域包括项目生命周期投资评价、宏观财税政策评价等①②。

第五，智能化方法的新发展。这类方法应用领域涉及城市发展综合水平、股票价格的评估，以及银行贷款项目的评价等③④。

第六，可拓评价与分析方法。该方法主要应用于项目评估、企业信用等级评价与产品质量的综合评价等⑤。

3. 基于综合评价与多属性决策的物流中心区位选择

物流节点的分布和数量对物流系统的物流服务成本和其服务范围有着直接的影响，物流中心的区位选择在整个物流系统中具有十分重要的地位。伴随着经济的快速发展及对物流需求的迅猛增长，作为城市规划的重要组成部分，物流中心的建设具有很大的战略意义。因此，物流中心区位选择成为最重要的长期决策之一。

---

① Puccia C J, Levins R. Oualitative Modeling of Complex Systems[M]. Boston: Harvard University Press, 1985: 217 - 298.

② Jiang L. Economic entropy and its application to the structure of the transport system—Ouality & guantity[J]. International Journai of Methodology, 1996, 30(2): 161 - 171.

③ Lu Z, Levis A H. A colored petri net modeI of distributed tactical decision-making [J]. IEEE Trans on Systems, Man & Cybernetics, 1991, 21(4): 2035 - 2040.

④ Sexton R S, Dorsey R E, Johnson J D. Toward global optimization for artificial neural networks: A comparison of the genetic algorithm and back propagation[J]. Decision Support Systems, 1998, 22(2): 171 - 185.

⑤ Peng Yongxing, Yu Shangzhi. The multi-hierarchy integrated evaluation method of enterprise's credit grade[A]. In: Proceedings of ISAHP'99[C]. Kobe, Japan, 1999: 125 - 128.

近几年来，各种类型物流中心的区位选择问题在实践与理论方面取得了较多研究成果，并且形成了众多算法与模型，如数值分析法、重心法、启发式算法、线性规划法，尤其是这几年发展起来的蚁群算法、神经网络、禁忌搜索算法、遗传算法、粒子群算法、模拟退火算法等智能优化算法在许多邻域得到了广泛的应用①。国内外许多学者已经将以上算法都应用到物流中心的区位选择上，从而解决一些复杂优化问题。如秦绪伟等在对整车物流系统中的库存控制策略、运输规模经济效应、服务质量、设施等决策因素综合考虑的基础上，建立了整车物流网络规划集成优化模型，用流预测算法确定其最优运输路径，用粒子群算法搜索物流网络可行结构，通过两者的相互协调实现最优解的搜索②，刘筱洁等以专家评价值为期望的输出，对网络进行训练，对多个配送中心选址方案作出了客观的评价，并建立了配送中心选址的模糊神经网络模型③。还有学者建立了物流中心区位选择和路线的 LRP 组合模型，结合遗传算法与模拟退火算法，对物流配送中心选址问题进行研究。

多属性决策是从有限数量的方案中选出最佳方案，它是一种常见的人类活动。由于人类思维的模糊性和客观事物的复杂性，人们逐渐开始重视用模糊的语言形式对方案进行评估的研究。项目的区位选择是一个带有不确定性的混合型多属性决策问题。近几十年来，许多领域已经广泛应用由 Yager 所提出的集结决策信息的有序加权平均(OWA)算子。TOPSIS 也是解决多属性决策问题的常用方法之一，该方法通过计算备选方案和负理想解与理想解之间的距离来排序，可较好地解决物流中心选址问题④。

---

① 田立新等. 配送中心选址研究[J]. 安徽农业科学，2008(33).

② 秦绪伟，范玉顺，尹朝万. 整车物流网络规划问题的混合粒子群算法研究[J]. 系统工程理论与实践，2006(7).

③ 刘筱洁，曹立明，王小平. 基于模糊神经网络模型的配送中心选址综合评[J]. 计算机应用与软件，2007(3).

④ 韩朝胜. 基于多属性决策的物流中心选址问题研究[J]. 企业管理，2010(6)：177－179.

第三章 区位因子研究设计和方法

水产品冷链物流中心的区位选择，由于以往研究成果零散、稀少，根据文献检索范围和相关理论分析，在区位选择的测量量表方面，尚缺乏现成的成熟量表，因而需要进行开发和检验。本章主要就测量维度的选取，从理论基础和统计分析的双重角度来进行量表开发，并说明本书调查实施的情况和数据分析的建模和统计分析工具。

3.1 测量维度的选择

3.1.1 测量维度的文献检视

要深入了解水产品冷链物流中心的区位选择问题，首先要了解影响水产品冷链物流中心区位选择的因素，即了解测量水产品冷链物流中心区位选择的构成维度。对于水产品冷链物流中心区位选择的理论研究而言，识别其构成维度是研究的基础，在此基础上，才能够了解各构成维度之间以及这些维度与区位选择之间的关系，最终深入刻画出水产品冷链物流中心区位选择的决策过程。

影响区位的因素，地理学将其称为“区位因子”或“区位因素”，区位因素(因子)是影响区位选择的基础，也是产生区位现象的原因，区位条件的好坏对于人们的选择至关重要。水产品冷链物流中心区位选择的测量维度需结合国际竞争力评价指标、区域竞争力评价指标、城市竞争力评价指标、物流中心选址的影响因素、环境评价指标、点区位的评价指标并结合新鲜易腐产品物流中心的选址决策变量等发面进行综合考虑。影响区位选择的因素，一般可分两类：驱动型和约束型。驱动型区位因素是指那些在增强本地区位选择竞争力的因素；约束型区位因素是指那些削弱本地区位选择竞争力的因素。在外部大环境一致的情况下进行水产品冷链物流中心区位选择的分析中，对于约束型区位因素的分析常常是隐藏的，而对于驱动型区位因素的分析常常是彰显的。

1. 国际竞争力

早在1980年，世界经济论坛和洛桑国际管理学院就提出了国际竞争力评价指标体系；波特在其产业竞争力理论的基础上提出了著名的“钻石”指标体系构架①；国内学者对此进行了一些开拓性的研究，如倪鹏飞的弓箭模型指标体系共88项，分为显示性指标和解释性指标两大类②；北京国际城市发展研究院提出的城市竞争力评价系统包括五个层次：城市实力、城市能力、城市活力、城市潜力、城市魅力③。王贵新等构建的城市竞争力指标体系由经济发展竞争力、社会发展竞争力、环境发展竞争力三个维度组成，采用了极差标准化和均方差标准化决策方法④。

2. 区域竞争力

区域竞争力理论是迈克尔·波特教授在产业集群理论和城市竞争力理论基础上发展起来的。1998年，波特在《集群与新竞争经济学》一文中，系统地提出了新竞争经济学的产业集群理论，认为集群

---

① [美]迈克尔·波特. 国家竞争优势[M]. 北京：华夏出版社，2002.

② 倪鹏飞等. 城市竞争力报告[M]. 北京：社会科学文献出版社，2003.

③ 连玉明. 中国城市综合竞争力报告[M]. 北京：中国时代经济出版社，2009.

④ 王贵新，沈建法. 中国地级以上城市综合竞争力研究[J]. 复旦学报，2002(2)：69-77.

是特定产业中互有联系的公司或机构聚集在特定地理位置的一种现象，在特定的地理区域，产业的地理集中的发生，原因是地理因素，集群由于地理接近，可以使生产率和创新效益提高，交易费用降低。一个国家在国际具有竞争优势的产业，其企业在地理上呈现集中的趋势，通常聚集在某些城市或某些地区。在《创新产业群初步研究——San Diego》中，波特还根据其城市竞争力理论，提出了一个评价高新产业区竞争力的方案，认为一个地区特别是一个高新产业区的繁荣，靠的是竞争力，并将评价高新产业区竞争力的评价指标分为要素条件、需求条件、企业战略与竞争环境、有关支持产业四个方面，共100多个指标，依不同地区的具体情况而有所变化①。

李闽榕等(2007)认为研究和评价省域经济综合竞争力，需要建立一个内容丰富、视野开阔、逻辑合理的、比较科学完善、符合中国国情的省域经济综合竞争力评价指标体系和模型，其根据省域经济综合竞争力的构成特点，按照科学性、客观性、系统性、公正性、可行性、可比性的设计原则，兼顾考虑"综合性"要素和"开放性"要素、直接性要素和间接性要素、现实性要素和未来性要素、线性要素和隐性要素、多维性要素和动态性要素，建立一个由三个层次指标构成的省域经济综合竞争力评价指标体系②(见图 3-1)。

3. 城市竞争力

美国哈佛大学教授坎特(Kantor)认为，一个城市只有具备新观念(concepts)、实力(competence)、联系网络(connections)三个因素，才能有国际竞争力，才能称为"国际性城市"，并在此基础上提出了一个城市竞争力的评价指标体系，这一评价指标体系也被称为城市竞争力的"3C模式"③。哈佛大学的迈克尔·波特(Michael E. Porter)教授也从微观企业的角度提出了一个城市竞争力评价方案，该方案

① 刘勇. 我国典型地区区域竞争力初步研究[R]. 调查研究报告. 2002(202).

② 李闽榕，李建平，黄茂兴著. 中国省域经济综合竞争力评价与预测研究[M]. 北京：社会科学文献出版社，2007.

③ 张庭伟. 城市的竞争力以及城市规划的作用[J]. 城市规划 2000(11)：39-40.

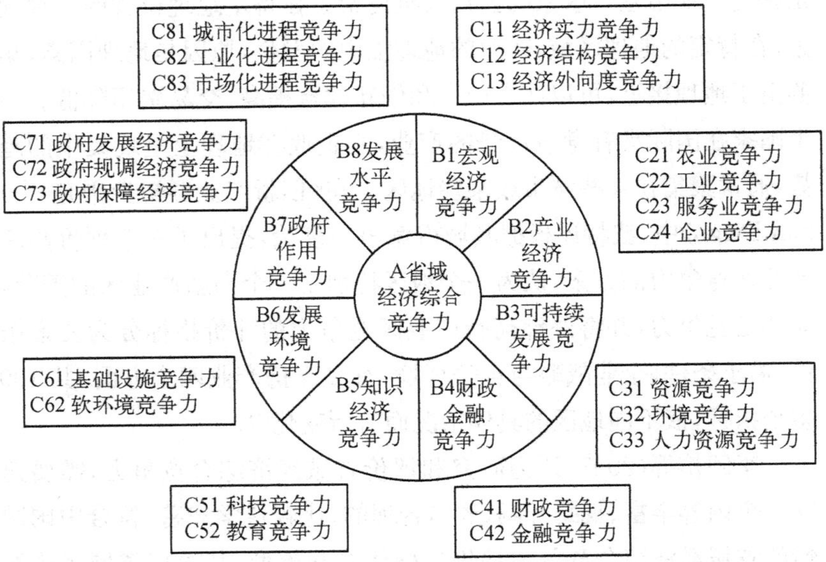

图 3-1　省域经济综合竞争力评价指标体系(含一、二、三级指标)

包括企业经营与战略和微观经济环境两大类,共 46 个指标,资料来源于统计资料和专家问卷①。美国巴克内尔大学卡尔·彼得教授认为,城市竞争力(UC)是经济因素和战略因素的共同结果,城市竞争力(UC)$=f$(经济因素、战略因素)。经济因素=生产要素+基础设施+区位+经济结构+城市环境;战略因素=政府效率+城市战略+公私部门合作+制度灵活性。他根据评价结果对城市竞争力进行了历史、结构、区域性的分析,同时根据城市竞争力解释框架建立了城市竞争力与解的变量的回归方程,对其高低及变化的原因进行了分析和比较②。

有的专家学者认为,城市竞争力是由城市的区位因子所决定的,其中有五种基本区位因子是一个城市表现任何竞争性的城市职能所

① 刘勇. 我国典型地区区域竞争力初步探究[J]. 城市经济、区域经济,2003(5).

② Porter. M. E. Clusters and New Economics of Competition[J]. Harvard Business Review. 1998(11).

必需的条件，即高素质的劳动力和专业人才、高效率的基础设施系统、充足的城市战略性服务业供应、高质量的生活和商务环境、高效和适宜的城市管理体系。非基本区位因子则是其他与城市职能类型紧密相关的各种条件①。

倪鹏飞(2001)②提出了城市竞争力评价的“弓弦模型”，即城市竞争力是一个城市的综合竞争力，这种综合竞争力是各个分力的耦合，包含硬分力和软分力。其中，硬分力包括劳动力、资本力、科技力、结构力、设施力、区位力、环境力、聚集力；软分力包括秩序力、文化力、制度力、管理力和开放力。他还归纳了影响和构成区域综合体的九大因素③，即产业体系、科技创新、制度文化、人力资本、基础设施、外部条件、资源生态和金融资本，这九个方面的强弱和不同组合，决定区域综合竞争力，进而通过竞争力决定城市的兴衰(见图 3－2)。

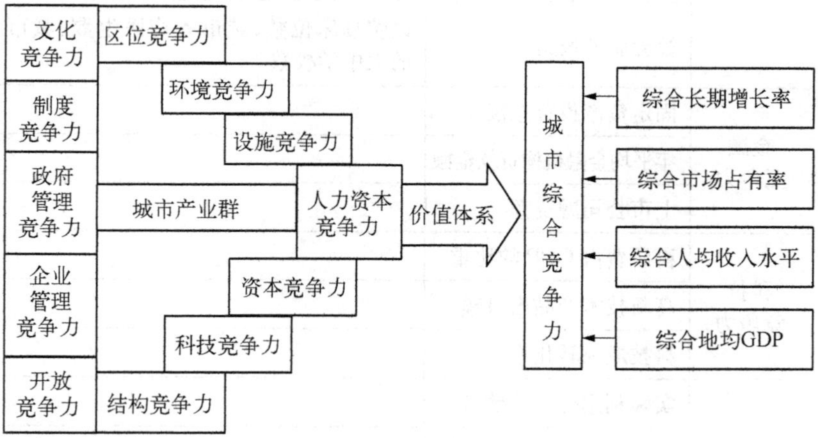

图 3－2　城市综合竞争力的弓弦模型④

① 汪明锋.城市竞争、职能与竞争力：一个理论分析框架[J].现代城市研究，2002(2)：44.

② 倪鹏飞.中国城市竞争力理论研究与实证分析[M].中国经济出版社，2001.6.

③ 倪鹏飞.决定区域竞争力的九大因素[J].港口经济，2009(6)：48.

④ 苏为华.综合评价学[M].北京：中国市场出版社，2005.6.

崔功豪等(2006)①将城市竞争力的评价指标归纳为城市经济竞争力、基础设施竞争力、金融竞争力、科技竞争力、对外开放度、人口竞争力、生活质量、政府效率等八个方面(见表3-1)。

表3-1 城市竞争力的评价指标

因素	一级因子	二级因子
经济竞争力	经济总量及其效益	城市GDP总量、人均GDP、百元投资利税率、全员劳动生产率
	产业结构状况	城市第二、第三产业产值占GDP的比例(%)
	产业聚集度	主导产业占全国同行业的比例
基础设施竞争力	城市基础设施	货运总量、客运总量、民航线路数、城市道路密集度、城市用电保证率、城市用水保证率、城市每千人拥有互联网的用户
	社会服务设施	医院总床位数、城市人均医生数、城市的大中学校数
金融竞争力	固定资产投资总额	
	年平均金融机构贷款金额	
	上市公司融资额	
科技竞争力	科研费占GDP的比重	
	高新技术产品出口额	
	科技成果转化率	
对外开放度	实际利用外资的数量	
	外资企业净出进口额占GDP的比重	
	每年接待中外旅游总人数	

① 崔功豪,魏清泉,刘科伟.区域分析与区域规划[M].北京:高等教育出版社,2006.5.

续 表

因 素	一 级 因 子	二 级 因 子
人口竞争力	人口数量	城市人口总数
	人口素质	每万人拥有大专以上学历的人数、平均受教育年限
	就业状况	城市失业率
生活质量	城市人口收入及消费状况	城市居民人均收入、恩格尔系数
	社会公平	基尼系数
	居住状况	城市人均居住面积
	交通状况	城市人口平均每天上下班的路途时间
	环境质量	城市人均绿地面积、城市空气质量指数
	社会治安	城市人口犯罪率
	社会保障	城市医保人口占总人口的比例
政府效率	人均地方财政收入	
	人均地方财政支出	
	每百人供养的政府行政人员	

4. 环境评价

闵建蜀(1987)①最早将多因素综合评价法运用在环境的评价中，涉及政治环境、经济环境、财务环境、市场环境、基础设施环境、技术条件环境、辅助工业环境、环境制度与法制环境、行政机构效率环境、文化环境和竞争环境11个因素23个因子，首先对各因子进行评价，再对影响因素进行评价，最后提出优、良、中、可、差的综合评价。何曼青(2004)②提出的雷达模型对区域投资环境进行评价，包括八

① 闵建蜀1987年在"中国投资环境比较研究"研讨会上提出。

② 何曼青.我国区域投资环境评估及检测指标体系与模型的构建[J].中国外资.2004(11)：30－33.

大因素(基础设施环境、自然地理环境、经济文化环境、市场经营环境、政府服务环境、政策法律环境、产业发展环境和技术创新环境)40多个因子。

5. 物流中心选址

最早对物流中心选址决策过程中影响因素的探索,来自实践者在做决策时进行思考而形成的一般性文章,而非学术性论文(Ady,1981;Donovan,1982;Freed and Best, 1981;Gaforth,1981)。物流中心选址的影响因素最具代表性的观点有:Freed and Best(1981)①认为劳动力(labor)、建设成本(construction)、公共设施状况(utilities)、政府税收政策(taxes)、交通运输条件(transportation)是影响物流中心选址的主要因素。John(2008)②总结了选址的七大关键要素:土地(land)、劳动力(labor)、资本(capital)、供应条件(sources of supply)、产品(production)、市场(markets)、物流(logistics)。王春颖等(2007)③以基础设施平台、基础信息平台、经济与可持续性发展条件为一级指标建立三级层级结构进行分析。以目标、结果为导向的物流中心选址具有代表性的人物有董艳萍(2010)④,其以运输环境、经济效益、自然环境、政府政策作为一级指标进行分析。郝书池等(2010)⑤研究指出以下几个重要因素,公共设施状况、劳动力条件、自然环境、政策法规、宏观经济环境、市场效益因素、交通条件等。

苏雄义(2007)⑥根据国际区位研究报告整理归纳出影响国际营

---

① Freed, Sherwin and Best, William. Future Challenges to the Site Selection Expert[J]. Industrial Development. 1981,15(4):9-13.

② John T. Mentzer. Supply Chain Management Review[F]. New York. 2008,12(5):25.

③ 王春颖,肖丽娜,肖朋民. 物流中心选址方法的研究[J]. 武汉理工大学学报(交通科学与工程版). 2007,31(6):

④ 董艳萍. 基于模糊层次分析法的物流配送中心选址研究[J]. 科技创业月刊. 2010(10):92-93.

⑤ 郝书池,姜燕宁. 基于生态位适宜度和主成分——TOPSIS法的配送中心选址模型研究[J]. 统计与决策. 2010,18(318):59-61.

⑥ 苏雄义. 物流与运筹管理:观念、机能、整合[M]. 台北:华泰文化出版社. 2007.7.

运中心区位选择的28项因素(见表3-2)。

表3-2　影响国际营运中心区位选择的因素

序号	因　素	序号	因　素
1	自然条件(气温、湿度、降雨量……)	15	上下游厂商(卫星工厂、上下游厂商位置)
2	道路条件(道路状况、交通流量、特性等)	16	距离市区的远近程度
3	运输系统(港口、铁路基地、航空站、货车站)	17	土地取得成本
4	竞争厂商的厂址位置	18	环境污染管制
5	人口动态(人口、年龄分布、所得)	19	CEO、股东个人偏好
6	相关产业(金融、保险、建设)	20	社区因素(社区态度、教育、休闲设施、住屋成本)
7	市场占有率	21	产品特征
8	劳力(劳动人口、通勤方法)	22	动力供给(水、电)
9	企业优待措施(减轻固定资产税、租税)	23	交通运输成本
10	都市计划	24	生活质量
11	地区之产业政策	25	建厂成本
12	劳动工资	26	税
13	当地政府服务质量	27	公共设施
14	地区发展因素(土地大小、形状、原有建筑倍、未来扩充性、邻近地区发展模式)	28	地缘关系(企业原有土地、企业其他物流中心的地点、距离总公司的远近)

6. 点区位

姚文捷(2010)将在宏观层面区位形态作为虚拟的点,称为点区位,其选择决策受到区域内各种外部因素的影响,包括自然资源与劳动力的分布、运输费用的作用、市场发展水平、聚集优势、公共基础设施的提供，以及知识、信息与创新的传递①。杨吾扬(1989)②认为，在论述区位时，首先遇到一系列影响区位的因子，这些因子可概括为六个方面：自然因子(遍在性的自然条件和资源、区域性自认条件和资源、局限性自然条件和资源)、运输因子(非常重要的区位问题参数)、劳力因子(劳力资源是保障)、市场因子(市场与企业的相对位置、市场的规模、市场的结构)、集聚因子(集中和分散，经济地域结构中的重点问题)、社会因子(政治、国防、文化等要求，超经济的，也是独立于地理环境的)。

7. 新鲜易腐产品物流中心选址

国外关于新鲜易腐产品物流中心选址的规划研究将决策变量进行归类后，主要从生产变量、收获变量、配送变量和库存变量四个维度进行评价，其规划的范畴也可分为战略型、战术型和操作型三个范畴，其中以战术型居多，代表学者、规划范畴及决策变量(见表3-3)。

表3-3 新鲜易腐产品物流中心选址的规划范畴和决策变量

代表学者	规划范畴 Planning scope			决策变量 Decision variables			
	S	T	O	P	H	D	I
Ferrer et al. (2008)		√	√		√		
Widodo et al. (2006)		√	√	√			√
Caixeta-Filho (2006)		√			√		
Kazaz (2004)		√		√	√		
Allen and Schuster (2004)	√			√	√		
Rantala (2004)	√	√		√		√	√
Itoh et al. (2003)		√		√			

① 姚文捷. 空间点面视角下的区位选择理论探微[J]. 哈尔滨商业大学学报(社会科学版). 2010,6(115): 73-78.

② 杨吾扬. 区位论中的宏观和一般均衡分析[J]. 经济地理. 1989(3): 161-165.

续 表

代 表 学 者	规划范畴 Planning scope			决策变量 Decision variables			
	S	T	O	P	H	D	I
Caixeta-Filho et al. (2002)		√	√	√	√		
Berge ten et al. (2000)	√	√		√			
Darby-Dowman et al. (2000)		√		√	√		
Romero (2000)		√		√			
Leutscher et al. (1999)		√	√	√			
Stokes et al. (1997)		√		√			
Aleotti et al. (1997)	√	√			√	√	√
Miller et al. (1997)			√		√		√
Hamer (1994)		√		√			
Purcell et al. (1993)		√		√			
van Berlo (1993)	√	√		√	√		√
Annevelink (1992)			√	√			
Saedt et al. (1991)		√	√				

注：S：战略型(strategic)；T：战术型(tactical)；O：操作型(operational)；P：生产变量/决策(production variables/decisions)；H：收获变量/决策(harvesting variables/decisions)；D：配送变量/决策(distribution variables/decisions)；I：库存变量/决策(inventory variables/decisions)。

3.1.2 测量变量的选取

水产品冷链物流中心区位选择，更多的是对城市在经济社会发展过程中的各项能力进行评价，它测量的是一个有所侧重的“综合竞争力”。为了测评影响城市水产品冷链物流中心选址的因素，不仅要考虑城市本身的水产品产量情况、水产品生产加工情况、渔业经济的发展情况、渔业产业的聚集程度等主要因素，也要考虑城市的交通运输状况、基础设施建设情况、地区对水产品的消费情况等，还要考虑城市未来的发展能力，包括城市对渔业、物流业的发展规划及政策扶持情况、土地的价格、土地的集约化程度等。借鉴国内外区位选择理论模型，以及根据国内外学者对物流中心选址决策的研究，结合我国经济发展水平、政治体制、社会需求等多方面因素，选取以下维度作为水产品冷链物流中心区位选择的结构变量。

1. 生产能力

生产能力(production capacity)是指水产品生产和加工的数量、规模，主要选取五个具体方面加以标示。(1) 水产品总产量。水产品是指渔业(捕捞和养殖)生产活动的最终有效成果，水产品分为海水产品和淡水产品两大类，其中每一类又分别由养殖和捕捞两部分构成。水产品的总产量能够最直观地反映生产能力，也是生产能力的成果体现。(2) 水产养殖面积。水产养殖面积是指在报告期内实际用于养殖水产品的水面面积，包括海水养殖面积和淡水养殖面积。海水养殖面积是指利用天然海水用于养殖水面面积，包括海上养殖、滩涂养殖、其他养殖。淡水养殖面积是指在淡水水域养殖水产品的水面面积，包括池塘、湖泊、水库、河沟和其他五部分。(3) 机动渔船。这是指依靠本船主机动力来推进的渔业船舶，分为渔业生产船和渔业辅助船。机动渔船的统计有按照渔船的数量(艘)、捕捞或养殖量(吨)和功率(千瓦)三个口径的统计，本书选取捕捞或养殖量(吨)作为反映区域渔业竞争力生产能力的指标之一。(4) 水产品加工产量。水产品加工产量主要反映生产能力中的加工能力，包括水产冷冻品、鱼糜制品及干腌制品、水产罐制品、水产饲料、鱼油制品、其他水产加工品加工产量的总和。(5) 水产品种类的稀缺性。由于气候、海域资源等因素的影响，某些水产品资源具有地域的稀缺性，这种稀缺性包括产品种类和品质的稀缺。

2. 人力资源

人力资源(human resources)主要指从事水产品生产和加工的

人力资源数量、质量和分布状况等，这里主要从三个方面加以标示。(1) 渔业人口数量。渔业人口指依靠渔业生产和相关活动维持生活的全部人口，它包括直接从事渔业生产和相关活动的人口及其赡(抚)养的人口。(2) 渔业从业人员。这是指全社会中16岁以上，由劳动能力，从事一定渔业劳动并取得劳动报酬或经营收入的人员，反映生产能力的人力资源投入能力。(3) 人力资源供给能力。区域对渔业、物流业的劳动力供给能力及对人才的吸引能力。

3. 交通条件

无论是国内的学者还是国外学者，在物流中心的选址问题上，都认为交通运输条件(transportation capacity)是一个非常重要的变量(Freed and Best, 1981；Cordeau et al., 2006; Canel et al.,2001；Ambrosino and Scutella,2005；Hamer-Lavoie and Cordeau, 2006；Syam, 2002；高学东等,2009；郝书池等,2010)。交通条件，主要从运输能力来体现，主要是指一个地区在交通上对外联络的能力，体现在由铁路、公路、水运、航空和管道等多种运输方式组成的运输网路的完善程度。

物流基础设施是指在供应链的整体服务功能上和供应链的某些环节上，满足物流组织与管理需要的、具有综合或单一功能的场所或组织的统称，主要包括公路、铁路、港口、机场、流通中心以及网络通信基础等(郭茜,2010)。可见，交通基础设施属于物流基础设施的重要部分，区域的运输能力能够在一定程度上反映区域交通基础设施的完善程度，进而反映物流基础设施的状况。物流中心是物流运作的重要节点，其选址对于交通基础设施具有较强的依赖性，因此运输能力是物流中心选址的重要变量，选取以下三项指标反映。

(1) 运输方式衔接程度。公路、水路、铁路、航空四种运输方式中，该地区是否有两种或者两种以上交通运输方式衔接。

(2) 交通通达性。城市与其销售市场之间道路的相连程度以及道路的等级条件。Hansen(1959)首次提出了通达性的含义，将其定义为交通网络中各节点相互作用的机会大小。林善浪、张惠萍(2011)①认为在城市内部,通达性是在给定的交通条件下,一个地方的活动及其交通行为能够接近另外一些地方的容易程度。

(3) 城市交通流量(Traffic network flow)。交通流量是指在选定时间段内通过道路某一地点、某一断面或某一车道的交通实体数。本研究中交通流量是对城市的总体情况进行的主观评价。

4. 政府战略

政府的战略规划和战略实施(government strategy)都是水产品冷链物流中心发展的重要促进因素。水产品冷链物流中心规划设计的过程中,地方政府发展水产品冷链物流的战略思考、政策措施和配套支持等都是影响区位选择的重要变量。在概念的操作化方面,本研究主要选取四个指标进行测量。

(1) 渔业政策扶持程度。该区域是否出台对渔业扶持的相关政策?扶持力度如何?

(2) 物流业政策扶持程度。该区域是否出台对物流业扶持的相关政策?扶持力度如何?

(3) 渔业发展规划。区域对渔业的未来规划情况,是否属于重点发展对象。

(4) 物流业发展规划。区域对物流业的未来规划情况,是否属于重点发展对象。

5. 公共设施

公共设施(public facilities)由政府或其他社会组织提供的、属于社会公众使用或享用的公共建筑或设备,这里主要选取三个方面的指标来反映。

(1) 土地总体价格。《福建省促进现代物流业发展条例》中指出

① 林善浪,张惠萍. 通达性、区位选择与信息服务业集聚——以上海为例[J]. 财贸经济. 2011(5): 106-114.

"重点培育和扶持的物流企业物流项目用地、为生产配套的仓储物流项目用地，享受工业用地政策"。本研究中土地总体价格特指该区域工业用地的总体价格。

(2) 土地使用集约化程度。由于土地资源的稀缺，其数量有限且固定，因此土地使用的集约化程度能够反映一个地区对土地的使用效率，并能反映在未来的发展中对于水产品物流中心的建设是否有限制。

(3) 水电/通信等配套设施。某区域内基础设施的配套建设(或未来规划建设)情况，包括水电、通信等设施。

6. 经济发展潜力

《中国城市发展能力》在建立城市发展总体识别的原则下，用104项要素组成评价中国城市发展能力的指标体系，从城市实力指数、城市竞争力指数、城市社会指数、城市管理指数、城市可持续指数五个维度对中国城市的发展能力进行测量。本研究中区域的发展能力特指城市的水产品冷链物流的发展能力，潜变量"发展能力"是从区域未来的发展潜力来进行评价的，属于宏观层面，本研究有必要通过观察变量对其进行映射，因此选取以下三个指标来反映区域的经济发展潜力(economic development potential)。

(1) 城市GDP水平(gross domestic product)。这是指在一定时期内，一个地区的经济中所生产出的全部最终产品和劳务的价值，常作为衡量区域经济状况的最佳指标。

(2) 渔业产业聚集程度(cluster of fishery industry)。渔业在某一区域内的高度集中，包括水产品捕捞、养殖、初级加工、深层加工产业等的聚集程度，产业聚集程度越高，绩效值越高。

(3) 渔业经济辐射能力。经济辐射能力是指渔业城市对周边区域的综合影响能力和发展带动能力。

以上六个维度，21个变量的性质有质性的也有量化的，假设这些变量对区位选择的影响都是正向的，各变量性质及其测量方式，如表3-4所示。

表 3-4 变量性质

潜变量	测量项目(显变量)	变量性质	测量方式
生产能力	水产品产量	量化　定量	统计数据
	水产养殖面积	量化　定量	统计数据
	机动渔船数量	量化　定量	统计数据
	水产加工产量	量化　定量	统计数据
	水产品种类的稀缺性	质性　定性	问卷\主观评价
人力资源水平	人力资源供给能力	质性　定性	问卷\主观评价
	渔业人口数量	量化　定量	统计数据
	渔业从业人数	量化　定量	统计数据
交通条件	运输方式衔接程度	质性　定性	问卷\主观评价
	交通通达性	质性　定性	问卷\主观评价
	交通路网流量	质性　定性	问卷\主观评价
政府战略	渔业政策扶持程度	质性　定性	问卷\主观评价
	物流业政策扶持程度	质性　定性	问卷\主观评价
	渔业发展规划	质性　定性	问卷\主观评价
	物流业发展规划	质性　定性	问卷\主观评价
公共设施	土地总体价格	质性　定性	问卷\主观评价
	土地使用集约化程度	质性　定性	问卷\主观评价
	水电\通讯等配套设施完备程度	质性　定性	问卷\主观评价
经济发展潜力	城市 GDP 水平	量化　定量	统计数据
	渔业产业聚集程度	质性　定性	问卷\主观评价
	渔业经济辐射能力	质性　定性	问卷\主观评价

3.2 测量量表的开发

3.2.1 量表开发原则

各变量对于区位选择是否有影响,各个变量在多大程度上影响着区位选择,这需要通过科学的方法来进行测量,因此需要通过科学的方法对测量量表进行开发。本研究涉及如何用数值来反映被调查者对水产品冷链物流中心区位选择影响因素重要性程度的态度，因此首先需要开发一套测量区位因子重要性程度的问卷。

Farch，Cannella 和 Lee（2006）①总结了在中国管理研究中测量开发的四种取向（见图 3－3）。

		对文化特殊性的预期：文化适用性	对文化特殊性的预期：文化特殊性
测验的来源	使用或修改已有的测验	直接翻译取向（translation approach）	修改取向（adaptation approach）
测验的来源	开发新的测验	去情景化取向（de-contextualization approach）	情景化取向（contextualization approach）

图 3－3　中国管理研究中测量开发的四种取向

资料来源：Farch，Cannella 和 Lee（2006）。

根据 Farch，Cannella 和 Lee（2006）对四种思路的关键假设、优点以及局限性的总结，本研究采用去情景化取向的测量开发方式开发新的测验，原因有以下两点。

（1）基于本研究的研究主题在国内外的研究中未见已开发或者使用的测量量表，无直接翻译、修改的对象，因此需要开发新的测验。

（2）本研究模型希冀能够得到不同政治、经济、文化背景下的福建省和台湾地区的双重验证，开发出超越特殊管理情景的、通用的测验，因此在测量指标的选取中并未讨论特殊的政治、经济、文化环境对于区域能力与水产品冷链物流中心区位选择的关系影响。

归纳法（inductive approach）是一种“由下而上”开发测验的模式（Hinking，1998），一般可借助五种方法来收集原始素材，确认构面的

① Farch, J. L., Cannella, A. A. Jr. and Lee, C. Approaches to scale development in Chinese management research. Management and Organization Review, 2006(2): 301－308.

边界：关键事件法（critical incident）、小组面谈法（focus group interview）、个人面谈法（personal interview）、开放式问卷法（open-ended survey）和二手资料法（secondary data）（陈晓萍等，2008）。根据本研究的目的和特点，采用开放式问卷法获得初始研究资料。

开放式问卷法中最基本的测量工具式量表。因此，量表设计是研究过程中最为重要的环节之一。罗伯特·F·德威利斯（2004）总结了量表编制的步骤：清楚地决定你要测量什么；建立一个题项库；决定测量的模式；让专家评价最初的题项库；考虑确认题项的包含性；在一个试测样本中测试题项；求题项值；优化量表长度①。问卷设计是水产品冷链物流中心区位选择的一个重要组成部分，一份科学合理的调查问卷，将会通过调查提供被试者对各测量项目的各类信息，并据此有针对性地对区位因子的重要性程度进行测评。

3.2.2 题项语句与问卷编制

本研究的预调查问卷设计经过了以下三个环节：(1) 通过文献与理论分析，量表借鉴和修订形成初步题项；(2) 问卷题项试测；(3) 预调查问卷编制。

1. 初步题项形成

阅读和整理大量的国内外相关文献资料是进行问卷设计之前的准备阶段，根据研究议题的需要，对多个专家进行深度访谈。访谈是研究者观察现实世界，发现问题的有效途径。通过小规模访谈来修改问卷，是问卷设计的必经之路（马庆国，2002）。已有的研究并未提供水产品冷链物流中心区位选择的测量量表，因此需要对量表进行全新的开发。此外，与一般的区位选择相比，水产品冷链物流中心的选址比较特殊，因此需要通过访谈进一步完善测量量表，开发出适用于水产品冷链物流中心区位选择的量表。通过深度访谈考察影响水

① [美]罗伯特·F·德威利斯. 量表编制：理论与应用(第2版)[M]. 重庆大学出版社，2004.

产品冷链物流中心区位选择的影响因素，为下文的分析奠定基础。

2. 问卷题项试测

初步题项的筛选和拟定后，邀请了5位专家（渔业政府管理部门工作人员1名、物流业政府管理部门工作人员1名、冷链物流企业管理者1名、物流领域研究者2名）对内容进行评估，对量表的问项进行筛选和修改，随后进行了小范围的问卷测试，目的是为了对题项的语句进行初步检验，以期获得更加准确、清晰的措辞，并提高量表的可靠性和有效性。作者在问卷填写前首先说明了本次调查的目的，在问卷测试过程中并回答了被试者的疑问并同时收集被试者的意见和建议，对问卷中的具体语句进行了修订。通过初步题项的修正得到了本研究的预试问卷。

3. 预调查问卷编制

李克特(Lickert)量表是测量态度最常用的工具。李克特尺度是利用一系列的问题，询问受访者对各种描述的同意情形，一般采用5、6、7、10等级的李克特量表，四种量表从结果中所得结论基本一致，但量表等级越多，鉴别力越高，所需样本量越少。但是，6级量表偏度最大，10级量表峰度太高，5级量表容易出现中庸和居中，7级量表偏度和峰度都较小（李育辉等，2006）。因此，本研究采用7级李克特(Lickert)量表，态度等级分别为非常不重要、很不重要、不重要、一般、重要、很重要、非常重要，对应的分值分别为1、2、3、4、5、6、7。由于负向叙述或正向叙述都有诱导的嫌疑，导致回答有偏，因此本研究在量表的语句叙述上采用疑问式。为开发出高质量的测验量表，在广泛借鉴了文献中相关量表的设计，学习了国内外大量关于选址研究、区位选择、物流中心选址、供应链管理相关研究成果，总结影响物流中心区位选择的因素，并根据具体实际情况和水产品冷链物流中心区位选择的特殊性与适应性进行了调整改进，随着对研究目的的不断明确，对研究现象认识的不断深入，对于测验项目及量表进行不断修改，形成量表初稿，其测量项目、量表语句及理论参考来源见表3-5，问卷见附录。

表 3－5　测量项目、量表语句及理论参考来源

潜变量	编号	测量项目	量表语句	理论参考来源
生产能力 PA	PA 1	水产品产量	您认为城市的水产品产量对水产品物流中心区位选择重要吗？	John（2008）、Freed and Best（1981）、郝书池等（2010）等
	PA 2	水产养殖面积	您认为城市的水产养殖面积对水产品物流中心区位选择重要吗？	
	PA 3	机动渔船数量	您认为城市的机动渔船数量对水产品物流中心区位选择重要吗？	
	PA 4	水产加工产量	您认为城市的水产加工产量对水产品物流中心区位选择重要吗？	
	PA 5	水产品种类的稀缺性	您认为区域水产品种类的稀缺性对水产品物流中心区位选择重要吗？	
人力资源水平 LF	LF 1	人力资源供给能力	您认为城市的人力资源供给能力对水产品物流中心区位选择重要吗？	杨吾扬（1989）、John（2008）、Freed and Best（1981）
	LF 2	渔业人口数量	您认为城市的渔业人口数量对水产品物流中心区位选择重要吗？	
	LF 3	渔业从业人数	您认为城市的渔业从业人数对水产品物流中心区位选择重要吗？	

续 表

潜变量	编号	测量项目	量表语句	理论参考来源
交通条件TC	TC 1	运输方式衔接程度	您认为城市的运输方式衔接程度对水产品物流中心区位选择重要吗？	Freed and Best（1981）、D. F. Ross（1998）、M. L. Htch，R. D.（1999）、Cordeau et al.（2006）、Canel et al.（2001）、Syam（2002）、Ambrosino and Scutella（2005）、Hamer-Lavoie and Cordeau（2006）、Badri（2007）、高学东等（2009）、郝书池等（2010）、姚文捷（2010）等
	TC 2	交通通达性	您认为城市的交通通达性对水产品物流中心区位选择重要吗？	
	TC 3	交通路网流量	您认为城市的交通路网流量对水产品物流中心区位选择重要吗？	
政府战略GS	GS 1	渔业政策扶持程度	您认为城市渔业政策扶持程度对水产品物流中心区位重要吗？	崔功豪等（2006）、倪鹏飞（2001）、李闽榕等（2007）、董艳萍（2010）等
	GS 2	物流业政策扶持程度	您认为城市物流业政策扶持程度对水产品物流中心区位重要吗？	
	GS 3	渔业发展规划	您认为城市渔业的发展规划对水产品物流中心区位重要吗？	
	GS 4	物流业发展规划	您认为城市物流业的发展规划对水产品物流中心区位重要吗？	

续 表

潜变量	编号	测量项目	量表语句	理论参考来源
公共设施 PU	PU 1	土地总体价格	您认为城市土地总体价格对水产品物流中心区位选择重要吗?	倪鹏飞(2001)、郝书池等(2010)等
	PU 2	土地使用集约化程度	您认为城市土地使用集约化程度对水产品物流中心区位选择重要吗?	
	PU 3	水电/通讯等配套设施完备程度	您认为城市水电/通讯等配套设施对水产品物流中心区位选择重要吗?	
发展潜力 DP	DP 1	城市 GDP 水平	您认为城市 GDP 对水产品物流中心区位选择重要吗?	董艳萍(2010)、郝书池等(2010)、Freed and Best(1981)、郝书池等(2010)等
	DP 2	渔业产业聚集程度	您认为城市的渔业产业聚集程度对水产品物流中心区位选择重要吗?	
	DP 3	渔业经济辐射能力	您认为城市的渔业经济辐射能力对水产品物流中心区位选择重要吗?	

3.3 调查执行

3.3.1 资料来源

1. 样本容量的确定

为得到更可靠的数据，在进行大规模调查之前，首先要通过小规模前测来发现问卷设计中存在的问题（马庆国，2002）。对于预调查的样本容量并无严格要求，一般认为只要不小于 30 份基础分析数量即可。

本研究正式的调查采用的是结构方程模型进行测量分析，结构方程模型分析是一种基于大样本的统计分析方法。在结构方程模型的文献中，并未找到其所需要样本量的标准或者说统一认识，但通常都认为 $N=100$ 至 $N=150$ 是进行结构方程模型分析的最小样本量（Ding Velicer & Harlow，1995；Tinsley，1987；Tabachnick & Fidell，2007），某些研究者则认为最小样本量应该为 $N=200$（Hoogland & Boomsma，1998；Boomsma & Hoogland，2001）。通常认为样本量与模型包含的观察变量数有关，每个观测变量应该有 10—20 个观察对象，Bender & Chou（1987）①提出，如果每个潜变量有数个观察标识且数据呈正态分布，则每个观察变量有 5 个案例就够了。

本研究正式的调查中共有观测变量 19 个，若按照“每个观测变量应该有 10—20 个观察对象”的标准，样本量应该最少在 190—380 个，方能满足结构方程模型大样本分析的基本要求。

2. 调查对象的确定

在正式调查研究中采用了多阶段分层抽样的方法。

第一，确定初级抽样单位（primary sampling units）。将渔业及

① Bender, Peter M., and Chih-Ping Chou. Practical Issues in Structural Modeling [J]. Sociological Methods and Research. 1987(16): 78 - 117.

相关政府职能部门、物流及相关政府职能部门、渔业及相关企业、物流及相关企业、渔业及相关科研院所、物流及相关科研院所作为本次调查的初级调查范围。根据研究需要，将样本量初步大致确定为400份，考虑到回收率可能会不高，因此拟设计发放问卷900份。

第二，确定最终抽样单位。按照初级抽样单位的设定，以中国大陆及台湾地区为终极抽样单位选择的区域，根据作者所掌握的资源并同时考虑问卷发放的可能性及回收率，中国大陆方面确定渔业及相关政府职能部门11个单位、物流及相关政府职能部门15个单位、渔业及相关企业19个单位、物流及相关企业28个单位、渔业及相关科研院所9个单位、物流及相关科研院24个单位作为最终抽样单位；"台湾地区"方面利用笔者在台湾交流期间认识的台湾高校教师和学生、企业职员和经理、政府官员，主要采用委托调研的方式，将电子问卷发给对方，并将调研目的以及注意事项等进行口头培训，委托其向与调研职业领域有关的人员进行问卷发放。

3.3.2 抽样方式

样本抽样方式大致可分为概率抽样和非概率抽样。因本研究调查对象的特殊性以及专业性，因此本研究采用非概率抽样。非概率抽样又称为不等概率抽样或非随机抽样，依据其抽样的特点总体上可分为便利抽样、定额抽样、立意抽样、滚雪球抽样和空间抽样五种，本研究关于区位因子重要性的测量预试和正式调查均采用便利抽样与立意抽样(判断抽样)相结合的方式进行调查，即从方便抽样对象的总体中选择被判断为最能代表总体的单位作为样本。

3.3.3 问卷调查

1. 预调查

本研究于2010年4—6月，根据制作的水产品冷链物流中心区位选择问卷，采用便利抽样的方式对全国高校物流教师通讯录中部分教师发送电子问卷，向台湾地区部分物流企业、高校教师、渔业企业发送电子问卷，同时利用两次福州市评审会现场发放问卷的方式，进行了探索性研究的预试问卷调查。共发放问卷 130 份，回收 63 份，剔除无效问卷后，得到 56 份有效问卷，以此作为前测问卷，问卷有效回收率为 43%。

2. 正式调查及其执行

根据所确定的次级抽样单位，于 2010 年 9 月至 2011 年 4 月间，利用课题评审会（培训会或协调会）等会议发放、其他课题调研时顺带发放、电子问卷邮箱发放、委托发放等形式进行，历时半年多，实际共发放问卷 847 份，回收 396 份，剔除无效问卷后，得到有效问卷 306 份作为本研究测量维度相关性分析的正式调查问卷，问卷有效回收率为 36.13%。

3.4 分析方法和工具

在资料分析和数据分析方法使用上，本书主要采用统计分析与结构方程模型分析方法。统计分析方法分为描述统计和推论统计两种。描述统计主要对本研究所收集的数据以量化的数学表达方式来进行准确、清晰地反映出来。推论统计则是利用各种具体的统计方法检验本书提出的研究假设。

本研究在数据分析工具采用上，主要运用了统计分析软件 SPSS13.0 和结构方程模型分析软件 LISREL8.7 对调查数据进行分析。采用 SPSS13.0 软件进行关于数据的描述性分析、方差分析、因子分析，运用 LISREL8.7 软件进行验证性因子分析和概念模型的结构方程分析。

在此，由于本研究中建立的模型属于一种结构方程模型（structural equation modeling，简称 SEM），为了便于理解，本书根据相关文献（侯杰泰等，2004；邱皓政，2003）对结构方程模型原理稍做简要介绍，是一种结构方程模型的解释模型。

3.4.1 描述统计与因子分析

主要采用SPSS13.0对本研究的人口统计变量，本书将按照性别、学历、职业领域、从事相关行业年限四个方面进行描述性统计。

因子分析可以用于对多个变量进行分类，将各观测变量的潜在因子提取出来。根据Kaiser(1960)的标准，通过探索性因子分析(EFA)，检验共同度(communalities)和KMO值(Kaiser-Meyer-Olkin)等来检验指标有效性和量表的建构效度等。本研究使用SPSS13.0进行探索性因子分析，以探询各潜变量的维度，通过在对数据的探索性因子分析，可以发现变量之间的关系。

区位因子预试的探索性研究目的是为了通过小样本的测试优化测量条款，检验调查问卷的内部信度。本研究的量表形成虽经由多个专家进行深度访谈，并进行了必要的修正和补充，但由于本测量属于专门针对水产品冷链物流区位选择进行的新开发的测验，各区位因子的开发尚属于理论构建层面，因此对于量表中的测量条款是否能够客观、真实地反映本研究的测量目的，还需要通过科学的方法进行优化。

探索性因子分析法(exploratory factor analysis，简称EFA)是一项用来找出多个观测变量的内在本质结构，并加以降维的统计技术。因此，因子分析法能够将具有错综复杂关联的变量聚合为少数几个关键因子。本研究中预试的探索性研究目的就是为了通过探索性因子分析，找出多个变量之间的共同因子，并进行提取，经过下一步的确定性因子分析进行验证，同时通过结构方程模型找出因子间的相关系数。

KMO(Kaiser-Meyer Olkin measure of sampling adequacy)是一种测度检验数据是否适合做因子分析的方法，根据Kaiser(1974)的观点，KMO在0.9以上，非常适合；0.8—0.9，很适合；0.7—0.8，适合；0.6—0.7，不太适合；0.5—0.6，很勉强；0.5以下，不适合[①]。

① 马庆国. 管理统计：数据获取，统计原理，SPSS工具与应用研究[M]. 北京：科学出版社，2002.

3.4.2　信度和效度分析

1. 信度分析

所谓信度(reliability),即调查的可靠性。主要表现在调查结果的稳定性、一致性和再现性。好的测量工具,对同一事物进行多次反复测量的结果应该始终一致才可信。信度分析广泛应用于管理学、心理学、社会学、教育学以及其他学科领域,也常常涉及社会调查问卷的有效性分析。信度仅受随机误差的影响,与其成反比,即随机误差越大,信度越低。系统误差产生恒定效应,因此不影响信度。系统误差,即偏差指的是得分偏向一端,偏低或偏高,偏差大多因为方法应用不恰当等因素引起,如以下三种情况。

(1) 量表的设计有偏差。例如易得低分、易得高分偏多的问题或正向题偏多等都可能产生偏差。

(2) 调查的环境也会产生偏差。例如测量的偏差应尽量避免在十分嘈杂、闷热的环境里调查,因为被调查者烦躁的心情也会造成得分偏差,解决的方法之一即标准化,也就是使用同一方法,在同一时间,尽可能在相同的环境中展开调查。

(3) 调查员的失误带来偏差。例如被调查者之间出现相互讨论的情况。此外,如果违反规定让无关的人员在场,给予一些不应有的暗示,也会带来偏差。

因此,被调查者在接受调查时,各种随机因素都可能为测量过程带来偶然误差,从而对调查数据的一致性与可靠性产生影响。因此,一个调查无论是由不同的人进行测试还是一个人进行多次再测,其结果都大致相同,才可说是可信的。其中检查信度的方法有多种,包括内部信度与重测信度等。

(1) 内部一致性法(internal consistency method)。指通过一次调查结果来估计信度的方法。内部一致性系数可通过折半法求得,但是因为题项被分为两半,常常会产生信度偏低的现象,因而需要再加以校正。该方法在满意度测评的信度中较为常用。

(2) 重测法(test-retest method)。测量时间的不同会造成系统误差,重测信度是采取同一测试问卷,在不同时间内对同一群被试者重复测试两次,随后计算前后两次调查得分的相关系数,重测信度反映了调查得分的稳定程度。信度系数受重测的时间间隔的影响,两次调查的相关越高,其越具有稳定性。

在研究测量信度时,本书主要通过使用修正项目总相关系数CITC (corrected item-total correlation)来净化测量条款,并采用克朗巴哈(Cronbach) 的 α 系数法检验测量变量的信度。卢纹岱(2005)①认为当某一条款的 CITC 小于 0.3 时,需要删除该题项,但通常认为,CITC 小于 0.5 是才需要考虑删除该条款。因此可有考虑一个辅助的原则,即当条款删除时,其克里巴哈 α 系数会增大才能考虑删除。本研究进行 CITC 测量时,遵循的原则是:当 CITC 小于 0.5 并删除该条款后克里巴哈 α 系数会提高才删除该条款。Nunnally(1967)的研究表明,在初级阶段的研究中(即本研究的预调查),克朗巴哈 α 系数有 0.5 或 0.6 的中等程度的信度已经足够,不一定要到 0.8。Flynn 等(1995)则认为克朗巴哈 α 系数应该大于 0.7,才表明该量表的信度符合要求。本研究采用以 0.7 为界限判断量表标准,克朗巴哈 α 系数大于 0.7 才表明测量量表具有信度。

2. 效度分析

效度(validity)指的是一个测验所能够有效测到它所要测量心理或行为特质的程度,或者是指衡量测验是否能够测量到其所要测量之前的特质程度的统计指标(黄芳铭,2005)。1974 年美国心理学会出版的《教育与心理测验的标准》(*Standards for Educational and Psychological Tests*)一书将效度分为三大类。

(1) 效标效度(criterion-related validity)。就是考查测验效标和分数的关系,看测验对感兴趣的行为的预测情况。效标效度可分为

① 卢纹岱,朱红兵,何丽娟,石国书.统计软件应用的常见误区与解决途径[J].首都体育学院学报.2005(3):122-125.

预测效度(predictive validity)与同时效度(concurrent validity)。前者是指测量工具具有预测未来的能力;后者则指测量工具具有描述目前现象的有效性。然而,效标效度除受到测量自身的随机误差的影响外,还受效标的误差影响。它在调查研究中的作用较小,因为缺乏一个用来评估效标效度的实证标准(Bohrnstedt, 1983)。

(2) 内容效度(content validity)。内容效度是指量表的测量目的和测量项目的符合程度,即量表内容的代表性和适当性、测验本身所包含的概念意义范围。内容效度的判断方法是看量表是否涵盖了所要测量的变量所包含的意义。因而,内容效度与表面效度不同,表面效度是一种主观效度,即研究者只凭常识判断与主观假设,就能够判断该测量项目的适用性,而内容效度则需由多名专家来判断测量项目和预测的内容与变量是否相符。

(3) 建构效度(construct validity)。建构效度又称结构效度,是指测量的变量之间关系的理论预测是否正确,以及用于测验的量表可以在多大程度上正确地验证编制量表的理论设想。建构效度又可分为收敛效度(convergent validity)和区别效度(discriminant validity)。前者是指相关概念里的项目,彼此间相关度高。当同一量表的测量项目均有高于 0.5 的因子载荷时,表明该量表具有相当程度的收敛效度(Bagozzi 和 Yi,1988)。后者则指不同概念里的项目,彼此间相关度低。区别效度可以通过观察不同结构变量之间的相关系数与各自的信度大小得知当同一结构变量内不同测量项目所共有的方差或内部一致性高于不同结构变量之间共享的方差量或相关程度时,代表这些观测项目与其他结构变量具有相当的区别效度(Fornell 和 Larcker,1981)。

在这三种效度中,建构效度一般以理论的逻辑与构想为基础,依据实际的资料来检验理论的正确性,它是一个非常重要的效度指标,同时又是一种相当严谨的效度检验方法。因而,可以说建构效度是理论发展与检验的必然条件(黄芳铭,2005)。在已有的研究情况来看,对于概念效度的检验通常也是主要针对建构效度。本书对效度的分析主要利用因子分析法的建构效度来考察。

3.4.3 结构方程模型分析

1. 结构方程模型的结构

20世纪70年代，Jorekog和Sorbom在统计理论基础上提出结构方程模型(SEM)。作为一种通用的线性统计建模技术，因其本身的优点，被广泛运用于经济学、心理学、行为科学、社会学、教育学等领域。

结构方程模型是一种基于变量的协方差矩阵来分析变量间关系的统计方法。在结构方程模型理论中，通常将可以直接测量的变量称为观测变量(observed variable)或显变量(manifest variable)，即为标识指标(indicators)，将那些不能准确、直接观测的变量称为潜变量(latent variable)。SEM可分为结构方程(structure equation)与测量方程(measurement equation)两部分。前者用于描述潜变量之间的关系，而后者则用于描述观测变量和潜变量之间的关系。指标含有系统误差与随机误差，其中前者反映了指标也同时测量潜变量以外的特性，后者指测量上的不准确行为。

对于潜变量和指标间的关系，通常可以用如下测量方程来表示：

$$y = \Lambda_y \eta + \varepsilon$$
$$x = \Lambda_x \xi + \delta$$

其中，$y' = (y_1, y_2, \cdots, y_p)$是内生显变量的向量组合，$x' = (x_1, x_2, \cdots, x_q)$是外生显变量的向量组合。$\Lambda_y$表示内生因子载荷矩阵，$\Lambda_x$表示外生因子载荷矩阵。$\delta$和$\varepsilon$分别表示外生显变量的测量误差项和内生显变量，

$$E[\varepsilon] = E[\delta] = E[\eta\varepsilon'] = E[\xi\delta'] = 0$$

对于潜变量间的关系，通常可以用以下结构方程来表示：

$$\eta = B\eta + \Gamma\xi + \zeta$$

其中，η是内生潜变量；ξ是外生潜变量；B代表内生潜变量之间的关系；Γ代表外生潜变量对内生潜变量的影响；ζ是结构方程的残

差项组成的向量，反映了在结构方程中未能被解释的部分。

2. 结构方程模型的特点

社会、行为与心理等的研究中经常会涉及难以直接测量的潜变量，这通常只能利用一些观测变量来间接地测量。传统的统计方法无法较好地处理这些潜变量，而结构方程模型则可以同时处理潜变量与其指标。结构方程模型是在路径分析(path analysis)与因子分析(factor analysis)的基础上相结合而发展起来的。

根据 Bollen & Long(1993)①的归纳，结构方程模型的主要优点：同时处理多个因变量；容许自变量和因变量含测量误差；同时估计因子结构和因子关系；容许更大弹性的测量模型，以及估计整个模型的拟合程度。

结构方程模型的两个目的：一是估计多重的相关关系，主要通过结构模型来实现；二是反映潜变量间的关系，并解释估计过程中的测量误差，这通过测量模型来实现。采用的方法则是通过最大似然估计的相关矩阵来建立测量方程与结构方程。

3. 结构方程模型的基本步骤

运用结构方程模型理论分析具体问题时，通常可以按照以下五个步骤进行(见图 3-4)。

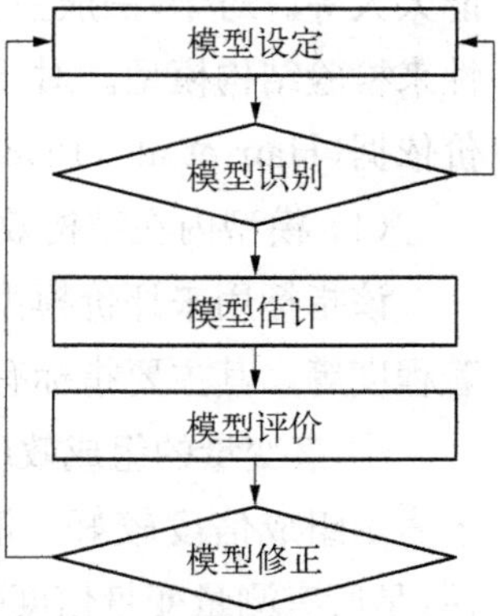

图 3-4 结构方程建模步骤

第一步，模型设定。研究人员根据具体问题，从理论或者以往的研究成果出发，设定初始的理论模型。

第二步，模型识别。研究人员要确定测量指标和因子的从属关系以及变量间的关系，从而保证模型可以求出参数估计的唯一解。

① Bollen, K. A, & Long, J. S (Eds.). Testing structural equations models[J]. Newbury Park, CA: Sage, 1993.

第三步，模型估计。模型中的参数求解的方法有多种，常用的方法有偏最小二乘法(partial least squares)、普通最小二乘法(generalized least squares)与极大似然估计法(maximum likelihood)等。

第四步，模型评价。在估算出模型参数后，检查模型和数据之间的拟合程度，将之与竞争模型的拟合指标对比，以评估模型的优劣。

第五步，模型修正。假如所研究的模型不能够很好地拟合数据，则需修正模型。研究者在估算结果的参考下，通过减少或增加变量间的路径、改变指标的从属关系等方式，对原模型进行重新设定，以使数据和模型的拟合程度符合要求。

4. 结构方程模型的检验指标

结构方程模型的检验由整体模型、结构模型与测量模型的检验三个部分构成。对于测量模型的检验，一是要分析各潜变量的信度与平均析出方差，二是要分析各个观测变量对应潜变量的载荷系数的显著性。模型的方差为负值等违反估计的问题一般用基本拟合度标准来检测，其检验指标是 C. R. 值需达到显著水平，因子载荷系数范围需介于 0.5—0.95，测量方差不能有负值，且标准化误差数值不能太大等。对于，一般主要通过考察各潜变量之间路径系数的显著性来检验结构模型。对于整体模型的检验，可以将拟合指标作为评价依据(Hair et al. ,1998)。其具体评价标准如下。

(1) 模型内在结构效度。

该指标用来评价模型内各指标及潜变量的信度、估计参数的显著程度等。其主要指标有以下两个。

① 潜变量的组成效度(composite realiability，简称 CR)：0.7 以上表示组成信度较好。潜变量的 CR 值表明构面指标的内部一致性，是所有测量变量信度的组成，信度愈高表示这些指标的一致性愈高，Fornell & Larcker(1981)①则建议值为 0.6 以上。潜变量的 CR

① Fornell, C. and D. F. Larcker. Evaluating Structural Equation Models with Unobservable Variables and Measurement Error [J]. Journal of Marketing Research, 1981, 18: 39 - 50.

值愈高，其测量变量愈能测出该潜变量。

② 潜变量的平均析出方差（average variance extracted，简称AVE)，又称为变异抽取量。变异抽取量是计算潜变量的各个观测变量对该潜变量的平均变异解释力。若变异抽取量愈高，则潜在变项有愈高的信度以及收敛效度，Fornell & Larcker(1981)建议其标准值须大于 0.5。

组成信度和析出方差分别由以下列公式计算得出：

$$CR = \frac{(\sum \lambda_i)^2}{[(\sum \lambda_i)^2 + \sum \Theta_{ii}]} \qquad AVE = \frac{\sum \lambda_i^2}{\sum \lambda_i^2 + \sum \Theta_{ii}}$$

也就是说，组成信度 ＝ 标准化载荷之和的平方/(标准化的载荷之和的平方＋观测变量测度误差之和)，析出方差 ＝ 标准化载荷平方之和/(标准化载荷平方之和＋观测变量测度误差之和)。

(2) 整体模型的拟合度。

该标准是用来评价模型和数据之间的拟合程度。其中大部分拟合指数均是在卡方(χ^2)为依据计算而来的。一般可分为以下三类。

① 绝对拟合指数(absolute fit Indices)。这类指数将饱和模型与理论模型进行比较。饱和模型是最复杂的模型，其个变量间都容许相关，且自由度为零，但是它可以百分之百反映数据的关系。绝对拟合指数一般包括以下内容。

χ^2，拟合优度的卡方检验。该值愈小愈好。结构方程模型的卡方显著性程度反映了模型假设总体协方差与观测样本的协方差间的拟合性能。显著性水平大于 0.05、低的卡方值表示预期的实际的输入矩阵没有统计上的差异(Hair et al.，1998)。因此一般希望卡方检验是不显著的。但是，卡方显著性检验对大样本较为敏感，尤其当样本超过 200 时，随着样本的增加，测度倾向于对相同模型显示显著的差异。因此，该领域一些著名学者认为 χ^2 应该用作指导性而不是绝对的拟合指数，需要考虑其他标准。

χ^2/df，卡方与自由度之比。作为拟合指数该值考虑了样本的大小，它的值愈小愈好，较严谨的研究建议以不超过 3 为标准(Carmines & McIver, 1981；Chin & Todd, 1995；Hair et al，1998)。Wheaton 等(1977)①则建议该值接近或小于 5 也是合理的。

RMSEA，近似误差均方根。值一般在 0.05 或 0.05 以下，并且 RMSEA 的 90%置信区间上限在 0.08 及以下，这便说明模型拟合较好。

SRMR，标准化残差均方根。样本数量小于或等于 250 时，其可接受范围为 0.08，而样本容量大于或等于 500 时，其可接受的标准则是 0.06(Hu & Bentler，1999)。

GFI，拟合优度指数。值在 0 至 1 之间，越接近 1 越好，其值大于 0.9 时，说明模型拟合度很好。

AGFI，调整的拟合优度指数。值在 0 至 1 之间，越接近 1 越好，值大于 0.9 时，说明模型拟合度很好。

② 增值拟合指数(incremental fit indices)。该指数将基准模型与理论模型比较。虚无模型是常用的基准模型，其变量之间完全不相关，是最不拟合与限制最大的模型。将理论模型和它进行比较，就能够判断拟合情况改进多少。较为常用的拟合指数包括以下三种。

NFI，规范拟合指数。值在 0 至 1 之间，越接近 1 越好，大于 0.9 时，说明模型拟合度很好。

NNFI，又称 TLI，不规范拟合指数。值在 0 到 1 之间，越接近 1 越好，大于 0.9 时，说明模型拟合度很好。

CFI，比较拟合指数。值在 0 到 1 之间，越接近 1 越好，大于 0.9 时，说明模型拟合度很好。

③ 简约拟合指数(parsimony fit indices)。此类指数在模型评估中引进了简约原则，以惩罚参数多的模型。它把一些增值拟合指数与简约比(parsimony ratio)相乘，从而得到简约拟合指数。其主要包

① Wheaton, B., Muthén, B., Alwin, D. & Summers. G.. Assessing reliability and stability in panel models[J]. In D. R Heise (ed) Sociological Methodology, 1977: 84 - 136.

括以下两种。

PNFI,简约规范拟合指数。值在 0 至 1 之间,越接近 1 越好,大于 0.9 时,说明模型拟合度很好。

PGFI,简约拟合优度指数。值在 0 至 1 之间,越接近 1 越好,大于 0.9 时,说明模型拟合度很好。

第四章

区位因子探索性研究与确定性检验

水产品冷链物流中心的区位选择，作为管理实证研究中的一个概念(construct)，需要从理论分析和统计检验双重角度来进行相应的探索性研究和确定性研究。

4.1 预试的探索性研究

4.1.1 预调查样本描述性统计

本研究采用 SPSS13.0 对人口统计变量以及各变量指标的描述性统计分析，以了解这些变量的平均值、方差、最小值、最大值、偏度和峰度等情况，并对缺失值进行统计处理。

预调查样本从被调查对象的个体层面对性别、学历、职业领域、从事相关行业年限四个方面进行分类、基本人口统计信息，详见表4-1所示。

表 4-1 预调查研究样本概况(N=56)

项目	标号	类别	人数	百分比(%)
性别	1	男	39	69.6
	2	女	17	30.4

续 表

项 目	标号	类 别	人数	百分比(%)
学历	1	高中或中专	0	0
	2	大专	0	0
	3	本科	24	42.9
	4	硕士	22	39.3
	5	博士	10	17.9
职业领域	1	渔业及相关政府职能部门	8	14.3
	2	物流及相关政府职能部门	10	17.9
	3	渔业及相关企业	6	10.7
	4	物流及相关企业	16	28.6
	5	渔业及相关科研院所	6	10.7
	6	物流及相关科研院所	7	12.5
	7	其他	3	5.4
从事相关行业平均年限	1	1—5 年	10	17.9
	2	6—10 年	13	23.2
	3	11—15 年	12	21.4
	4	16—20 年	9	16.1
	5	21 年以上	12	21.4

通过表 4 - 1 可以看出预调查样本中：性别方面，男性居多，占 69.6%，女性则占 30.4%；学历方面，高中或中专以及大专均为 0，本科比例为 42.9%，硕士比例为 39.3%，博士比例为 17.9%，总体来看虽本科学历居多，但硕士和博士合计已达 57.2%，被调查对象学历普遍较高；职业领域分布及从事相关行业平均年限方面，渔业及相关政府职能部门占 14.3%，物流及相关政府职能部门占 17.9%，渔业及相关企业占 10.7%，物流及相关企业占 28.6%，渔业及相关科研院所占 10.7%，物流及相关科研院所占 12.5%；从事相关行业的年限

方面，五年以内的占 17.9%，来自企业者居多，6—10 年占 23.2%，11—15 年占 21.4%，16—20 年占 16.1%，21 年以上占 21.4%，总体看来，从事相关行业年限十年以上占总样本的 58.9%。

利用预试的有效问卷中各变量的分值，计算出水产品冷链物流中心区位选择各变量的平均值和标准差，结果如表 4 - 2 所示。

表 4 - 2　预调查各变量测量条款调查数据的描述性统计($N=56$)

测量条款	条款代码	均值	标准差	偏度		峰度	
		统计量	统计量	统计量	标准差	统计量	标准差
水产品产量	PA 1	4.95	0.862	−0.072	0.319	0.499	0.628
水产养殖面积	PA 2	4.75	0.837	−0.072	0.319	0.351	0.628
机动渔船数量	PA 3	4.34	0.859	0.344	0.319	−0.389	0.628
水产加工产量	PA 4	4.61	0.867	−0.170	0.319	−0.547	0.628
水产品种类的稀缺性	PA 5	4.63	0.776	−0.193	0.319	−0.221	0.628
人力资源供给能力	LF 1	4.89	0.779	−0.527	0.319	0.249	0.628
渔业人口数量	LF 2	5.00	0.894	−0.158	0.319	−0.636	0.628
渔业从业人数	LF 3	4.98	0.774	−0.212	0.319	−0.658	0.628
运输方式衔接程度	TC 1	5.64	0.883	−0.042	0.319	−0.696	0.628
交通通达性	TC 2	5.71	0.803	−0.085	0.319	−0.453	0.628
交通路网流量	TC 3	5.71	0.967	−0.513	0.319	−0.056	0.628
渔业政策扶持程度	GS 1	5.38	0.906	−0.069	0.319	−0.101	0.628
物流业政策扶持程度	GS 2	5.55	0.872	0.000	0.319	−0.621	0.628
渔业发展规划	GS 3	5.23	0.809	−0.027	0.319	0.426	0.628
物流业发展规划	GS 4	5.48	0.894	−0.024	0.319	−0.686	0.628
土地总体价格	PU 1	4.89	1.039	−0.485	0.319	0.303	0.628
土地使用集约化程度	PU 2	4.66	1.133	−0.376	0.319	0.232	0.628
水电/通讯等配套设施完备程度	PU 3	4.68	1.146	0.219	0.319	−0.264	0.628

续 表

测量条款	条款代码	均值	标准差	偏度		峰度	
		统计量	统计量	统计量	标准差	统计量	标准差
城市 GDP 水平	DP 1	4.95	0.773	−0.152	0.319	−0.689	0.628
渔业产业聚集程度	DP 2	5.32	0.897	0.092	0.319	−0.739	0.628
渔业经济辐射能力	DP 3	5.16	0.930	0.090	0.319	0.169	0.628

4.1.2 单维度 CITC 及内部一致性检验

根据上述的各分析方法，将预试的小样本按照理论假设的维度进行分类，分别对各维度进行内部一致性和信度检验。

1. 生产能力维度

生产能力的 CITC 及内部一致性分析结果如表 4-3 所示。可以看出，初始 Cronbach's Alpha 值为 0.794，大于 0.7，各条款的 CITC 值分别为：PA1＝0.573、PA2＝0.686、PA3＝0.445、PA4＝0.710、PA5＝0.469，其中 PA3 和 PA5 的 CITC 指数小于有效标准 0.5，删除这两个条款后，α 值均为 0.848，具有显著变化，因此在生产能力维度中删除 PA3 及 PA5 两个条款，删除后总体符合信度要求。

表 4-3 生产能力维度的 CITC 和信度分析

条款代码	初始 CITC	最后 CITC	项目删除后的 Cronbach's Alpha 值	Cronbach's Alpha 系数
PA1	0.573	0.616	0.882	
PA2	0.686	0.795	0.714	初始 $\alpha = 0.794$
PA3	0.445		删除	最终 $\alpha = 0.848$
PA4	0.710	0.747	0.759	
PA5	0.469		删除	

对生产能力维度剩下的三个条款进行探索性因子分析，首先检测测量条款的 KMO 测度和 Bartlett 球体检验，判断数据是否可以做

因子分析，结果如表 4－4 所示。

表 4－4　生产能力的 KMO 样本测度与 Bartlett 球体检验

KMO 样本测度 Kaiser-Meyer-Olkin measure of sampling adequacy		0.683
Bartlet 球体检验	Bartlett 球体检验的卡方 approx. chi-square	77.993
	自由度 df	3
	显著性检验 Sig	0.000

由表 4－4 可以看出，生产能力的 KMO 值为 0.683，接近 0.7，Bartlett 球体检验的卡方统计值不显著，适合做因子分析，运用主成分分析法进行因子分析，结果如表 4－5 所示。

表 4－5　生产能力的测量分析

成分	初始特征值			提取的平方和和载荷量		
	总体	方差解释	累计解释	总体	方差解释	累计解释
1	2.310	76.986	76.986	2.310	76.986	76.986
2	0.484	16.140	93.126			
3	0.206	6.874	100.000			

分析得到一个因子，特征值为 2.310，且累计解释方差达到 76.986%。旋转后各因子的荷载见表 4－6，各因子的负荷值均大于 0.5，表示收敛度很好。

表 4－6　生产能力的因子分析

条款代码	成分
PA1	0.810
PA2	0.920
PA4	0.898

生产能力维度预试的探索性因子分析得到一个因子，该因子包含 PA1、PA2 和 PA4 三个条款，这三个条款与生产能力有关。

这与测量维度的理论设想不一致，根据探索性因子分析的结果，认为生产能力具有一个维度，包括水产品产量、水产养殖面积和水产加工产量，对于这一个因子的适合性将在正式调查的大样本中进行确定性因子分析。

2. 人力资源水平

人力资源水平的CITC及内部一致性分析结果如表4-7，可以看出，初始Cronbach's Alpha值为0.883，大于0.7，各条款的CITC值分别为：LF1＝0.723、LF2＝0.841、LF3＝0.767，所有条款的CITC指数均大于有效标准0.5，且删除各条款后，其α值均小于初始值0.883，因此在生产能力中不删除任何条款，并符合信度要求。

表4-7　人力资源水平维度的CITC和信度分析

条款代码	初始CITC	项目删除时的Cronbach's Alpha值	Cronbach's Alpha系数
LF1	0.723	0.876	
LF2	0.841	0.773	$\alpha=0.883$
LF3	0.767	0.840	

对人力资源水平维度的三个条款进行探索性因子分析，首先检测测量条款的KMO测度和Bartlett球体检验，判断数据是否可以做因子分析，结果如表4-8所示。

表4-8　人力资源水平的KMO样本测度与Bartlett球体检验

KMO样本测度 Kaiser-Meyer-Olkin measure of sampling adequacy		0.708
Bartlet球体检验	Bartlett球体检验的卡方 approx. chi-square	92.977
	自由度df	3
	显著性检验Sig	0.000

由表4-8可以看出，人力资源水平的KMO值为0.708，大于0.7，Bartlett球体检验的卡方统计值不显著，可以做因子分析，运用主成分分析法进行因子分析，结果如表4-9所示。

表 4-9 人力资源水平的测量分析

成分	初始特征值			提取的平方和和载荷量		
	总体	方差解释	累计解释	总体	方差解释	累计解释
1	2.434	81.137	81.137	2.434	81.137	81.137
2	0.376	12.519	93.656			
3	0.190	6.344	100.000			

分析得到一个因子，特征值为 2.434，且累计解释方差达到 81.137%。旋转后各因子的荷载见表 4-10，各因子的负荷值均大于 0.5，表示收敛度很好。

表 4-10 人力资源水平的因子分析

条 款 代 码	成 分
LF1	0.870
LF2	0.935
LF3	0.896

人力资源水平维度预试的探索性因子分析得到一个因子，该因子包含 LF1、LF2、LF3 三个条款，这三个条款与人力资源水平有关。

这与测量维度的设想一致，根据探索性因子分析的结果，认为人力资源水平具有一个维度，这个维度包括渔业人口数量、渔业从业人数、人力资源供给能力三个变量，对于这一个因子的适合性将在正式调查的大样本中进行确定性因子分析。

3. 交通条件维度

交通条件的 CITC 及内部一致性分析结果如表 4-11 所示。可以看出，初始 Cronbach's Alpha 值为 0.779，大于 0.7，各条款的 CITC 值分别为：TC1=0.546、TC2=0.624、TC3=0.692，所有条款的 CITC 指数均大于有效标准 0.5，删除条款 B2、B3 后，α 值均小于初始值 0.799，删除条款 B1 后，其 α 值均为 0.815，变化不显著，因此在交通条件中不删除任何条款，并符合信度要求。

表 4-11 交通条件维度的 CITC 和信度分析

条款代码	初始 CITC	项目删除时的 Cronbach's Alpha 值	Cronbach's Alpha 系数
TC1	0.546	0.774	
TC2	0.624	0.698	α=0.779
TC3	0.692	0.613	

对交通条件维度的三个条款进行探索性因子分析，首先检测测量条款的 KMO 测度和 Bartlett 球体检验，判断数据是否可以做因子分析，结果如表 4-12 所示。

表 4-12 交通条件的 KMO 样本测度与 Bartlett 球体检验

KMO 样本测度 Kaiser-Meyer-Olkin measure of sampling adequacy		0.669
Bartlet 球体检验	Bartlett 球体检验的卡方 Approx. Chi-Square	47.757
	自由度 df	3
	显著性检验 Sig	0.000

由表 4-12 可以看出，交通条件的 KMO 值为 0.669，虽然小于 0.7，但较为接近，Bartlett 球体检验的卡方统计值不显著，因此可以做因子分析，运用主成分分析法进行因子分析，结果如表 4-13 所示。

表 4-13 交通条件的测量分析

成分	初始特征值			提取的平方和和载荷量		
	总体	方差解释	累计解释	总体	方差解释	累计解释
1	2.087	69.576	69.576	2.087	69.576	69.576
2	0.571	19.033	88.609			
3	0.342	11.391	100.000			

分析得到一个因子，特征值为 2.087，且累计解释方差达到 69.576%。旋转后各因子的荷载见表 4-14，各因子的负荷值均大于 0.5，表示收敛度很好。

表 4-14 交通条件的因子分析

条款代码	成分
TC1	0.779
TC2	0.839
TC3	0.882

交通条件维度预试的探索性因子分析得到一个因子，该因子包含 TC1、TC2、TC3 三个条款，这三个条款与交通条件有关。

这与测量维度的设想一致，根据探索性因子分析的结果，认为交通条件具有一个维度，这个维度包含运输方式衔接程度、交通通达性、交通路网流量三个变量，对于这一个因子的适合性将在正式调查的大样本中进行确定性因子分析。

4. 政府战略维度

政府战略维度的 CITC 及内部一致性分析结果如表 4-15 所示。可以看出，初始 Cronbach's Alpha 值为 0.880，大于 0.7，各条款的 CITC 值分别为：GS1＝0.766、GS2＝0.754、GS3＝0.620、GS4＝0.827，所有条款的 CITC 指数均大于有效标准 0.5，因此在政府战略维度中不删除任何条款，并符合信度要求。

表 4-15 政府战略维度的 CITC 和信度分析

条款代码	初始 CITC	项目删除时的 Cronbach's Alpha 值	Cronbach's Alpha 系数
GS1	0.766	0.836	
GS2	0.754	0.841	$\alpha = 0.880$
GS3	0.620	0.889	
GS4	0.827	0.811	

对政府战略维度的四个条款进行探索性因子分析，首先检测测量条款的 KMO 测度和 Bartlett 球体检验，判断数据是否可以做因子分析，结果如表 4-16 所示。

表 4－16　政府战略的 KMO 样本测度与 Bartlett 球体检验

KMO 样本测度 Kaiser-Meyer-Olkin measure of sampling adequacy		0.794
Bartlet 球体检验	Bartlett 球体检验的卡方 approx. chi-square	120.767
	自由度 df	6
	显著性检验 Sig	0.000

由表 4－16 可以看出，政府战略维度的 KMO 值为 0.794，大于 0.7，Bartlett 球体检验的卡方统计值不显著，因此可以做因子分析，运用主成分分析法进行因子分析，结果如表 4－17 所示。

表 4－17　政府战略的测量分析

成分	初始特征值			提取的平方和和载荷量		
	总体	方差解释	累计解释	总体	方差解释	累计解释
1	2.942	73.561	73.561	2.942	73.561	73.561
2	0.551	13.782	87.343			
3	0.290	7.260	94.603			
4	0.216	5.397	100.000			

分析得到一个因子，特征值为 2.942，且累计解释方差达到 73.561%。旋转后各因子的荷载见表 4－18，各因子的负荷值均大于 0.5，表示收敛度很好。

表 4－18　政府战略的因子分析

条款代码	成　分
GS1	0.876
GS2	0.868
GS3	0.768
GS4	0.912

政府战略维度预试的探索性因子分析得到一个因子，该因子包

含 GS1、GS2、GS3 和 GS4 四个条款，这四个条款与政府战略有关。

这与测量维度的设想一致，根据探索性因子分析的结果，认为政府战略维度具有一个维度，这个维度包含渔业发展规划、物流业发展规划、渔业政策扶持程度、物流业政策扶持程度四个变量，对于这一个因子的适合性将在正式调查的大样本中进行确定性因子分析。

5. 公共设施维度

公共设施维度的 CITC 及内部一致性分析结果如表 4 - 19 所示。可以看出，初始 Cronbach's Alpha 值为 0.771，大于 0.7，各条款的 CITC 值分别为：PU1＝0.517、PU2＝0.685、PU3＝0.622，所有条款的 CITC 指数均大于有效标准 0.5，因此在公共设施维度中不删除任何条款，总体符合信度要求。

表 4 - 19　公共设施维度的 CITC 和信度分析

条款代码	初始 CITC	项目删除时的 Cronbach's Alpha 值	Cronbach's Alpha 系数
PU1	0.517	0.783	
PU2	0.685	0.598	$\alpha = 0.771$
PU3	0.622	0.673	

对公共设施维度的三个条款进行探索性因子分析，首先检测测量条款的 KMO 测度和 Bartlett 球体检验，判断数据是否可以做因子分析，结果如表 4 - 20 所示。

表 4 - 20　公共设施的 KMO 样本测度与 Bartlett 球体检验

KMO 样本测度 Kaiser-Meyer-Olkin measure of sampling adequacy		0.663
Bartlet 球体检验	Bartlett 球体检验的卡方 approx. chi-square	45.599
	自由度 df	3
	显著性检验 Sig	0.000

由表 4 - 20 可以看出，公共设施维度的 KMO 值为 0.663，虽然小于 0.7，但较为接近，Bartlett 球体检验的卡方统计值不显著，因此

可以做因子分析，运用主成分分析法进行因子分析，结果如表 4 - 21 所示。

表 4 - 21　公共设施的测量分析

成分	初始特征值			提取的平方和和载荷量		
	总体	方差解释	累计解释	总体	方差解释	累计解释
1	2.059	68.639	68.639	2.059	68.639	68.639
2	0.594	19.804	88.443			
3	0.347	11.557	100.000			

分析得到一个因子，特征值为 2.146，且累计解释方差达到 71.531%。旋转后各因子的荷载见表 4 - 22，各因子的负荷值均大于 0.5，表示收敛度很好。

表 4 - 22　公共设施的因子分析

条 款 代 码	成　　分
PU1	0.763
PU2	0.877
PU3	0.841

公共设施维度预试的探索性因子分析得到一个因子，该因子包含 PU1、PU2、PU3 三个条款，这三个条款与公共设施有关。

这与测量维度的设想一致，根据探索性因子分析的结果，认为公共设施维度具有一个维度，这个维度包含水电/通信等配套设施、土地使用集约化程度、土地总体价格三个变量，对于这一个因子的适合性将在正式调查的大样本中进行确定性因子分析。

6. 经济发展潜力维度

经济发展潜力维度的 CITC 及内部一致性分析结果如表 4 - 23 所示。可以看出，初始 Cronbach's Alpha 值为 0.859，大于 0.7，各条款的 CITC 值分别为：DP1＝0.738、DP2＝0.689、DP3＝0.792，所有条款的 CITC 指数均大于有效标准 0.5，且删除各条款后，其 α 值均小于初始值 0.859，因此在发展能力中不删除任何条款，并符合信度要求。

表 4-23 经济发展潜力维度的 CITC 和信度分析

条款代码	初始 CITC	项目删除时的 Cronbach's Alpha 值	Cronbach's Alpha 系数
DP1	0.738	0.808	
DP2	0.689	0.846	$\alpha=0.859$
DP3	0.792	0.747	

对经济发展潜力维度的三个条款进行探索性因子分析，首先检测测量条款的 KMO 测度和 Bartlett 球体检验，判断数据是否可以做因子分析，结果如表 4-24 所示。

表 4-24 经济发展潜力的 KMO 样本测度与 Bartlett 球体检验

KMO 样本测度 Kaiser-Meyer-Olkin measure of sampling adequacy		0.713
Bartlet 球体检验	Bartlett 球体检验的卡方 approx. chi-square	78.134
	自由度 df	3
	显著性检验 Sig	0.000

由表 4-24 可以看出，经济发展潜力的 KMO 值为0.899，大于 0.7，Bartlett 球体检验的卡方统计值不显著，可以做因子分析，运用主成分分析法进行因子分析，结果如表 4-25 所示。

表 4-25 经济发展潜力的测量分析

成分	初始特征值			提取的平方和和载荷量		
	总体	方差解释	累计解释	总体	方差解释	累计解释
1	2.353	78.437	78.437	2.353	78.437	78.437
2	0.406	13.544	91.981			
3	0.241	8.019	100.000			

分析得到一个因子，特征值分别为 2.353，累计解释方差达到 78.437。旋转后各因子的荷载见下表 4-26，各因子的负荷值均大于 0.5，表示收敛度很好。

表 4-26　经济发展潜力的因子分析

条款代码	成分
DP1	0.886
DP2	0.854
DP3	0.916

经济发展潜力维度预试的探索性因子分析得到一个因子，该因子包含 DP1、DP2、DP3 三个条款，这三个条款与经济发展潜力有关。

这与测量维度的设想一致，根据探索性因子分析的结果，认为经济发展潜力具有一个维度，这个维度包含地区 GDP 水平、渔业产业聚集程度、渔业经济辐射能力三个变量，对于这一个因子的适合性将在正式调查的大样本中进行确定性因子分析。

4.1.3　量表修正与补充

根据预调研样本数据的单维度 CITC 检验及对各维度进行内部一致性检验的结果，删除原来理论设想中相关度较低的 PA3 机动渔船数量和 PA5 水产品种类的稀缺性两个变量，删除其相应的两个测量条款后，首先检测剩下测量条款的 KMO 测度和 Bartlett 球体检验，判断数据是否可以做因子分析，结果如表 4-27 所示。

表 4-27　预试样本优化条款后 KMO 样本测度与 Bartlett 球体检验

KMO 样本测度 Kaiser-Meyer-Olkin measure of sampling adequacy		0.711
Bartlet 球体检验	Bartlett 球体检验的卡方 approx. chi-square	613.103
	自由度 df	171
	显著性检验 Sig	0.000

由表 4－27 可以看出，预试样本优化条款后的 KMO 值为 0.711，大于 0.7，Bartlett 球体检验的卡方统计值不显著，可以做因子分析，运用主成分分析法进行因子分析，结果如表 4－28 所示。

表 4－28　预试样本优化条款后的测量分析

成分	初始特征值			旋转的平方和和载荷量		
	总体	方差解释	累计解释	总体	方差解释	累计解释
1	5.032	26.486	26.486	3.060	16.107	16.107
2	2.886	15.191	41.677	2.778	14.621	30.728
3	2.695	14.183	55.860	2.436	12.822	43.550
4	1.737	9.140	65.000	2.370	12.473	56.023
5	1.525	8.025	73.024	2.163	11.385	67.408
6	1.025	5.395	78.419	2.092	11.011	78.419
7	0.821	4.318	82.738			
8	0.601	3.163	85.900			
9	0.467	2.459	88.359			
10	0.381	2.005	90.364			
11	0.334	1.756	92.121			
12	0.295	1.553	93.673			
13	0.268	1.408	95.082			
14	0.225	1.186	96.267			
15	0.190	0.998	97.265			
16	0.173	0.908	98.173			
17	0.136	0.713	98.887			
18	0.117	0.616	99.503			
19	0.094	0.497	100.000			

得到的六个因子特征值分别为 5.032、2.886、2.695、1.737、1.525、1.025，累计解释方差达到 78.419。旋转后各因子的荷载均大于 0.5，表示收敛度很好。根据变量之间的关系，六个维度均符合理

论假设中变量的归类，结合测量维度的理论假设，将因子 1 命名为“政府战略”、因子 2 命名为“人力资源水平”、因子 3 命名为“经济发展潜力”、因子 4 命名为“生产能力”、因子 5 命名为“交通条件”、因子 6 命名为“公共设施”，结果如表 4－29 所示。

表 4－29　预试样本优化条款后因子分析

因子名称	变量代码	变量名称	因子成分					
			1	2	3	4	5	6
生产能力	PA1	水产品产量	0.141	0.003	−0.242	**0.810**	0.082	−0.084
	PA2	水产养殖面积	−0.056	0.143	−0.017	**0.878**	0.159	0.238
	PA4	水产加工产量	0.150	0.036	0.063	**0.840**	0.247	0.182
人力资源水平	LF1	人力资源供给能力	0.163	**0.865**	0.163	−0.044	−0.014	0.083
	LF2	渔业人口数量	−0.112	**0.917**	0.043	0.075	0.176	0.011
	LF3	渔业从业人数	−0.009	**0.842**	0.148	0.146	0.116	0.083
交通条件	TC1	运输方式衔接程度	0.066	0.071	0.200	0.068	**0.770**	0.023
	TC2	交通通达性	0.058	0.025	0.219	0.314	**0.740**	0.042
	TC3	交通路网流量	0.004	0.180	−0.052	0.132	**0.869**	0.174
政府战略	GS1	渔业政策扶持程度	**0.848**	0.156	0.086	0.191	0.093	0.086
	GS2	物流业政策扶持程度	**0.842**	−0.034	0.219	0.021	0.052	0.070
	GS3	渔业发展规划	**0.771**	−0.185	−0.050	0.037	0.071	0.143
	GS4	物流业发展规划	**0.894**	0.140	0.162	0.009	−0.068	0.090
公共设施	PU1	土地总体价格	0.269	−0.255	0.076	0.057	−0.040	**0.773**
	PU2	土地使用集约化程度	0.098	0.149	0.113	0.138	0.099	**0.829**
	PU3	水电/通讯等配套设施完备程度	0.045	0.356	0.090	0.113	0.217	**0.771**
经济发展潜力	DP1	城市 GDP 水平	0.141	0.349	**0.778**	−0.090	0.066	0.116
	DP2	渔业产业聚集程度	0.063	0.069	**0.851**	−0.082	0.109	0.116
	DP3	渔业经济辐射能力	0.193	0.037	**0.890**	−0.010	0.185	0.035

根据预调查数据的分析结果，将初始量表进行修正，将不符合测试要求的机动渔船数量(PA3)和水产品种类的稀缺性(PA5)两个条款删除后，形成正式问卷(见附录)，为保持全文变量的一致性，将不再对各个维度以及变量进行重新编号，沿用原来编号。

4.2 正式的确定性检验

4.2.1 正式调查样本描述性统计

本研究样本从个体层面按照性别、学历、职业领域、从事相关行业年限四个方面进行了分类。

1. 性别的描述统计

样本性别的分布如表 4-30，被调查者为男性居多，有 212 位，占 69.5%。

表 4-30 正式调查样本性别描述性统计(N=305)

统计内容		频次	百分比%
性别	男	212	69.5
	女	93	30.5
	总计	305	100.0

2. 学历的描述统计

在正式调查的样本中，由于调查对象主要由专家、从业者和政府官员组成，因而在学历上相对都较高层次。这也与本选题研究的专业性和特殊性基本一致，具体参见表 4-31。

表 4-31 正式调查样本学历描述性统计(N=305)

统计内容		频次	百分比%
学历	高中或中专	0	0
	大专	3	1.0
	本科	135	44.3

续 表

统计内容		频次	百分比%
学历	硕士	117	38.4
	博士	50	16.4
	总计	305	100.0

3. 职业领域的描述统计(见表 4-32)

表 4-32 正式调查样本职业领域描述性统计

统计内容		频次	百分比%
职业领域	渔业及相关政府职能部门	44	14.4
	物流及相关政府职能部门	59	19.3
	渔业及相关企业	33	10.8
	物流及相关企业	85	27.9
	渔业及相关科研院所	30	9.8
	物流及相关科研院所	38	12.5
	其他	16	5.2
	总计	305	100.0

4. 从事相关行业年限的描述统计(见表 4-33)

表 4-33 正式调查样本从事相关行业年限描述性统计($N=305$)

统计内容		频次	百分比%
职业领域	1—5 年	59	19.3
	6—10 年	68	22.3
	11—15 年	65	21.3
	16—20 年	46	15.1
	21 年以上	67	22.2
	总计	305	100.0

5. 样本来源地的描述统计(见表 4－34)

表 4－34　正式调查各变量测量条款调查数据的描述性统计(N=305)

测量条款	条款代码	均值	标准差	偏度		峰度	
		统计量	统计量	统计量	标准差	统计量	标准差
水产品产量	PA1	4.61	1.231	−0.242	0.140	0.036	0.278
水产养殖面积	PA2	4.65	1.122	−0.379	0.140	0.247	0.278
水产加工产量	PA4	4.68	1.162	−0.509	0.140	0.316	0.278
人力资源供给能力	LF1	4.42	1.195	−0.501	0.140	0.263	0.278
渔业人口数量	LF2	5.01	1.355	−0.944	0.140	0.608	0.278
渔业从业人数	LF3	4.60	1.279	−0.737	0.140	0.020	0.278
运输方式衔接程度	TC1	4.81	1.081	−0.539	0.140	0.335	0.278
交通通达性	TC2	5.30	1.143	−0.984	0.140	0.943	0.278
交通路网流量	TC3	5.02	1.049	−0.462	0.140	0.827	0.278
渔业政策扶持程度	GS1	4.84	1.153	−1.024	0.140	1.460	0.278
物流业政策扶持程度	GS2	5.04	1.223	−0.786	0.140	1.162	0.278
渔业发展规划	GS3	4.96	1.179	−0.766	0.140	0.708	0.278
物流业发展规划	GS4	4.91	1.131	−0.808	0.140	1.173	0.278
土地总体价格	PU1	4.56	1.363	−0.831	0.140	0.429	0.278
土地使用集约化程度	PU2	4.57	1.242	−0.710	0.140	0.842	0.278
水电/通讯等配套设施完备程度	PU3	4.72	1.146	−0.912	0.140	1.707	0.278
城市 GDP 水平	DP1	4.78	1.072	−0.936	0.140	2.070	0.278
渔业产业聚集程度	DP2	4.86	1.164	−0.492	0.140	0.993	0.278
渔业经济辐射能力	DP3	4.76	1.136	−0.963	0.140	1.711	0.278

4.2.2　单维度 CITC 及内部一致性检验

本节对于各测量维度内部一致性信度的检验沿用 3.4.1 的方法。

1. 生产能力维度

生产能力的 CITC 及内部一致性分析结果如表 4-35 所示。可以看出，初始 Cronbach's Alpha 值为 0.730，大于 0.7，各条款的 CITC 值分别为：PA1=0.566、PA2=0.578、PA4=0.516，所有条款的 CITC 指数均大于有效标准 0.5，符合信度要求。

表 4-35　生产能力维度的 CITC 和信度分析

条款代码	初始 CITC	项目删除时的 Cronbach's Alpha 值	Cronbach's Alpha 系数
PA1	0.566	0.627	
PA2	0.578	0.615	$\alpha=0.730$
PA4	0.516	0.685	

2. 人力资源水平

人力资源水平的 CITC 及内部一致性分析结果如表 4-36 所示。可以看出，初始 Cronbach's Alpha 值为 0.722，大于 0.7，各条款的 CITC 值分别为：LF1=0.485、LF2=0.568、LF3=0.580，所有条款的 CITC 指数均大于有效标准 0.5，且删除各条款后，其 α 值均小于初始值 0.722，因此在生产能力中不删除任何条款，并符合信度要求。

表 4-36　人力资源水平维度的 CITC 和信度分析

条款代码	初始 CITC	项目删除时的 Cronbach's Alpha 值	Cronbach's Alpha 系数
LF1	0.485	0.699	
LF2	0.568	0.603	$\alpha=0.722$
LF3	0.580	0.587	

3. 交通条件维度

交通条件的 CITC 及内部一致性分析结果如表 4-37 所示。可以看出，初始 Cronbach's Alpha 值为 0.717，大于 0.7，各条款的 CITC 值分别为：TC1= 0.442、TC2=0.579、TC3=0.596，所有条款的 CITC 指数均大于有效标准 0.5，且删除各条款后，其 α 值均小于初始值 0.717，因此在生产能力中不删除任何条款，并符合信度要求。

表 4-37　交通条件维度的 CITC 和信度分析

条款代码	初始 CITC	项目删除时的 Cronbach's Alpha 值	Cronbach's Alpha 系数
TC1	0.442	0.738	
TC2	0.579	0.572	$\alpha=0.717$
TC3	0.596	0.557	

4. 政府战略维度

政府战略维度的 CITC 及内部一致性分析结果如表 4-38 所示。可以看出，初始 Cronbach's Alpha 值为 0.710，大于 0.7，各条款的 CITC 值分别为：GS1=0.533、GS2=0.443、GS3=0.472、GS4=0.541，GS2 和 GS3 的 CITC 虽小于 0.5，但删除 GS2 和 GS3 后，Cronbach's Alpha 值只会降低不会提高，因此在政府战略维度中不删除任何条款，并符合信度要求。

表 4-38　政府战略维度的 CITC 和信度分析

条款代码	初始 CITC	项目删除时的 Cronbach's Alpha 值	Cronbach's Alpha 系数
GS1	0.533	0.625	
GS2	0.443	0.681	$\alpha=0.710$
GS3	0.472	0.661	
GS4	0.541	0.620	

5. 公共设施维度

公共设施维度的 CITC 及内部一致性分析结果如表 4－39 所示。可以看出，初始 Cronbach's Alpha 值为 0.812，大于 0.7，各条款的 CITC 值分别为：PU1＝0.655、PU2＝0.712、PU3＝0.631，所有条款的 CITC 指数均大于有效标准 0.5，因此在公共设施维度中不删除任何条款，并符合信度要求。

表 4－39 公共设施维度的 CITC 和信度分析

条款代码	初始 CITC	项目删除时的 Cronbach's Alpha 值	Cronbach's Alpha 系数
PU1	0.655	0.756	
PU2	0.712	0.691	$\alpha = 0.812$
PU3	0.631	0.776	

6. 经济发展潜力维度

经济发展潜力维度的 CITC 及内部一致性分析结果如表 4－40 所示。可以看出，初始 Cronbach's Alpha 值为 0.836，大于 0.7，各条款的 CITC 值分别为：DP1＝0.689、DP2＝0.667、DP3＝0.740，所有条款的 CITC 指数均大于有效标准 0.5，且删除各条款后，其 α 值均小于初始值 0.836，因此在发展能力中不删除任何条款，并符合信度要求。

表 4－40 经济发展潜力维度的 CITC 和信度分析

条款代码	初始 CITC	项目删除时的 Cronbach's Alpha 值	Cronbach's Alpha 系数
DP1	0.689	0.782	
DP2	0.667	0.804	$\alpha = 0.836$
DP3	0.740	0.729	

4.2.3 内容效度检验

内容效度(content validity)。内容效度是指量表的测量项目与测量目的的符合程度，即测验本身所包含的概念意义范围，量表内容的适当性与代表性。内容效度的判断方法是看量表是否可以真正测量到研究者所要测量的变量，以及是否涵盖了所要测量的变量所包含的意义①。因此，内容效度不同于表面效度。表面效度是指研究者仅凭主观假设和常识判断，即可判断该测量项目的适用性，是一种主观效度。而内容效度的判断依赖于测量项目产生的实际背景，更多的是靠研究者在主观上的判断。主要依赖于逻辑的处理而非统计的分析，依赖于研究社群对理论定义的认同（黄芳铭，2005）。

本研究测量项目的内容效度参考郗河（2009）的做法，主要采用两种方法进行控制：第一，测量工具是否真正测量到研究者所要测量的变量；第二，测量工具是否涵盖了所要测量的变量。一方面，本研究的所有变量测量条款的设置，均在水产品物流、冷链物流、区位选择等理论的背景下，参考了已有的国际竞争力、区域竞争力、城市竞争力、环境评价、物流中心选址、点区位选择、新鲜易腐产物流中心选址等相关研究文献，并经过小规模的专家访谈进行的开发。另一方面，在文献分析的基础上，采用预调研的方式，对区位因子、测量变量进行了小样本的数据分析。因此，本研究所采用的量表在一定程度上涵盖了所需要测量的内容，条款清楚，具有较好的内容效度。

---

① 井淼．消费者网上购买行为感知风险研究——基于上海大学生的实证分析[D]．上海交通大学，2006．

第五章

区位选择评价研究设计与方法

在方法论上，水产品冷链物流中心区位选择，需要进行科学的研究设计和方法。这里主要包括本研究的问卷设计、调查方案与实施，区位选择评价的指标权重设计、模型构建与算法测试。

5.1 备选方案绩效值测量问卷设计

为得到备选方案各项指标的绩效值，根据各测量变量性质的不同，采用不同的测量方式。对于量化的指标，可通过统计数据进行直接获取，因此仅需对质性指标进行问卷的设计，采用主观打分法，对备选方案水产品物流发展的绩效水平进行打分排序，根据备选数量确定最高分值。如本研究中备选方案为 10 个，因此分值为 1—10 分，1 分为最差，10 分为最优，形成绩效值测量量表（见表 5-1）。

在进行水产品冷链物流中心区位选择的分析中，节点的选择、确定以城市的水产品总产量等级为依据，选取 2008 年水产品总产量 20 万吨以上的渔业重点县（市、区）作为备选方案，这些县（市、区）同时也是闽台合作的地缘经济交通区位线上的节点城市。

在福建省的问卷中，F1 - F10 分别代表霞浦县、连江县、福清市、平潭县、秀屿区、惠安县、石狮市、龙海市、漳浦县、东山县。在台湾地区的问卷中，T1 - T10 分别代表基隆市、台北县、新竹县、宜兰县、彰

表 5-1 候选城市质性指标绩效值测量

关键指标及代码 \ 区位		F_1/T_1	F_2/T_2	F_3/T_3	F_4/T_4	F_5/T_5	F_6/T_6	F_7/T_7	F_8/T_8	F_9/T_9	F_{10}/T_{10}
LF1	人力资源供给能力										
TC1	运输方式衔接程度										
TC2	交通通达性										
TC3	交通路网流量										
GS1	渔业政策扶持程度										
GS2	物流业政策扶持程度										
GS3	渔业发展规划										
GS4	物流业发展规划										
PU1	土地总体价格										
PU2	土地使用集约化程度										
PU3	水电/通讯等配套设施完备程度										
DP2	渔业产业聚集程度										
DP3	渔业经济辐射能力										

化县、云林县、嘉义县、高雄县、高雄市、屏东县。详见附录一和附录二。

5.2　调查执行

根据本研究的特殊性，在对指标的重要性程度进行评分时，采用开放式问卷法（open-ended survey），在对各备选县（市、区）的绩效值进行评价时，由于所涉及测验项目的专业性较强，无法进行一般性、大面积调研，因此采用个人面谈法（personal interview），对特定专业人员进行访谈，为使所接触的样本具有足够的代表性，访谈对象需符合以下条件：在相关工作岗位工作10年以上；担任中层以上领导职务；基本熟悉备选方案各项指标情况（或能够在较短时间内根据调查者提供资料熟悉备选方案情况）；访谈时间能达半个小时以上。

5.3　指标权重的确定

根据前述文献检视可知，权重的确定通常较多采用因子分析法、相关系数法、专家排序法、RSR法、德尔菲（Delphi）法、算术均数组合赋权法（简称均数法）和连乘累积组合赋权法（简称累积法）。其中，算术均数组合赋权法的权重为前四种方法所得权值的算术平均数；连乘累积组合赋权法的权重为前四种方法所得权重的累积分数。

国内对区域物流中心评价所采用的方法主要有传统的层次分析法、主成分聚类分析法和模糊综合评价法等，这类评价方法在评价过程中都不可避免地受到人为主观因素的较大影响。为了尽量减少这种主观因素对评价结果的影响，本书运用结构方程模型对水产品冷链物流中心区位选择进行评价决策。

结构方程模型（structure equation model，简称SEM）是应用变量的协方差矩阵来分析变量之间关系的一种统计方法，也称协方差结构分析，它综合了方差分析、回归分析、路径分析、因子分析等传统统计技术，弥补了传统回归分析和因子分析的不足，可同时处理多个变量并允许自变量和因变量存在测量误差。这些优势使结构方程模型在分析中既能处理测量误差，又可分析潜在变量之间的结构关系。这也是本书选取 SEM 分析的原因所在。

物流中心区位是一个复杂的经济事物，因此对物流中心区位选择的问题的研究属于对复杂事物的研究。对复杂事物的分析、规律的抽象有别于对简单事物的分析、抽象，在复杂事物中，有些属性、部分或方面等是对事物的变化规律起支配作用，而另一些属性、部分或方面只是起到"参与"的作用①。物流中心区位选择的区位因子中，有一些是对区位选择决策起到支配作用的，而有一些则只起到较少的影响作用，因此，确定各区位因子及其测量变量对于区位选择决策的相关系数为何，是进一步进行物流中心区位选择决策的基础。

通常，在对测量维度进行评价的过程中，整体测量模型的拟合度检测最为关键。拟合参数有两种分类，即绝对拟合参数和相对拟合参数。绝对拟合参数有 X^2、近似误差均方根(root mean square error of approximation，简称 RMSEA)、良性拟合指数(goodness of fit index，简称 GFI)、调整良性拟合指数(adjusted goodness of fit index，简称 AGFI)等；相对拟合指数有标准拟合指数(normed fit index，简称 NFI)、非标准拟合指数(non-normed fit index，简称 NNFI)、比比较拟合指数(comparative fit index，简称 CFI)等。一般认为，卡方最小拟合函数(minimum fit function chi-square)与自由度(degrees of freedom)的比值 X^2/df 在 1.5 到 5.0 之间时，模型可以接受；比较拟合指数越接近 1 越好；减效规范拟合指数(parsimony normed fit index，简称 PNFI)越大越理想。Kelloway(1998)，Steiger(1990)认为：RMSEA 低于 0.1 表示好的拟合，低于 0.05 表示非常好的拟合，低于 0.01 表示非常出色的拟合。增量拟合指数 Incremental Fit Index (IFI) = 0.98，相对拟合指数 Relative Fit

① 管楚度. 交通区位分析泛型例说[M]. 北京：人民交通出版社，2006.

Index (RFI) = 0.95,都大于参考标准。

运用 LISREL8.70 软件对正式调查的 305 个样本进行程序运行后,得到如下运行结果(见表 5-2)。

表 5-2 物流中心区位选择测量维度拟合参数

拟合参数	X^2/df	NFI	NNFI	CFI	IFI	RFI	GFI	AGFI	RMSEA
参考值	1.5—5.0	≥0.9	≥0.9	≥0.9	≥0.9	≥0.9	≥0.9	≥0.9	≤0.1
实际数值	1.60	0.96	0.98	0.98	0.98	0.95	0.93	0.90	0.044

根据表 5-2 的测量结果以及测量维度评价标准可知,本研究正式调查的各项拟合参数均符合标准,且近似误差均方根低于 0.05,表示非常好的拟合,可以接受正式调查中所使用的测量维度及其测量变量对水产品冷链物流中心区位选择进行决策。

运行 LISREL8.70 软件同时得到结构方程模型路径图(见图 5-1)。路径图中显示了不同变量层次之间的路径关系、测量变量与潜变量之间的因子载荷(相关系数、区位因子之间的权重系数)以及测量误差。如水产品产量(PA1)的测量误差为 0.46,对于生产能力的因子载荷(权重系数)为 0.73。

各测量维度之间的相关系数矩阵,如表 5-3 所示。

表 5-3 潜变量相关系数矩阵

	生产能力	人力资源	交通条件	政府战略	公共设施	发展潜力
生产能力	1.00					
人力资源	0.50	1.00				
交通条件	0.52	0.64	1.00			
政府战略	0.51	0.58	0.58	1.00		
公共设施	0.36	0.57	0.40	0.68	1.00	
发展潜力	0.33	0.61	0.52	0.75	0.77	1.00

对于水产品冷链物流中心区位选择的决策属于多属性决策问

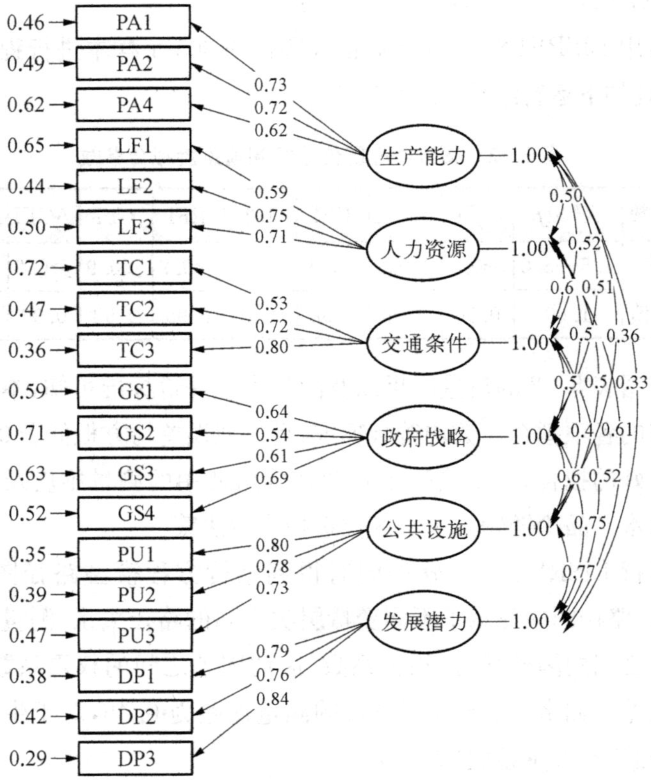

chi-square=216.60，df=137，p-value=0.00002，RMSEA=0.044

图 5-1　区位因子及其测量变量间关系

题，各区位因子的权重大小将直接影响决策结果。按照指标表述类型可分为确定型和不确定型权重，而按照指标依据数据或者在决策中的作用的不同，可将权重分为客观权重、主观权重和组合权重三种。当决策方案各属性之间存在相关关系时，为了消除这种相关关系，避免属性指标的重复计算来确定权重，常用的方法有相关系数赋权法、主成分分析法、因子分析法等基于统计原理的赋权法①。本研

① 孔峰. 模糊多属性决策理论方法及其应用[M]. 北京：中国农业科学技术出版社，20081.

究中已利用 LISREL8.70 软件得出各潜变量(区位因子)之间的相关系数,可应用相关系数赋权法计算确定型的客观权重①,具体方法如下。

将第 j 项指标与其他项之间的相关系数记为 ρ_{jk},第 j 项指标的总相关系数记为 ρ_j,则:

$$\rho_j = \sum_{k=1} \rho_{jk}, (k \neq j) \quad (5-1)$$

$$W_j^{\mathrm{T}} = \rho_j / \sum_{j=1}^{m} \rho_j \quad (5-2)$$

根据表 5-3 的相关系数矩阵计算各区位因子(测量维度)的相对权重,采用公式(5-1)、公式(5-2)计算各区位因子的权重为:

$$W_{生产能力}^{\mathrm{T}} = 0.14,\ W_{人力资源}^{\mathrm{T}} = 0.17,\ W_{交通条件}^{\mathrm{T}} = 0.16$$
$$W_{政府战略}^{\mathrm{T}} = 0.18,\ W_{公共设施}^{\mathrm{T}} = 0.17,\ W_{发展潜力}^{\mathrm{T}} = 0.18$$

由图 5-1 得出各测量变量的指标权重集合为:

$$V_{生产能力}^{\mathrm{T}} = (0.73,\ 0.72,\ 0.62)$$
$$V_{人力资源}^{\mathrm{T}} = (0.59,\ 0.75,\ 0.71)$$
$$V_{交通条件}^{\mathrm{T}} = (0.53,\ 0.72,\ 0.80)$$
$$V_{政府战略}^{\mathrm{T}} = (0.64,\ 0.54,\ 0.61,\ 0.69)$$
$$V_{公共设施}^{\mathrm{T}} = (0.80,\ 0.78,\ 0.73)$$
$$V_{发展潜力}^{\mathrm{T}} = (0.79,\ 0.76,\ 0.84)$$

综合区位因子的相对权重及各测量变量的指标权重,计算每一备选城市 19 项指标的权重为:

$$W_{PA1} = W_{生产能力} V_{PA1}^{\mathrm{T}} = 0.14 \times 0.73 = 0.10$$
$$W_{PA2} = W_{生产能力} V_{PA2}^{\mathrm{T}} = 0.14 \times 0.72 = 0.10$$

① 张华,王东,王晶日,吕波.建设节水型社会评价指标体系及赋权方法研究[M].环境保护科学,2010(36):65-68.

$$W_{PA4} = W_{生产能力} V_{PA4}^{\mathrm{T}} = 0.14 \times 0.62 = 0.09$$
$$W_{LF1} = W_{人力资源} V_{LF1}^{\mathrm{T}} = 0.17 \times 0.59 = 0.10$$
$$W_{LF2} = W_{人力资源} V_{LF2}^{\mathrm{T}} = 0.17 \times 0.75 = 0.13$$
$$W_{LF3} = W_{人力资源} V_{LF3}^{\mathrm{T}} = 0.17 \times 0.71 = 0.12$$
$$W_{TC1} = W_{交通条件} V_{TC1}^{\mathrm{T}} = 0.16 \times 0.53 = 0.08$$
$$W_{TC2} = W_{交通条件} V_{TC2}^{\mathrm{T}} = 0.16 \times 0.72 = 0.12$$
$$W_{TC3} = W_{交通条件} V_{TC3}^{\mathrm{T}} = 0.16 \times 0.80 = 0.13$$
$$W_{GS1} = W_{政府战略} V_{GS1}^{\mathrm{T}} = 0.18 \times 0.64 = 0.12$$
$$W_{GS2} = W_{政府战略} V_{GS2}^{\mathrm{T}} = 0.18 \times 0.54 = 0.10$$
$$W_{GS3} = W_{政府战略} V_{GS3}^{\mathrm{T}} = 0.18 \times 0.61 = 0.11$$
$$W_{GS4} = W_{政府战略} V_{GS4}^{\mathrm{T}} = 0.18 \times 0.69 = 0.12$$
$$W_{PU1} = W_{公共设施} V_{PU1}^{\mathrm{T}} = 0.17 \times 0.80 = 0.14$$
$$W_{PU2} = W_{公共设施} V_{PU2}^{\mathrm{T}} = 0.17 \times 0.78 = 0.13$$
$$W_{PU3} = W_{公共设施} V_{PU3}^{\mathrm{T}} = 0.17 \times 0.73 = 0.12$$
$$W_{DP1} = W_{发展潜力} V_{DP1}^{\mathrm{T}} = 0.18 \times 0.79 = 0.14$$
$$W_{DP2} = W_{发展潜力} V_{DP2}^{\mathrm{T}} = 0.18 \times 0.76 = 0.14$$
$$W_{DP3} = W_{发展潜力} V_{DP3}^{\mathrm{T}} = 0.18 \times 0.84 = 0.15$$

由图 5-1(区位因子及其测量变量间关系图)得出各测量变量的指标误差集合为:

$$\delta_{生产能力}^{\mathrm{T}} = (0.46, 0.49, 0.62)$$
$$\delta_{人力资源}^{\mathrm{T}} = (0.65, 0.44, 0.50)$$
$$\delta_{交通条件}^{\mathrm{T}} = (0.72, 0.47, 0.36)$$
$$\delta_{政府战略}^{\mathrm{T}} = (0.59, 0.71, 0.63, 0.52)$$
$$\delta_{公共设施}^{\mathrm{T}} = (0.35, 0.39, 0.47)$$
$$\delta_{发展潜力}^{\mathrm{T}} = (0.38, 0.42, 0.29)$$

5.4 评价模型的选择

根据前述文献评估对评价模型和方法的比较,根据水产品冷链物流中心区位选择评价的指标特点，不仅有效益型指标，还有非效益型指标，这种特点使 TOPSIS 法相对更有一定优势，更适合于本研究。

逼近理想点法（technique for order preference by similarity to ideal solution，简称 TOPSIS），即逼近理想点法是由 Hwang 和 Yoon 于 1980 年在文献中提出的，后来 Lai 等人于 1994 年将 TOPSIS 的观念转化为多目标决策问题上。TOPSIS 法根据有限个评价对象与理想化目标的接近程度进行排序的方法，是在现有的对象中进行相对优劣的评价。TOPSIS 法是一种逼近于理想解的排序法，该方法只要求各效用函数具有单调递增（或递减）性就行。TOPSIS 法是多目标决策分析中一种常用的有效方法，又称为优劣解距离法。其思想是提出“理想解”和“负理想解”两个概念，利用与理想解和负理想解的距离信息来对各方案进行排序，选取最优方案①。它的优点是既考虑效益型指标，也考虑非效益型指标，简单易行。

5.4.1 TOPSIS 法的基本流程

（1）构造原始数据矩阵。
（2）计算标准化决策矩阵。
（3）计算加权决策矩阵。
（4）计算正理想解与负理想解。
（5）计算各评价对象与正理想解与负理想解之间的距离。
（6）计算各评价对象与正理想解之间的贴近度。
（7）对评价对象进行排序。

5.4.2 基本步骤及具体算法

第一步：构造原始数据矩阵。区域渔业竞争力初始指标评价矩

① Lai，Y. J.，Liu，T. Y. and Hwang，C. L.（1994），TOPSIS for MODM[J]. *European Journal of Operational Research*，76：486－500.

阵为：

$$X = \begin{bmatrix} x_{11} & x_{12} & \cdots & x_{1n} \\ x_{21} & x_{22} & \cdots & x_{2n} \\ \vdots & \vdots & & \vdots \\ x_{m1} & x_{m2} & \cdots & x_{m3} \end{bmatrix}$$

式中：m 为参与渔业竞争力评价福建省渔业重点县(市)的数量，n 表示评价指标数量，x 表示第 i 个渔业重点县(市)的第 j 个指标的评价值。

第二步：由于各指标的量纲不同，故需对初始数据作归一化处理。

$$y_{ij} = \frac{x_{ij}}{\sqrt{\sum (x_{ij})^2}} \tag{5-3}$$

由此得标准化矩阵：

$$y = \{y_{ij}\}_{m \times n}$$

第三步：根据 5.3 指标权重的确定方法，计算加权决策矩阵。

第四步：确定最优的指标评价值集合 V^+(正理想解)和最劣的指标评价值集合 V^-(负理想解)。

所谓正理想解是指每一准则项目中选出的最大评估值，成为正理想解的结合。负理想解则相反。

$$V^+ = \{(\max_i y_{ij}) \quad | \, i = 1, 2, \cdots, m\} \tag{5-4}$$

$$V^- = \{(\min_i y_{ij}) \quad | \, i = 1, 2, \cdots, m\} \tag{5-5}$$

第五步：分别计算诸评价对象所有各指标值与最优方案及最劣方案的距离 D^+ 和 D^-。

$$D_i^+ = \sqrt{\sum_{j=1}^{n} | v_{ij} - v_j^+ |^2} \quad (i = 1, 2, \cdots, m) \tag{5-6}$$

$$D_i^- = \sqrt{\sum_{j=1}^{n} |v_{ij} - v_j^-|^2} \quad (i = 1, 2, \cdots, m) \qquad (5-7)$$

第六步：计算诸评价对象与最优方案的接近程度 C_i，其计算公式如下。

$$C_i = D_i^- / (D_i^- + D_i^+) \qquad (5-8)$$

其中 C_i 越接近 1，表示该评价对象越接近正理想解，即最具竞争力。

第七步：将第五步所计算出的结果按照 C_i 由大到小的顺序排序，C_i 值越大表示其所代表的区域竞争力越强。

第六章 区位选择评价的实证研究

根据前面章节的理论分析和模型构建，本章主要通过闽台水产品贸易发展状况描述，分析闽台水产品贸易间存在较强的互补性，水产品贸易对物流的正向促进作用，并对闽台水产品物流中心区位选择进行实证分析和现实观察，比较理论分析和经验研究的发现，提出促进闽台水产品冷链物流中心区位选择合理规划的必要性和未来发展的方向。

6.1 闽台水产品生产与贸易发展概况

对闽台水产品冷链物流中心区位选择的实证研究，首先有必要了解和把握当前闽台水产品生产和贸易发展状况，并着眼于未来发展的趋势，更好地明确科学的区位选择和方案对于促进水产品生产和贸易的重要性。

6.1.1 福建水产品生产与贸易发展概况

1. 福建海洋渔业的发展

在我国，60％以上的淡水产品、80％以上的海水产品来自东南沿海地区，具有极强的地域性。福建海区属于亚热带海洋和大陆架浅海，是寒、暖流交汇的地方。浮游生物种类多、密度高、数量大、分布广。浮游动物丰富，吸引大量鱼类汇聚，鱼类达752种，其中经济鱼虾类有100多种，主要捕捞对象是带鱼、大黄鱼、金色小沙丁鱼、脂眼鲱、马鲛鱼、鳗鱼、乌贼、鱿鱼、梭子蟹、毛虾等。福建海域面积13.6万平方千米，已开发的滩涂面积约280万亩，尚未开发利用的浅海滩涂中，浅海面积620多万亩，滩涂面积约300万亩，大陆海岸线3 324千米，具有“港、渔、景、涂、能”五大优势资源①。

改革开放30多年来，福建省渔业得到了迅速发展，渔业已成为福建六大重要产业之一。福建省海洋产业主要有海水产品加工业、海洋生物制药和保健品、海洋船舶制造和维修业、海洋交通运输业、滨海旅游业、海洋渔业等，产业结构（见图6-1）。

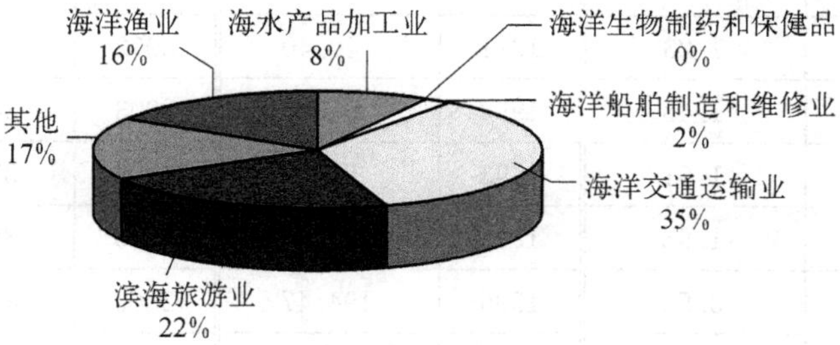

图6-1　福建海洋产业结构

资料来源：《福建省海洋十一五规划》。

2009年，福建省水产品总产量为567.52(569.67)万吨②，占全国

---

① 五大优势资源分别为：一是深水港湾和岸线资源优越。其中深水岸线210.9千米，超大型深水码头岸线29处、42千米，可建设20万—50万吨级泊位约100个，发展以港口为依托的临港工业条件优越。二是海洋渔业资源突出。全省水深200米以内的海洋渔场面积达12.15万平方千米，浅海滩涂可利用养殖面积达225万亩；鱼、虾、贝、藻种类的数量居全国前列。三是滨海旅游发展条件较好。拥有多种多样的海岸类型，构成许多壮丽的自然景观。海洋文化底蕴深厚，福州船政文化、莆田妈祖文化等在海内外都具有较高的知名度和影响力。四是滨海矿产资源丰富。已发现的矿产有60多种，有工业利用价值的20余种，其中玻璃砂、铸型砂、标准砂和建筑砂是优势矿种。据初步调查海峡油气总量约2.9亿多吨。五是海洋能源和岛屿资源开发潜力大。福建省具有全国最丰富的风能、潮汐能、波浪能等海洋新能源，有望形成新的优势产业。全省共有500平方米以上岛屿1 546个，居全国第二，沿海岛屿总面积1 324.1平方千米，有人居住岛屿101个。数据资料来源于《福建省海洋十一五规划》。

② 《中国渔业统计年鉴2010》数据为567.52万吨，《福建统计年鉴2010》公布数据为569.67万吨。

总产量的11.09%，其中海水养殖293.03万吨，淡水养殖63.90万吨，海洋捕捞185.93万吨，远洋渔业16.86吨，淡水捕捞7.81万吨，水产品人均占有量为151.6千克，居全国第一位。福建省主要年份渔业总产值及水产品产量见表6-1和表6-2。

表6-1 福建省主要年份渔业总产值 单位：亿元

年 份	渔业总产值	年 份	渔业总产值	年 份	渔业总产值
1952	0.56	1988	30.77	1999	303.48
1957	1.22	1989	31.46	2000	325.82
1962	1.20	1990	35.34	2001	330.52
1965	1.23	1991	40.40	2002	332.92
1970	1.48	1992	53.63	2003	341.40
1975	1.51	1993	84.82	2004	374.26
1978	1.98	1994	153.06	2005	396.78
1980	3.55	1995	194.47	2006	410.75
1985	3.57	1996	235.05	2007	474.32
1986	4.81	1997	264.80		
1987	5.71	1998	283.78		

资料来源：《福建统计年鉴2010》。

表6-2 福建省主要年份水产品产量 单位：万吨

年 份	水产品产量	年 份	水产品产量	年 份	水产品产量
1952	15.93	1980	59.80	1991	166.23
1957	28.34	1985	100.26	1992	200.57
1962	23.82	1986	105.23	1993	237.04
1965	32.55	1987	126.22	1994	278.78
1970	38.75	1988	132.66	1995	317.56
1975	39.61	1989	137.97	1996	358.23
1978	54.44	1990	145.59	1997	429.31

续　表

年　份	水产品产量	年　份	水产品产量	年　份	水产品产量
1998	475.92	2002	558.71	2006	523.59
1999	502.32	2003	553.13	2007	532.00
2000	527.89	2004	551.36	2008	554.20
2001	542.49	2005	542.37	2009	569.67

资料来源：《福建统计年鉴 2010》。

福建省海洋渔业共有三种类型，分别为沿近海捕捞渔业、海水养殖业和远洋渔业。

（1）沿近海捕捞渔业。

福建省沿近海捕捞渔业即境内捕捞渔业，本来是海洋渔业的主体。在过去的十多年间(1994—2008 年)，福建省海洋捕捞渔业的产量年均成长率 6.3%。在 1999 年开始实施海洋捕捞“零成长”政策以后，福建省海洋捕捞产量基本控制在 200 万吨左右。在这 10 年虽然产量持续成长，但实际上是渔船数量、总吨位及渔船使用率等传统渔具、因技术不断创新使渔获物的渔获越来越小、越补越少。沿近海渔业资源因捕捞过度而出现趋于枯竭的现象。这种以开发天然渔业资源作为增产的主要生产方式，随着生产技术的进步，捕捞方式的改进，在经济利益的驱使下，盲目发展捕捞业，并增加船、网的数量提高渔获量，进行掠夺性生产，导致福建省沿近海渔业资源日益趋于枯竭的根本原因。

同时，水域环境的日益恶化，海洋污染事件和大面积赤潮等海洋灾害频繁发生，阻碍渔业资源恢复。此外，目前渔政管理较为落后，执法力度不足，渔民守法观念非常薄弱，不少地方电、毒、炸鱼屡禁不止，严重破坏渔业资源及生产秩序，造成恶性循环。虽然已对产业结构进行调整，采取一系列资源保护措施，但仍不可能在短中期内将渔业资源得到回升。

（2）海水养殖业。

总结新中国成立以后近 30 年渔业发展的经验和教训，根据我国国情与渔业资源变化情况，确立“以养殖为主”的渔业发展方针，激发了广大渔民发展渔业生产的积极性和创造性。福建省渔业，特别是海水养殖业获得迅速发展。

在过去的十多年间，福建海水养殖业持续快速发展，海水养殖产量从 1994 年 56.0 万吨迅速增加到 2008 年的 283.68 万吨，约占海洋渔业产量 56.4%，成为福建省海洋渔业可持续发展的重要产业。海水养殖业的迅速发展，对于缓解福建近海捕捞压力，养殖渔业资源具有极其重要的现实意义和与渔业之未来趋势。

虽然福建海水养殖渔业在近 10 年来迅速发展，已取代海洋捕捞业，成为福建省渔业的重要地位，但是产量与产值之比差异悬殊，落后于其他沿海省份。例如，台湾地区 2008 年渔业总产量为 134 万吨，产值约 191 亿元。福建省 2008 年渔业总产量已达 554.2 万吨，约为台湾地区总产量的 4.14 倍，产值为 571.76 亿元，仅为台湾地区的 2.98 倍，其主要原因是台湾地区低值水产品仅占总产量的 1/5，而福建省相反，这也是福建省渔民产量大产值低的主要原因。

随着养殖渔业的迅速发展而带来诸多令人担忧、甚至是难以解决的困难与问题，成为养殖渔业有永续发展的限制因素。一方面是由于科技停滞而受到水产种苗、饲料、病害以及水域生态环境日益恶化等因素；另一方面由于海域管理限制，海域功能划分、产业布局不合理，目前近海养殖发展仍处于盲目状态，造成许多养殖区域养殖容量超负荷，渔业活动本身造成的污染也加剧水域环境的污染而产生恶性循环，不仅对养殖永续发展产生严重问题，同时也对整个海洋渔业资源构成严重威胁。

总体来说，福建省海洋渔业资源衰退，环境日益恶化未能有效限制，渔业基础薄弱，科技能力不强，以传统的生产、管理方式已到了极限，难以使福建省海洋渔业永续发展。

(3) 远洋渔业。

远洋渔业是利用他国与公海渔业资源，以弥补中国资源不足，并拓展国际市场，是中国渔业的延伸。根据联合国粮食组织统计，世界海洋渔业资源仍有30%尚未充分利用，占地球45%面积的公海渔业资源属于全人类所有。因此，成为世界各沿海国家和地区剧烈竞争的区域。

如表6-3和图6-2所示，福建省2008年实现远洋渔业产量为14.9万吨，占福建省海洋捕捞总产量的3.0%，落后于中国沿海其他省份，与台湾地区(2001)远洋渔业产量占渔业总产量62.2%，产值占51.5%更是无法相比①。为使福建省渔业永续发展，加速发展远洋渔业是未来的需要，是福建省海洋渔业发展的必然趋势。福建省具有发展远洋渔业的优势和基础。因此，调整渔业产业结构、重点扶持永续发展渔业应作为福建省发展海洋经济的战略目标和重点任务。

表6-3　1994—2009年福建省渔业产量分析　　单位：万吨

年份	渔业总产量	海洋渔业产量	占渔业总量(%)	其中					
				近海捕捞产量	占海洋渔业产量(%)	海水养殖产量	占海洋渔业产量(%)	远洋捕捞产量	占海洋渔业产量(%)
1994	226.6	220.4	97.2	144.3	65.5	56.0	25.4	6.1	2.7
1995	157.3	224.2	87.2	162.0	72.3	62.2	27.1	5.1	2.3
1996	358.2	316.8	90.0	173.8	53.9	143.0	44.4	5.5	1.7
1997	429.3	382.6	89.1	187.9	49.1	188.2	49.2	6.5	1.7
1998	475.9	425.6	89.4	199.8	46.9	220.1	51.7	5.7	1.4
1999	502.3	448.6	89.3	201.9	45.0	241.9	53.9	4.8	1.1
2000	527.9	470.5	89.1	203.0	43.1	262.7	55.8	4.8	1.0
2001	542.5	481.8	88.8	201.0	41.7	272.6	56.6	8.0	1.7
2002	558.7	494.7	88.5	198.5	40.1	282.9	57.2	13.3	2.7
2003	572.8	507.9	88.7	216.6	42.6	276.8	54.5	14.5	2.9
2004	591.2	523.3	88.5	206.6	39.5	299.9	57.3	16.8	3.2

① 宋建晓. 积极借鉴台湾经验发展福建海洋渔业[J]. 发展研究，2006(3).

续 表

年份	渔业总产量	海洋渔业产量	占渔业总量(%)	其中					
				近海捕捞产量	占海洋渔业产量(%)	海水养殖产量	占海洋渔业产量(%)	远洋捕捞产量	占海洋渔业产量(%)
2005	602.2	531.9	88.3	227.2	42.7	278.3	52.3	17.4	3.2
2006	600.0	528.8	88.1	245.8	46.5	272.1	51.5	10.9	2.1
2007	532.0	466.5	87.7	183.9	39.4	274.4	58.8	8.3	1.8
2008	542.0	489.6	90.3	196.9	40.2	283.7	51.3	14.9	3.0
2009	567.5	485.8	87.5	210.6	43.4	293.0	60.3	16.9	3.5

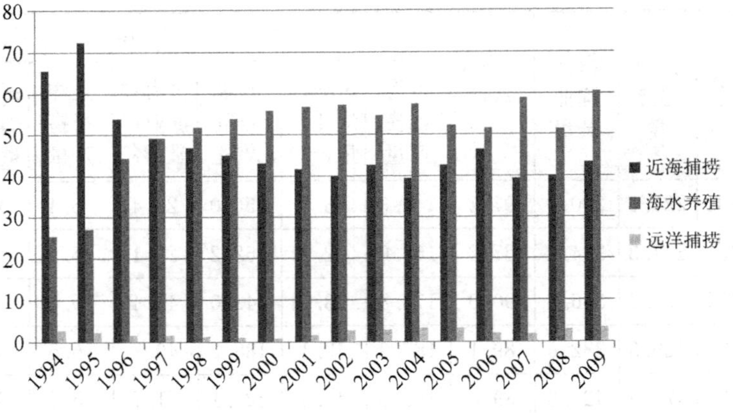

图 6-2 福建省海洋渔业产量中各类产量的比例

资料来源：根据《福建省渔业统计年鉴 2008》《中国渔业统计年鉴 2010》计算得到。

2. 福建水产品对外贸易

(1) 福建水产品对外贸易的发展规模。

依据福建省海洋与渔业厅统计，2009 年，福建省水产品进口贸易额为 45 609.87 万美元，进口数量为 43.81 万吨；出口贸易额为 152 838.68 万美元，出口数量为 39.91 万吨；进出口贸易总额占全国 12%，居全国第四位(见表 6-4、图 6-3)。

表 6-4 2006—2009 年福建省水产品进出口情况

年份	进口情况		出口情况		进出口贸易总额（万美元）	贸易顺差（万美元）
	进口量（万吨）	进口额（万美元）	出口量（万吨）	出口额（万美元）		
2006	44.39	42 520.77	22.01	104 394.18	146 914.95	61 873.41
2007	44.39	42 520.77	26.10	104 415.91	146 936.68	61 895.14
2008	55.79	57 725.00	25.20	112 082.73	169 807.73	54 357.73
2009	43.81	45 609.87	39.91	152 838.68	198 448.55	107 228.81

资料来源：根据历年《中国渔业统计年鉴》公布数据计算所得。

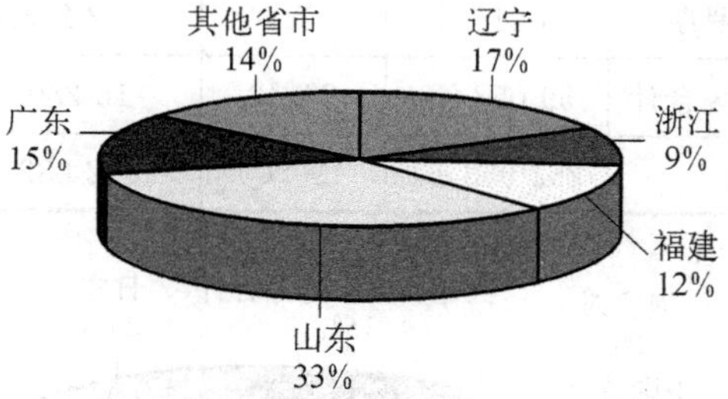

图 6-3 2009 年福建省水产品进出口贸易额省市构成

资料来源：根据《中国渔业统计年鉴 2010》公布数据计算所得。

(2) 福建水产品对外贸易的地理方向。

以出口额计算，2008 年福建水产品主要出口国家和地区前八名依序为日本、美国、马来西亚、中国台湾、韩国、菲律宾、中国香港以及俄罗斯，这八个国家和地区合计占福建水产品总出口量及出口值的 77.6%及 85.5%，其中对日本的出口额达 28 400.57 万美元，与 2007 年比较，日本依旧是独占鳌头，并且比重已由 2007 年的 20.30%涨至 25.34%；马来西亚从第四位升至第三位，韩国由第三名退至第五名；对美国出口额由 2007 年的 16 784.25 万美元激增至27 049.92 万美元，是 2007 年的近两倍（见表 6-5 及图 6-4）。

表 6－5　2008 年福建省水产品主要出口地区(按出口额排列)

排名	国家和地区	出口量(吨)	比重(%)	出口额(万美元)	比重(%)
1	日本	38 705.90	15.36	28 400.57	25.34
2	美国	34 139.02	13.54	27 049.92	24.13
3	马来西亚	22 260.57	8.83	10 684.43	9.53
4	中国台湾	25 660.56	10.18	9 726.79	8.68
5	韩国	21 004.95	8.33	9 486.51	8.46
6	菲律宾	38 558.55	15.30	4 236.91	3.78
7	中国香港	7 451.77	2.96	3 999.12	3.57
8	俄罗斯	5 213.60	2.07	2 218.09	1.98
其他国家和地区合计		59 058.69	23.43	16 280.39	14.53
出口合计		252 053.61	100.00	112 082.73	100.00

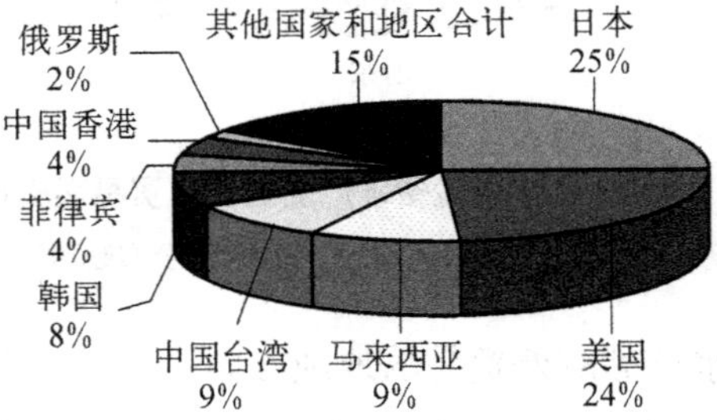

图 6－4　2008 年福建水产品主要出口地区出口额比重

资料来源：根据《福建省水产品进出口贸易统计年鉴 2008》公布数据计算所得。

按进口额排序，2008 年福建水产品主要进口国家和地区前八名依序为智利、秘鲁、美国、泰国、俄罗斯、阿根廷、中国台湾、印度尼西亚，这八个国家和地区合计占福建水产品进口量及进口额的 87.51% 和 86%(见表 6－6、图 6－5)。与 2007 年比较，智利仍然位居榜首；秘鲁由第三位跃升至第二位，进口额由 2007 年的 6 913.27 万美元增长至 15 835.16 万美元，约增加 1.5 倍；泰国由第五位上升至第四位，阿根廷由第八位增长至第六位。

表 6-6 2008 年福建水产品主要进口地区(按进口值排列)

排名	国家和地区	进口量(吨)	比重(%)	进口值(万美元)	比重(%)
1	智利	141 610.74	24.50	15 895.48	27.54
2	秘鲁	160 117.717	27.71	15 835.16	27.43
3	美国	40 119.772	6.94	6 100.29	10.57
4	泰国	52 299.477	9.05	4 176.16	7.23
5	俄罗斯	22 388.501	3.87	3 289.84	5.70
6	阿根廷	30 836.179	5.34	2 093.95	3.63
7	中国台湾	34 777.264	6.02	1 764.60	3.06
8	印度尼西亚	23 590.459	4.08	1 480.22	2.56
其他国家和地区合计		72 192.004	12.49	7 089.30	12.28
出口合计		577 932.113	100.00	57 725.00	100.00

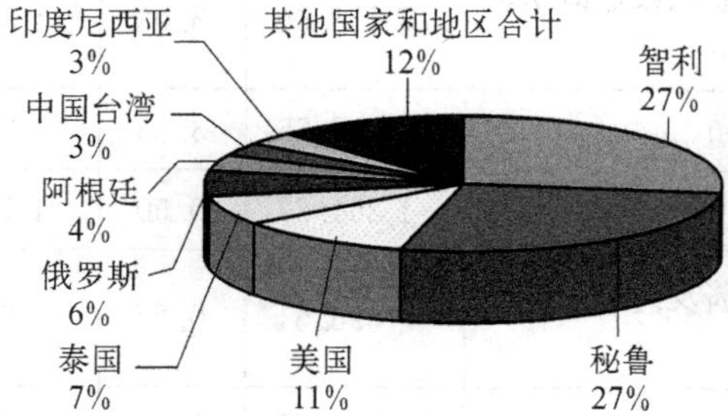

图 6-5 2008 年福建水产品主要进口地区进口额比重

资料来源:根据《福建省水产品进出口贸易统计年鉴 2008》公布数据计算所得。

(3) 福建水产品对外贸易的产品结构分析。

以出口额计算,2008 年福建省前十大出口水产品依序为制作或保鲜的(河)鳗鱼、制作或保鲜的蟹、活鳗鱼、冻黄鱼、冻干盐腌或盐渍墨鱼及鱿鱼、冻罗非鱼、冻干盐腌或盐渍墨鱼及鱿鱼、冻罗非鱼、琼脂、鲟鱼子酱及鲟鱼子酱代用品、冻鳗鱼、冻鲳鱼、制作或保藏的哈、肉、鱼、贝壳等动物的精及汁、海带、冻鲣鱼、冻干盐腌或盐渍墨鱼肝及鱼胆、鲜冷黄鱼、冻干盐腌或盐渍章鱼、制作或保鲜的斑点叉尾鮰鱼以及干鱼翅，合计占福建省水产品总出口量及出口额的 24.3%和 72.09%(见表 6-7)。

表 6-7　2008 年福建省前十大出口水产品(按出口额排列)

排名	水产品种类	出口量(吨)	比重(%)	出口额(万美元)	比重(%)
1	制作或保鲜的(河)鳗鱼	15 153.54	6.01	19 548.16	17.44
2	制作或保鲜的小虾及对虾	11 305.58	4.48	16 471.66	14.69
3	制作或保鲜的蟹	11 305.58	4.48	16 471.66	14.69
4	活鳗鱼	2 480.53	0.98	3 601.30	3.21
5	冻黄鱼	5 433.90	2.15	2 612.15	2.33
7	冻、干、盐腌或盐渍墨鱼及鱿鱼	7 716.64	3.06	1 828.75	1.63
6	冻罗非鱼	8 417.55	3.33	1 292.52	1.15
8	琼脂	1 264.27	0.50	1 125.65	1.00
9	鲟鱼子酱及鲟鱼子酱代用品	696.51	0.27	808.44	0.72
10	冻鳗鱼	854.22	0.33	769.31	0.68
11	冻鲳鱼	2 926.34	1.16	719.34	0.64
12	制作或保藏的哈	1 783.59	0.70	630.54	0.56
13	肉、鱼、贝壳等动物的精及汁	4 789.09	1.90	593.39	0.52
14	海带	2 122.17	0.84	527.40	0.47
15	冻鲣鱼	3 521.77	1.39	407.22	0.36

续　表

排名	水产品种类	出口量（吨）	比重（%）	出口额（万美元）	比重（%）
16	冻干盐腌或盐渍墨鱼肝及鱼胆	350.67	0.14	329.69	0.29
17	鲜冷黄鱼	696.93	0.28	324.28	0.28
18	冻干盐腌或盐渍章鱼	615.40	0.24	294.43	0.26
19	制作或保鲜的斑点叉尾鮰鱼	673.88	0.27	250.19	0.22
20	干鱼翅	116.47	0.05	235.49	0.21
	其他水产品合计	166 035.93	65.87	41 483.83	37.01
	出口合计	252 053.61	100.00	112 082.73	100.00

资料来源：根据《福建省水产品进出口贸易统计年鉴2008》公布数据计算所得。

从水产品进口额来看，2008年福建前十大进口水产品依序为冻、干、盐腌或盐渍墨鱼及鱿鱼、冷带鱼、生鲜冷藏鲑、冻庸鲽鱼、冻鳗鱼、冻鱼肝及鱼卵、冻角鲨及其他鲨鱼、鳗鱼苗、冻、干、盐腌或盐渍鱼肝及鱼卵以及干鱼翅合计占台湾水产品进口量及进口额的21.35%和30.77%（见表6-8）。

表6-8　2008年福建省前十大进口水产品（按进口值排列）

排名	水产品种类	出口量（吨）	比重（%）	出口额（万美元）	比重（%）
1	冻、干、盐腌或盐渍墨鱼及鱿鱼	70 612.96	12.22	4 613.67	7.99
2	冷带鱼	37 192.26	6.43	3 849.42	6.67
3	生鲜冷藏鲑	6 510.45	1.13	3 689.40	6.39
4	冻庸鲽鱼	5 104.49	0.88	2 918.41	5.05
5	冻鳗鱼	1 707.45	0.30	1 726.63	2.99

续 表

排名	水产品种类	出口量（吨）	比重（%）	出口额（万美元）	比重（%）
6	冻鱼肝及鱼卵	1 412.99	0.24	538.67	0.93
7	冻角鲨及其他鲨鱼	623.04	0.11	183.70	0.32
8	鳗鱼苗	206.26	0.04	89.86	0.16
9	冻、干、盐腌或盐渍鱼肝及鱼卵	13.02	…	84.01	0.15
10	干鱼翅	6.02	…	68.37	0.12
其他水产品合计		454 543.18	78.65	39 962.86	69.23
出口合计		577 932.12	100.00	57 725.00	100.00

资料来源：根据《福建省水产品进出口贸易统计年鉴 2008》公布数据计算所得。

6.1.2 台湾地区水产品生产与贸易发展概况

1. 台湾地区海洋渔业的发展

台湾地区四面环海，海域广阔，为渔业发展提供了优良条件。台湾地区鱼类繁多，目前已经发现命名的台湾地区本土鱼类约有 2 450 种，占世界鱼类总数的十分之一。一般主要鱼类有 300 多种，其中，鲷鱼、鲻鱼、虱目鱼、黄鱼、狗鱼、鲔鱼、鱿鱼、旗鱼、飞鱼、鲭鱼、吴郭鱼、鲨鱼、秋刀鱼等 20 多种为主要捕捞鱼类。此外还有珊瑚、石花菜、虾、蟹和各种贝类。

台湾地区海洋产业主要有海洋油气与矿业、海洋电能、船舶建造与维修、海洋运输、海洋旅游、海洋建筑、海洋金融服务、海洋科技制造业与海洋渔业，产业结构详见图 6－6。海洋渔业是台湾地区海洋产业中的一个重要领域，省、市、区渔会共计 40 个，渔会会员人数有 399 244 人，从事渔捞养殖人数较多。2008 年，台湾地区渔户数为 134 385 户，渔户人口数为 425 794 人，渔业从业人数为 351 460 人（见表 6－9）。

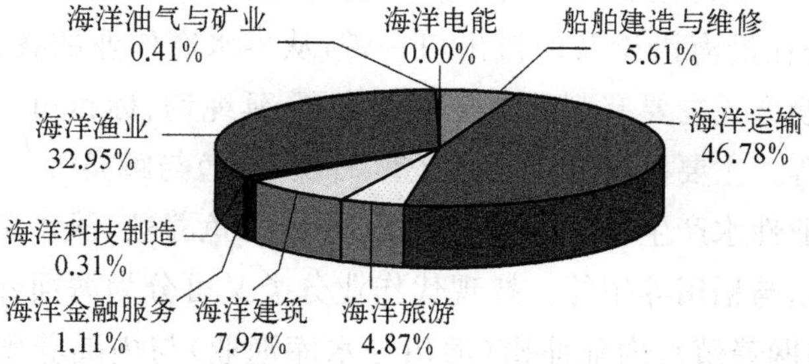

图 6-6 台湾海洋产业结构①

资料来源：根据 2009 年“中华经济研究院”关于台湾地区海洋产业范畴内容及统计方式的研究数据整理得到。

表 6-9 2008 年台湾地区渔户人口数及渔业从业人员构成 单位：户、人

项目	合计	远洋	近海	沿岸	海面养殖	内陆捕捞	内陆养殖
渔户数	134 385	5 498	28 924	62 694	5 895	3 683	27 691
渔户人口数	425 794	20 629	93 303	198 453	24 200	6 881	82 328
渔业从业人数	351 460	17 396	83 727	150 001	22 691	6 767	70 878

资料来源：台湾地区“行政院农业委员会渔业署”2008 年年报。

如图 6-7 和表 6-10 所示，台湾地区的渔业按照作业类型划分为远洋渔业、近海渔业、沿岸渔业与养殖渔业四大类。远洋渔业是指使用 50 吨级以上的动力渔船，作业区域在海洋捕捞的渔业生产，主要作业分布在太平洋中南部及印度洋、大西洋等海域，以及水深 100 米以内的大陆架；主要捕捞方式为流刺网、大型鲔钓、大型围网、双船拖网、单船拖网等；主要鱼类有鲔鱼、旗鱼、鱿鱼等。近海渔业是指使用 50 吨位级以下的动力渔船及作业区域较近的渔业生产，主要捕捞方式包括中小型拖网、刺网、鲔延绳钓、流网等，其中以中小型拖网最重要，其产

① 图中比例为 2006—2008 年各海洋产业 GDP 占整体海洋 GDP 比例的平均值。

量历年来占近海渔业产量的半数以上①。沿岸渔业主要是指使用舢板、渔筏在沿海沿岸及河流出口一带，从事水产作业的各类捕捞渔业。捕捞方式主要有刺网、定置网、旗网、延绳钓、标旗鱼、一支钓与地曳网等。主要捕捞的鱼类有旗鱼、虾类、乌鱼与鲷类等。养殖渔业泛指商业性水产生物的养殖，主要包括咸水鱼养殖、淡水鱼养殖、海埔地养殖与稻田养殖等。按现代作业分类又可分为海面养殖（浅海养殖、箱网养殖）、内陆捕捞（河川与水库渔业）与内陆养殖（咸水鱼塘、淡水鱼塘与箱网养殖）②。

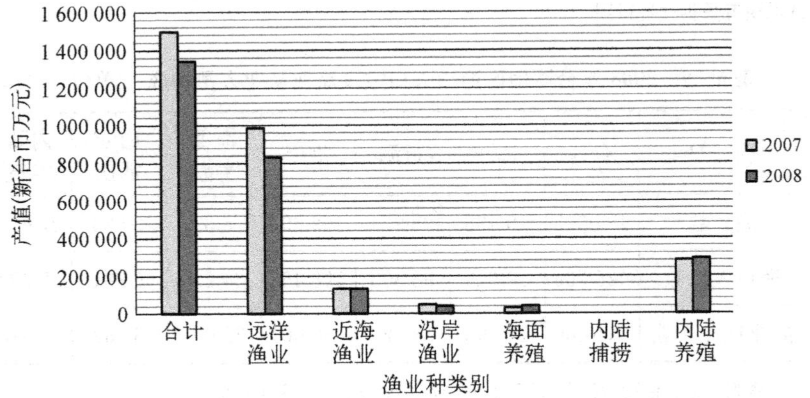

图 6-7　2008 年和 2007 年台湾地区渔业生产量比较

表 6-10　2008 年台湾主要鱼贝类生产情况

排名	鱼类别	产量(吨)	占总产量百分比
1	鱿鱼	240 315	17.88%
2	正鲣	168 853	12.56%
3	秋刀鱼	139 514	10.38%

① 台湾渔业概况[J]. 水产养殖，2011(3)：53.

② 来建强. 闽台将建亚洲最大水产品交易中心[EB/OL]. http://news.qq.com/a/20090919/001382.htm [2009/09/19].

续　表

排名	鱼类别	产量(吨)	占总产量百分比
4	吴郭鱼类	81 021	6.03%
5	黄鳍鲔	74 251	5.51%
6	鲭	56 015	4.16%
7	大目鲔	53 800	3.99%
8	文蛤	52 221	3.88%
9	虱目鱼	46 879	3.48%
10	长鳍鲔	37 569	2.79%
11	牡蛎	34 514	2.56%
12	大沙	30 386	2.26%
13	鳗鱼	21 038	1.56%
14	鲙	17 387	1.29%
15	黑皮旗鱼	16 500	1.23%

资料来源：台湾地区“行政院农业委员会渔业署”2008年年报。

2008年台湾渔业生产量共达134.39万吨，与2007年生产量149.95万吨相比减产约15.56万吨，减产比率为10.38%。渔业生产值为新台币8 895 445万元(新台币以下省略)，较2007年生产值9 496 070万元，减少600 625万元，减少比率为6.32%。主要鱼贝类生产部分，前三名分别最高为鱿鱼，产量24.03万吨，占总产量17.88%；其次为正鲣，产量16.89万吨，占总产量12.56%；第三名为秋刀鱼，产量13.95万吨，占总产量10.38%。现有渔船筏数总计为24 617艘，较2007年度减少727艘，减少比率为2.9%；渔船总吨数为69.48万吨，较2007年度减少32 593吨，减少比率为4.5%。历年台湾地区渔业生产量，如表6－11所示。

表 6－11　台湾主要年份渔业生产量　单位：吨

年份	合　计	远洋渔业	近海渔业	沿岸渔业	海面养殖	内陆捕捞	内陆养殖
1951	104 181	16 330	23 036	38 792	…	1 057	24 966
1956	193 410	43 988	60 148	45 308	6 093	1 486	36 387
1961	312 432	106 147	112 926	34 522	9 924	1 483	47 430
1966	425 277	169 260	167 718	28 615	12 313	1 173	46 198
1971	650 187	293 014	247 429	30 515	17 466	1 440	60 323
1976	810 602	325 327	314 453	32 733	30 936	2 629	104 524
1981	911 679	321 567	346 206	39 265	31 002	2 715	170 924
1986	1 094 589	463 376	306 181	56 736	28 266	2 183	237 847
1987	1 236 172	573 933	300 649	53 906	29 520	2 255	275 909
1988	1 360 868	699 266	308 114	49 090	34 617	3 424	266 357
1989	1 371 692	734 441	333 799	49 821	37 073	3 877	212 681
1990	1 455 499	766 985	292 394	48 362	36 507	3 495	307 756
1991	1 316 653	714 263	266 945	41 232	31 192	2 327	260 694
1992	1 326 979	737 638	280 513	45 399	33 958	1 781	227 690
1993	1 423 973	834 964	258 602	43 443	35 105	1 688	250 171
1994	1 255 275	683 780	242 274	39 799	33 185	1 457	254 780
1995	1 296 867	709 542	255 982	43 497	33 230	1 212	253 404
1996	1 239 634	668 979	256 655	41 032	34 889	444	237 635
1997	1 307 008	748 256	247 575	40 576	31 354	412	238 835
1998	1 348 152	839 190	209 721	43 609	26 033	467	229 132
1999	1 363 867	854 667	205 640	39 911	24 035	580	239 034

续 表

年份	合 计	远洋渔业	近海渔业	沿岸渔业	海面养殖	内陆捕捞	内陆养殖
2000	1 357 351	886 859	169 520	44 016	28 282	557	228 117
2001	1 316 904	795 622	158 969	48 923	26 763	609	286 018
2002	1 405 092	823 534	185 030	49 251	28 729	608	317 939
2003	1 498 983	877 663	192 681	63 430	34 386	475	330 348
2004	1 258 009	677 703	196 820	56 070	28 094	255	299 066
2005	1 312 852	752 118	200 730	52 779	34 746	207	272 270
2006	1 282 279	757 896	154 015	54 226	34 411	155	281 575
2007	1 498 198	984 510	134 619	54 110	34 888	241	289 829
2008	1 345 682	834 772	132 580	47 425	37 765	203	292 937

资料来源：根据台湾地区“行政院农业委员会渔业署”2008年年报计算整理。

据统计台湾地区渔港数量有231处，其中台湾地区本岛有147处（占63.6%），而澎湖、绿岛及金、马等离岛84处（占36.4%）。依据台湾地区新修订（2000年）的有关渔港的规定，台湾地区渔港共分为两类：第一类渔港由台湾当局主管机关管理，第二类渔港由直辖市、县（市）主管机关管理（见表6－12、表6－13）。

表6－12 台湾地区渔港类别及名称一览表

区	县市	渔港		数量（个）
		第一类	第二类	
北	宜兰县	南方澳	乌石、大溪第一、大溪第二、梗枋、石城、大里、粉鸟林、南澳、桶盘堀、蕃薯寮	11
区	基隆市	正滨 八斗子	外木山、大武仑、望海巷、长潭里	6

续 表

区	县市	渔港		数量（个）
		第一类	第二类	
北区	台北县		磺港、万里、富基、淡水第二、澳底、鼻头、东澳、马岗、福隆、龙洞、龟吼、和美、石门、美艳山、水湳洞、南雅、卯澳、水尾、深澳、野柳、草里、麟山鼻、中角、淡水第一、六块厝、下罟子、后厝、老梅、龙门、澳仔	30
	桃园县		竹围、永安	2
	新竹市	新竹	海山	2
	新竹县		坡头	1
中区	苗栗县		公司寮、外埔、苑里、龙凤、通霄、苑港、青草、塭仔头、福宁、南港、白沙屯、新埔	12
	台中县	梧栖	五甲、松柏、北汕、塭寮、丽水	6
	彰化县		王功、仑尾湾	2
	云林县		台子村、金湖、箔子寮、三条仑、台西、五条港	6
南区	嘉义县		布袋、东石、副濑、好美里、下庄、网寮、塭港、鳌鼓、白水湖	9
	台南市		四草·安平	2
	台南县	将军	马沙沟、青山、北门、下山、蚵寮	6
	高雄市	前镇	鼓山、中洲、旗后、上竹里、小港、大汕头、小港临海新村、小港第十、旗津、凤鼻头	11
	高雄县		兴达、中芸、永新、汕尾、蚵子寮、弥陀、港埔、白砂仑	8
	屏东县	东港 盐埔	后壁湖、兴海、山海、旭海、中山、琉球新、水利村、枋寮、海口、小琉球、天福、塭丰、枫港、射寮、后湾、万里桐、红柴坑、潭仔、香蕉湾、鼻头、南仁、大福、杉福、渔福	25

续　表

区	县市	渔　港		数量（个）
		第一类	第　二　类	
南区	澎湖县		马公、龙门、赤崁、赤马、风柜东、时里、菜园、锁港、尖山、沙港东、合界、大池、竹湾、内堰北、内堰南、外堰、西卫、风柜西、果叶、沙港中、白坑、南北寮、山水、前寮、重光、沙港西、港子、通梁、后寮、横礁、潭门、七美、虎井、桶盘、石泉、吉贝、鸟屿、员贝、将军南、将军北、鸟崁、案山、铁线、五德、井堰、安宅、青螺、中西、成功、西溪、红罗、瓦硐、城前、讲美、镇海、岐头、小门、池西、大果叶、二崁、水堰、潭子、大仓、东吉、东屿坪、花屿、中社	67
东区	花莲县		花莲、石梯、盐寮	3
	台东县		伽蓝、大武、小港、新港、金樽、绿岛、长滨、乌石鼻、新兰、公馆、温泉、中寮、朗岛、开元港	14
金门县			新湖、罗厝、复国墩	3
连江县			福澳、白沙、青蕃、猛澳、中柱	5
总　计		8个	223个	231

资料来源：台湾地区“行政院农业委员会渔业署”统计。

表6－13　2005年台湾地区鱼货批发市场等级区分表

市场等级	生　产　地　市　场	处	消费地市场	处
特等	高雄、苏澳	2		
一等	东港、王功七分场	2	台北、台中	2
二等	七股、头城、澎湖（马公）、金山	4	嘉义、埔心、彰化	3
三等	基隆、兴达港、林园、新港	4	三重、新竹、桃园、斗南、苗栗	5
四等	梓官（蚵子寮）、小港、北门、花莲、贡寮（澳底）	5	冈山、新营、佳里	3

续　表

市场等级	生产地市场	处	消费地市场	处
五等	将军港、万里、青山港、东石、台南、恒春、台中港、永安、淡水、弥陀(南寮)、台东、布袋、通苑、中坜(永安港)、南龙、枋寮、桃园(竹围)、绿岛、林边(共同运销)、云林(箔子寮)	20	埔里、竹山(1994年底停业)	2
合计	37	15		

资料来源：台湾地区"行政院农业委员会渔业署"年报(2005)。

2. 台湾地区水产品对外贸易

(1) 台湾地区水产品对外贸易的发展规模。

依据台湾地区海关进出口贸易统计，2008年台湾地区水产品进出口贸易额和进出口量均比2007年有所增长。2008年，台湾地区水产品进出口总额为230 863.13万美元，比2007年增长44 805.27万美元，增幅为24.08%。其中出口额为150 734.03万美元，比2007年增加28 763.42万美元(年增23.58%)，出口量为65 958.91吨；进口额为80 129.10万美元，比2007年增加16 041.85万美元(年增25.03%)，进口量为39 803.90吨，是近11年来的最高水平。2008年实现水产品贸易顺差70 604.93万美元，比2007年增加12 721.57万美元(年增21.98%)，是连续三年减少后的反弹(见表6-14、表6-15、表6-16)。

表6-14　台湾地区水产品进出口情况

年份	进口情况		出口情况		进出口贸易总额(万美元)	贸易顺差(万美元)
	进口量(万吨)	进口额(万美元)	出口量(万吨)	出口额(万美元)		
1998	299 051.44	54 175.49	471 424.57	109 201.45	163 376.94	55 025.96
1999	437 255.25	59 594.58	411 957.97	102 255.52	161 850.10	42 660.94
2000	456 214.36	59 617.68	479 442.81	121 113.23	180 730.91	61 495.55

续　表

年份	进口情况		出口情况		进出口贸易总额（万美元）	贸易顺差（万美元）
	进口量（万吨）	进口额（万美元）	出口量（万吨）	出口额（万美元）		
2001	424 203.26	50 268.31	510 736.14	114 273.67	164 514.98	64 005.36
2002	388 803.76	50 074.78	580 032.04	122 576.29	172 651.07	72 501.51
2003	377 482.89	49 603.03	570 712.45	131 597.72	181 200.75	81 994.69
2004	386 560.68	52 606.27	558 292.98	153 594.64	206 200.91	100 988.37
2005	381 406.82	56 730.75	625 679.29	154 209.16	210 929.91	97 478.41
2006	344 623.05	59 333.19	616 250.87	122 531.12	181 864.31	63 197.93
2007	319 542.20	64 087.25	653 604.33	121 970.61	186 057.86	57 883.36
2008	398 039.02	80 129.10	659 589.13	150 734.03	230 863.13	70 604.93

资料来源：根据台湾地区“行政院农业委员会渔业署”2008年年报计算整理。

表6-15　台湾地区水产品出口贸易及其变化

项　目	出口量（吨）			出口额（万美元）		
	2008年	2007年	增长率	2008年	2007年	增长率
水产品合计	659 548	653 604	0.9%	1 507 274	121 970.6	23.6%
鱼及其制品	578 964	556 098	4.1%	1 362 604	108 956.6	25.1%
甲壳动物及其制品	1 453	1 263	15.0%	20 637	1 554.2	32.8%
软体动物及其制品	75 453	92 536	−18.5%	99 568	9 073.1	9.7%
其他	3 678	3 707	−0.8%	24 465	2 386.7	2.5%

资料来源：根据台湾地区“行政院农业委员会渔业署”2008年年报计算整理。

表6-16 台湾地区水产品进口贸易及其变化

项　目	出口量(吨)			出口额（万美元）		
	2008年	2007年	增长率	2008年	2007年	增长率
水产品合计	398 039	319 542	24.6%	80 083.2	640 873	25.0 %
鱼及其制品	120 732	81 837	47.5%	25 877.0	196 210	31.9%
甲壳动物及其制品	44 739	22 923	95.2%	20 585.2	134 017	53.6%
软体动物及其制品	36 877	19 718	87.0%	11 267.6	85 410	31.9%
鱼饲料、水产品饲料	138 526	140 260	−1.2%	13 120.5	141 711	−7.4%
其他	57 165	54 803	4.3%	932.9	83 524	10.5%

资料来源：根据台湾地区"行政院农业委员会渔业署"2008年年报计算整理。

(2) 台湾地区水产品对外贸易的地理方向。

以出口额计算，2008年台湾水产品主要出口国家和地区前十名依序为日本、泰国、美国、菲律宾、韩国、中国大陆、中国香港、澳大利亚、帛琉群岛及越南，这十个国家和地区合计占台湾地区水产品总出口量和出口额值的73.7%及82.57%，其中对日本的出口额达54.97万美元，占台湾地区水产品出口总值的36.47%(见表6-17、图6-8)。与2007年比较，日本依旧是独占鳌头，但比重已由2007年的41.76%降至36.47%；泰国超越美国成为第二位，菲律宾从第九位跃升至第四位，新加坡退出前十名，帛琉群岛则挤进前十名；对菲律宾出口额由2007年的2 023.06万美元激增至5 905.52万美元，几乎达2007年的两倍。

表 6-17　2008 年台湾地区水产品主要出口地区(按出口额排列)

排名	国家和地区	出口量(吨)	比重(%)	出口额(万美元)	比重(%)
1	日本	90 163.41	13.67	54 968.70	36.47
2	泰国	194 447.25	29.48	27 103.33	17.98
3	美国	55 576.11	8.43	15 673.54	10.40
4	菲律宾	35 665.16	5.41	5 905.52	3.92
5	韩国	32 289.73	4.90	5 157.37	3.42
6	中国大陆	36 866.81	5.59	4 636.58	3.08
7	香港	9 577.15	1.45	4 439.63	2.95
8	澳大利亚	6 961.03	1.06	2 414.00	1.60
9	帛琉群岛	1 998.22	0.30	2 097.58	1.39
10	越南	22 600.13	3.43	2 066.040	1.37
其他国家和地区合计		173 444.13	26.30	26 271.74	17.43
出口合计		659 589.13	100.00	150 734.03	100.00

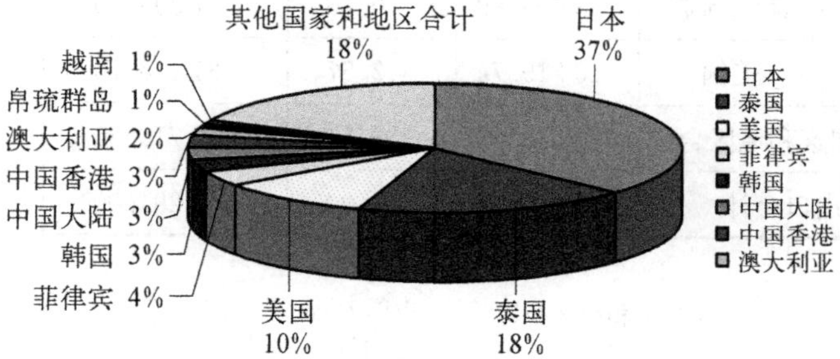

图 6-8　2008 年台湾地区水产品主要出口地区

按进口额排序，2008 年台湾地区水产品主要进口国家和地区前十名依序为中国大陆、越南、秘鲁、泰国、日本、智利、印度尼西亚、挪威、澳大利亚和美国，这十个国家合计占台湾地区水产品进口量及进口额的 66.86%及 70.21%(见表 6-18、图 6-9)。与 2007 年比较，进入前十名的国家不变，只是排名有所不同。中国大陆继续位居榜首；越南由第八位跃升至第二位，进口额由2007年的3 689.67万美元增长至9 017.29万美元，约增加1.5倍；泰国由第六位上升至第四位，智利由第二位滑落至第六位，挪威由第四位降至第八位。

表6－18　2008年台湾地区水产品主要进口地区(按进口值排列)

排名	国家和地区	进口量(吨)	比重(%)	进口值(万美元)	比重(%)
1	中国大陆	55 354.74	13.91	104 672.70	13.06
2	越南	53 205.58	13.37	90 172.90	11.25
3	秘鲁	48 584.89	12.21	55 812.30	6.97
4	泰国	26 848.53	6.75	54 308.80	6.78
5	日本	11 789.83	2.96	52 020.10	5.49
6	智利	25 377.45	6.38	46 393.60	5.79
7	印度尼西亚	22 261.97	5.59	45 242.90	5.65
8	挪威	9 461.77	2.38	44 980.80	5.61
9	澳大利亚	3 005.89	0.76	37 809.40	4.72
10	美国	10 219.74	2.57	31 158.70	3.89
其他国家和地区合计		131 928.63	33.14	238 718.80	29.79
出口合计		398 039.02	100.00	801 291.00	100.00

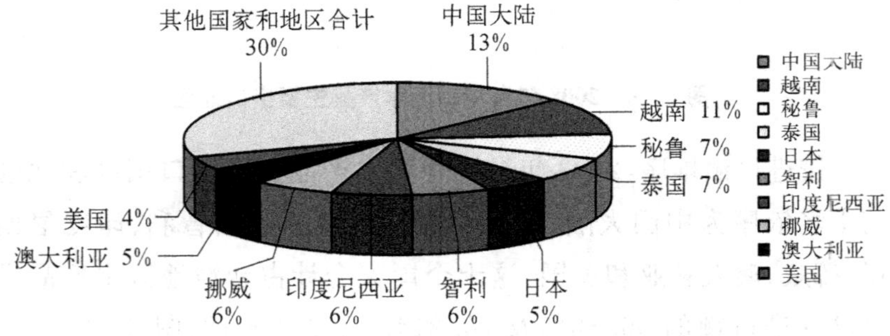

图6－9　2008年台湾地区水产品主要进口地区

(3) 台湾地区水产品对外贸易的产品结构分析。

以出口额计算,2008年台湾地区前二十大出口水产品依序为冷冻鲔、冷冻鲣、生鲜冷藏鲔、活鳗、冷冻吴郭鱼、冷冻鱿、调制鳗、冷冻秋刀鱼、冷冻旗鱼、冷冻鲭、冷冻鲨、虱目鱼、活石斑鱼、冷冻鲹、调制鱿、鲍罐、活九孔、冷冻鲈、活观赏用鱼及鱼油脂,合计占台湾地区水产品总出口量及出口额的93.66%和87.39%(见表6-19)。与2007年相比,冷冻鲔仍居首位,出口额从2007年的39 218.27万美元增至46 805.18万美元,占30%以上;生鲜冷冻鲔由第十二位升至第三位,出口额从2007年的683.75万美元大幅增长至10 377.71万美元;活鳗出口量由2007年的13 439.86吨腰斩至6 760.03吨,其出口额的降幅相对较小,由2007年的11 960.32万美元降至9 784.58万美元;冷冻鱿出口量由2007年的89 618.15吨降至71 773.44吨;冷冻秋刀鱼出口量由2007年的47 637.59吨增至67 525.01吨;活石斑鱼、冷冻鲹及鱼油脂挤进前二十,排名分别为第十三、第十四及第二十;鳗鱼苗及鱼卵、干制海参及干制鱿则跌出前二十位。

表6-19 2008年台湾地区前二十大出口水产品(按出口额排列)

排名	水产品种类	出口量(吨)	比重(%)	出口额(万美元)	比重(%)
1	冷冻鲔	125 269.05	18.99	46 805.18	31.05
2	冷冻鲣	208 102.13	31.55	26 051.79	17.28
3	生鲜冷藏鲔	13 377.11	2.03	10 377.71	6.88
4	活鳗	6 760.03	1.02	9 784.58	6.49
5	冷冻吴郭鱼	36 543.93	5.54	8 621.68	5.72
6	冷冻鱿	71 773.44	10.88	7 538.27	5.00
7	调制鳗	2 428.72	0.37	4 372.46	2.90
8	冷冻秋刀鱼	67 525.01	10.24	3 419.21	2.33
9	冷冻旗鱼	12 145.26	1.84	3 287.51	2.18
10	冷冻鲭	28 347.59	4.30	2 865.22	1.90

续 表

排名	水产品种类	出口量(吨)	比重(%)	出口额(万美元)	比重(%)
11	冷冻鲨	20 239.39	3.07	2 289.52	1.52
12	虱目鱼	9 170.61	1.39	1 848.85	1.23
13	活石斑鱼	1 834.50	0.28	1 110.99	0.74
14	冷冻鲹	11 068.78	1.68	899.00	0.60
15	调制鱿	1 445.29	0.22	701.61	0.47
16	鲍罐	113.50	0.02	416.93	0.28
17	活九孔	231.28	0.04	344.55	0.23
18	冷冻鲈	1 078.25	0.16	333.54	0.22
19	活观赏用鱼	215.52	0.03	319.55	0.21
20	鱼油脂	125.99	0.02	232.70	0.15
其他水产品合计		41 793.74	6.34	19 013.18	12.61
出口合计		659 589.12	100.00	150 734.03	100.00

从水产品进口额来看，2008 年台湾地区前二十大进口水产品依序为饲料用鱼粉、冷冻虾仁、生鲜冷藏鲑、冷冻草虾、鱼油脂、冷冻岩龙虾、冷冻大比目鱼、活鳟、冷冻蟹、活岩龙虾、冷冻鱿、冷冻海扇贝、冷冻鳟、鲍罐、冷冻鲑、南美贝罐、干海参、鲔罐、冷冻墨鱼及冷冻鲭，合计占台湾地区水产品进口量及进口额的 73.76%和 60.09%(见表 6-20)。与 2007 年相比，进入前十八位的水产品相同，但顺序有所改变。饲料用鱼粉仍居首位，进口额由 2007 年的 14 171.1 万美元降至 13 120.86 万美元，占总进口额的比率也由 2007 年的 23.89%降至 16.37%，是唯一超过 10%的进口产品；冷冻虾仁排名由第十四位跃升至第二位，进口量由 1996 年的 1 926.25 吨暴增至 12 676.97 吨；生鲜冷藏鲑排名后退一位至第三位；冷冻草虾由第十五位上升至第四位，进口量由 2007 年的 1 253.26 吨增至 4 254.94 吨；冷冻大比目鱼进口量由 2007 年的 3 122.28 吨增至 6 553.06 吨，增幅超过一

倍;冷冻南美贝及干海扇贝则跌出前二十名。

表 6－20　2008 年台湾地区前二十大进口水产品(按进口值排列)

排名	水产品种类	进口量(吨)	比重(%)	进口额(万美元)	比重(%)
1	饲料用鱼粉	138 526.00	34.80	13 120.86	16.37
2	冷冻虾仁	12 676.97	3.18	4 138.40	5.16
3	生鲜冷藏鲑	5 104.49	1.26	3 849.42	4.80
4	冷冻草虾	4 254.94	1.07	2 487.95	3.10
5	鱼油脂	24 973.82	6.27	2 468.19	3.08
6	冷冻岩龙虾	1 503.50	0.38	2 394.44	2.99
7	冷冻大比目鱼	6 553.06	1.65	2 108.12	2.63
8	活蟳	4 197.80	1.05	2 097.66	2.62
9	冷冻蟹	5 228.81	1.31	1 854.56	2.31
10	活岩龙虾	747.22	0.19	1 725.62	2.15
11	冷冻鱿	10 873.93	2.73	1 634.51	2.04
12	冷冻海扇贝	3 215.30	0.81	1 350.94	1.69
13	冷冻鳟	3 656.20	0.92	1 187.90	1.48
14	鲍罐	137.47	0.03	1 006.09	1.26
15	冷冻鲑	3 145.71	0.79	976.09	1.22
16	南美贝罐	916.49	0.23	90.79	1.13
17	干海参	456.72	0.11	723.59	0.90
18	鲔罐	1 078.25	0.16	333.54	0.22
19	冷冻墨鱼	5 388.97	1.35	571.40	0.71
20	冷冻鲭	5 127.42	1.29	515.89	0.64
其他水产品合计		158 863.84	26.24	34 286.17	39.91
出口合计		398 039.01	100.00	80 129.10	100.00

6.2 闽台水产品贸易互补性分析

基于以上对闽台水产品生产和贸易发展状况的准确把握，着眼于闽台水产品冷链物流中心之区位选择的合理规划和科学决策，方案拟定的重要性和紧迫性分析，有赖于对闽台水产品贸易间互补性的深层次分析。

自古以来，一水相隔的福建与台湾地区渔民，一同在台湾海峡撒网捕鱼，“舟楫相见，渔歌相闻”，互传技艺，危难相助，结下了深厚的情谊。自1979年两岸恢复经贸往来，闽台水产品贸易取得长足进展，闽台渔业交往历史悠久，合作基础深厚，合作前景广阔。

福建地处中国东南沿海，气候温和、雨量充沛、河流纵横交错、水库星罗棋布、海域辽阔、水质优良为发展渔业的养殖、捕捞、加工奠定了得天独厚的条件；台湾海峡的水上走廊成了五大洲、四大洋的水产贸易大通道。近几年，福建与台湾之间水产品不断加强，福建对台湾水产品贸易由过去小额贸易为主转向一般大宗贸易。2008年，福建全省水产品总产量554.2万吨，经济总产值1 147亿元人民币，约占全世界水产品产量的5.5%①，台湾渔业总产量134.1万吨，价值92 057 910新台币千元②。据福建海关统计，2008年，闽台水产品进出口额达11 491.39万美元，同比增长93.33%；2009年上半年，闽台水产品进出口额达9 759万美元，同比增长130.22%；出口产量1.5万吨，同比增长50.9%。

截至2009年年底，先后有500多家涉渔台资企业进入福建投资，合同利用台资达8.17亿美元；福州、漳州的闽台水产良种繁育示范基地先后从台湾引进35个优良品种，部分品种发展成为福建水产养殖的当家品种；福建在东山、霞浦、连江等地规划建设两岸水产品

① 福建省海洋与渔业厅.福建省渔业统计年鉴(2008)[M].2008.

② 台湾“行政院农委会渔业署”.台湾渔业统计年报(2008)[M].2008.

加工集散基地并积极探索建立台湾海峡渔业合作机制，将为闽台建设亚洲最大水产品交易中心奠定坚实基础(来建强，2009)。

6.2.1 研究方法与资料来源

关于贸易互补性的研究，近年来得到部分学者的关注。蒋颖(2008)运用显性比较优势指数、相对显性优势指数和出口相似度指数分别从比较优势、相对比较优势、结构竞争角度对闽台农产品贸易互补性进行剖析。徐春祥，李梨梨(2010)利用贸易互补指数和产业内贸易指数，从进出口结构和产业内贸易两个视角分析中韩水产品贸易的互补关系，发现中韩水产品贸易总体上呈现较强的互补性。林冰，刘春艳(2009)从比较优势指数、贸易互补指数及贸易强度指数三个不同视角进行分析发现，中日农产品贸易互补性较强并呈上升趋势，其中竞争力提升效应使中国对日本农产品出口的扩大贡献最大。何好俊，祝树金(2009)运用以进出口数据为基础的产业国际竞争力评价指标体系对中澳产业国际竞争力进行了评价，结合评价结果，利用修正后的贸易互补指数计算公式计测了中澳两国之间各产业以及综合贸易互补程度。魏浩(2009)利用 1992—2006 年的统计数据，运用显性比较优势指数、贸易强度指数和贸易互补性指数，对中国和巴西双边贸易进行了研究。徐妍(2009)利用贸易强度指数、显示性比较优(劣)势指数和贸易互补性指数等分析工具，说明了中国新疆维吾尔自治区与俄罗斯之间贸易联系的紧密程度和贸易互补性的强弱程度。闫逢柱等(2009)利用联合国统计司的贸易统计数据，首先运用狭义和广义的贸易结合度从进口和出口两个角度测度了中美高新技术产品贸易的互补程度，然后运用贸易特化指数和附加显示性比较优势指数对互补类型和互补动因进行了进一步分析。综上，国内诸多学者对贸易互补性应用不同的指数对不同的区域的不同产品进行了实证研究，本书选取福建和台湾的水产品贸易进行实证研究，并综合各学者的研究方法，首先应用显示性比较优势指数和贸易互补性指数对闽台的水产品贸易是否具有互补性进行研究，在具有互补性的前提下，应用产业内贸易指数对闽台水产品分类进行贸易程度及贸易互补性的分析。

1. 显示性比较优势指数

显示性比较优势指数(revealed comparative advantage index，简称 RCA 指数)是由美国经济学家巴拉萨(Balassa)于1965年提出的，用公式表示为：

$$RCA_{ij} = (X_{ij}/X_{tj})/(X_{iw}/X_{tw}) \quad (6-1)$$

其中，X_{ij}表示国家j出口产品i的出口值，X_{tj}表示国家j的总出口值；X_{iw}表示世界出口产品i的出口值，X_{tw}表示世界总出口值。

RCA_{ij}指数测算的目的是定量地描述一个国家内各个产业(产品组)相对出口的表现，判定一国的产业出口竞争力，从而揭示一国在国际贸易中的比较优势。为了更好地比较两个地区之间水产品的比较优势，笔者对RCA_{ij}引入相对显性优势指数 CRA，用公式表示为：

$$CRA^j_{ft} = |\log(RCA^j_f/RCA^j_t)| \quad (6-2)$$

CRA^j_{ft}表示福建对台湾在类产品上的相对显性优势指数，RCA^j_f和RCA^j_t分别表示福建及台湾j类产品的显性比较优势指数。当$CRA^j_{ft}=0$时，表明j类产品在闽台的比较优势相同，该产品没有贸易互补性，CRA^j_{ft}值越大，表明j类产品在福建相对台湾的比较优势明显，该类产品的闽台贸易互补性越强。

2. 贸易互补性指数

贸易互补(trade complementarity，简称 TC)性指数是衡量出口国的出口结构与目标国市场进口结构吻合程度的常用指数之一，其单类产品贸易互补性指数的计算公式如下：

$$TC_{ij} = RXS^k_i \times RMS^k_j \quad (6-3)$$

其中，
$$RXS^k_i = (X^k_i/X_i)/(W^k_x/W_x) \quad (6-4)$$

$$RMS^k_j = (M^k_j/M_j)/(W^k_m/W_m) \quad (6-5)$$

式中，X_i^k 为福建水产品的出口额，X_i 为福建的出口总额；W_x^k 为世界水产品的出口总额，W_x 为世界的出口总额；M_j^k为台湾水产品的进口额，M_j 为台湾进口总额；W_m^k 为世界水产品的进口额，W_m 是世界进口总额。RXS_i^k 表示福建的出口显示性比较优势，RMS_j^k 表示台湾的产品进口比较劣势。如果 RXS_i^k 越大表示福建在水产品上的比较优势越明显，RMS_j^k 越大表示台湾的产品进口比较劣势越明显。若福建在水产品上的比较优势明显，而台湾在水产品上的比较劣势明显，则两个地区在水产品上具有贸易互补关系。当 $TC>1$ 时，说明两地区的贸易互补性强，且 TC 值越大，互补性越强；当 $TC<1$ 时，说明两地区的贸易互补性弱，且 TC 越小互补性越不明显。

3. 产业内贸易指数

产业内贸易指数是用来测度一个产业的产业内贸易程度的指数，其计算公式为：

$$T=1-|X-M|/(X+M) \qquad (6-6)$$

式中：T 表示闽台水产品的产业内贸易指数，X 为福建对台湾某类水产品的出口额，M 为福建对台湾某类水产品的进口额，T 的取值范围为 0—1 之间，T 越接近 0，说明闽台在该类水产品的产业内贸易程度越低，即闽台在该类水产品的贸易互补性越高；T 越接近 1 说明闽台在该类水产品产业内贸易程度越高，即闽台在该类水产品的贸易互补性越低。

4. 资料来源

本部分采用的资料来源为：福建水产品进出口额、福建与台湾水产品进出口分类及各类别总额来自福建省海洋鱼渔业厅编制的《福建省水产品进口贸易统计年鉴 2008》；福建货物进出口总额来自《福建统计年鉴 2009》；台湾货物进出口总额来自《台湾统计年鉴 2009》；台湾水产品进出口额来自台湾“行政院农委会渔业署”出版的《台湾渔业统计年报 2008》；世界水产品进出口总额来自联合国国际贸易中心(ITC)贸易数据库;世界货物进出口总额来自世界贸易组织数据库(WTO Database)。得到的原始数据经过单位统一为百万美元后并四舍五入保留小数点后两位得到数据,如表 6－21 所示。

表 6－21 闽台水产品贸易互补性研究所使用数据 单位:百万美元

2008 年	金　额	2008 年	金　额
福建水产品出口额	1 120.83	福建货物出口额	56 991.84
台湾水产品出口额	150 734.00	台湾货物出口额	255 629.20
福建水产品进口额	577.25	福建货物进口额	27 829.10
台湾水产品进口额	801.29	台湾货物进口额	240 447.80
世界水产品进口总额	99 018.51	世界水产品出口总额	89 037.31
世界货物出口总额	16 070 000.00	世界货物进口总额	16 422 000.00
福建出口台湾(编号 03)	29.79	福建从台湾进口(编号 03)	16.92
福建出口台湾(编号 12)	0.53	福建从台湾进口(编号 12)	0.02
福建出口台湾(编号 13)	0.91	福建从台湾进口(编号 13)	0.000 015
福建出口台湾(编号 16)	64.19	福建从台湾进口(编号 16)	0.71
福建出口台湾(编号 23)	1.78	福建从台湾进口(编号 23)	0

6.2.2 测算结果与分析

1. 显示性比较优势指数下闽台水产品贸易互补性分析

根据公式(6－1)分别计算福建及台湾的 RCA 值,根据公式(6－2)计算闽台相对显示性优势指数,得到计算结果如表 6－22 所示。

表 6－22 闽台相对显示性优势指数

RCA 福建(出口)	3.549 530 517
RCA 台湾(出口)	1.064 252 329
CRA＝log(3.549 530 517/1.064 252 329)	1.204 542 832

从显示性比较优势指数分析，相对而言，福建的 RCA 接近 3.55，台湾的 RCA 为 1.06，福建在水产品贸易上的相对显性优势比台湾更强，福建相对台湾的比较优势明显，从 CRA 来看，闽台的水产品贸易互补性强。

2. 贸易互补性指数下闽台水产品贸易互补性分析

根据公式(6－4)计算福建 RXS，根据公式(6－5)计算台湾 RMS，根据公式(6－3)计算闽台贸易互补性指数 TC，得到计算结果如表 6－23 所示。

表 6－23 闽台贸易互补性指数 TC

RXS 福建	3.549 530 517
RMS 台湾	0.552 686 143
TC	1.961 776 330

从闽台贸易互补性指数分析，福建的 RXS 为 3.55，表示福建的出口显示性比较优势较明显，台湾的 RMS 为 0.55，表示台湾的水产品进口的比较劣势明显，说明闽台在水产品上具有贸易互补关系。TC≈1.96＞1，说明闽台水产品贸易互补性较强。

3. 产业内贸易指数下闽台水产品贸易互补性分析

根据《福建省水产品进口贸易统计年鉴 2008》福建省水产品进出口前八位国别分商品量值表中，从台湾地区进出口商品编码中共有 03、12、13、16、23 五类，因此，从此五类闽台水产品贸易数据分析闽台水产品贸易的互补性，根据公式(6－6)分别计算各类别水产品的产业内贸易指数，得到计算结果，如表 6－24 所示。

表 6-24　闽台水产品贸易的互补性

水产品编号	产业内贸易指数值
T(03)	0.724 440 873
T(12)	0.059 154 284
T(13)	0.000 033 116
T(16)	0.021 955 706
T(23)	0

数据表明，闽台在编号为 03 的水产品产业内贸易程度较高，在该类水产品的贸易互补性较低；编号为 23、13 的水产品产业内贸易程度为零或接近零，闽台在该类水产品上的贸易互补性最高；编号为 12、16 的闽台水产品产业内贸易程度较低，闽台在该类水产品上的贸易互补性较高。

根据产业内贸易指数进行分析，闽台在编号为 03 的水产品产业内贸易指数为 0.724 440 873，是纳入本分析的五种编号中最接近 1 的水产品，说明闽台编号为 03 的水产品产业内贸易程度较高，贸易互补性较低。但是，对编号为 03 的闽台进出口水产品进行进一步统计、分析得到如下结论。

（1）进出口水产品种类并不相同。虽从大的类别上细分为 0301（活鱼）、0302（鲜、冷鱼）、0303（冻鱼）、0304（冻鱼片、鱼肉）、0305（干鱼）、0306（冻虾、蟹等带壳动物）、0307（其他）七种，但具体而言，福建与台湾互相输送的鱼种并不相同，如编号为 0302 的福建出口台湾的是鲜、冷带鱼、黄鱼、鲳鱼，未列名鲜、冷鱼，而福建从台湾进口的只有未列名鲜、冷鱼。

（2）闽台各有特色鱼种，形成互补。在福建与台湾的水产品贸易中，福建省主要向台湾出口带鱼、黄鱼、鲳鱼、沙丁鱼、鲱鱼、鲳鱼及龙虾，台湾主要向福建出口庸鲽鱼、鲣鱼、鲭鱼及对虾。

（3）鲜鱼量少、冻鱼量多。在闽台的水产品贸易中，最明显的特征是活体贸易少，而冻鱼、冷鱼及干、熏、盐腌或盐渍水产品居多。两岸在活体运输方面还有所欠缺。

6.2.3 促进闽台水产品贸易发展的因素分析

1. 两岸“三通”的实现

2008 年 12 月 15 日台湾的基隆(含台北)、高雄(含安平)、台中、花莲、麦寮、布袋、金门料罗、水头、马祖福澳、白沙、澎湖马公 11 个港口,与大陆的 48 个海港(含福建省的福州、松下、宁德、泉州、肖厝、秀屿、漳州、厦门 8 个海港),15 个河港直接通航。自两岸“三通”实现后,闽台食品往来贸易额快速增长,水产品分别占进出口涉台食品货值的七成和八成以上。同时,随着两岸“三通”的进一步扩大和国家商务部公布对原产台湾地区的鲳鱼、鲭鱼、带鱼、比目鱼、鲱鱼、鲈鱼、虾、贻贝共 8 种水产品实施进口零关税后,福建对台水产品贸易由过去小额贸易为主转向一般大宗贸易,且增长快速。据海关统计,2009 年上半年,闽台水产品进出口额达 9 759 万美元,台湾成为福建省第三大水产品出口目的地①。

2. 闽台水产品质量安全检疫检验机构的交流

为促进闽台之间经贸交流,双方在水产品质量安全检验检疫方面实施便捷有效的检验检疫监管措施并简化监管程序。例如,东山港便对 2009 年以来第一艘登陆的台湾自捕渔船的检验检疫过程做到“三个立即”:台湾自捕渔船一靠岸立即卸往进口水产品专用仓库;一线人员立即实施现场检验检疫;检验检疫合格立即放行。闽东口岸部门通过设立专门窗口、提供预约服务、优先接受申报等措施,方便通关,并在风险分析的基础上,对风险较低的产品实施现场检验检疫,合格后实现快速验放。2009 年 9 月,福建省出入境检验检疫协会与台湾“两岸安全水产委员会”共同签署了《闽台水产品质量安全信息交流备忘录》,为增进双方水产品行业间的相互了解及推动水产品贸易的健康发展意义重大。

---

① 彭丽霞.我国冷链物流发展现状及对策研究[D].河北工程大学,2011.

3. 闽台渔业界的多元化合作

早在1997年，福建省便先后组织了“海洋科技经贸考察团”“发明协会考察团”等多个团组赴台进行交流考察，并与台渔业界和企(实)业界签订多项合作协议，为两岸水产品贸易打下了基础。至2010年，海峡渔业周暨海峡渔业博览会开展了五届，取得了丰硕的成果。在2010年的海峡渔业周推介会上，福建省水产加工流通协会与台湾区冷冻食品工业同业公会还签订了关于紧密合作促进水产品加工产业发展的协议书，这更为今后的闽台水产品贸易推波助澜。

4. ECFA的签署

海峡两岸经济合作框架协议(英文为Economic Cooperation Framework Agreement，简称ECFA)，2010年1月26日，ECFA第一次两会专家工作商谈在北京举行；2010年6月29日，两岸两会领导人签订合作协议；2010年8月17日，台湾“有关当局”通过《海峡两岸经济合作框架协议》。在ECFA大陆方面早期收获产品清单中，将编号为03的四类产品(其他活鱼、其他鲜、冷鱼、其他未列名冻鱼、其他冻鱼片)列入，根据大陆的早期收获产品降税安排，这四类水产品将在2012年实现零关税(四类产品2009年关税分别为10.5%、12%、10%、10%)。

伴随两岸“三通”的实现、闽台水产品质量安全检疫检验机构的交流、闽台渔业界的多元化合作及ECFA的签署，两岸往来不断加深，闽台水产品贸易将得到更大拓展。

6.3 水产品贸易对物流的促进研究

由上可知，根据闽台水产品贸易的互补性分析发现，福建水产品贸易较之台湾更具比较优势，福建和台湾在水产品贸易方面存在较大互补性，根据闽台水产品贸易发展状况分析和未来发展的趋势，这固然有助于论证水产品冷链物流中心区位选择的合理规划之必要性。然而，水产品贸易在多大程度上对物流发展有促进作用呢？这种正向促进作用是否显著？回答这两个问题，将能更好地为促进水产品冷链物流中心之区位选择方案比较和择优提供有力的论据。在此，本书主要基于协整分析和格兰杰因果(Granger)检验，对水产品贸易是否能有效促进物流发展进行经验分析。

现代物流与经济增长之间的关系问题，学界主要有两种观点①：物流推动论和经济拉动论。前者主要探讨现代物流的发展对经济增长的推动作用，后者则认为现代物流是经济发展的产物，经济发展程度决定了物流的需求，从而决定物流的发展水平②。为探寻现代物流与经济增长之间的关系，很多学者对不同的地区进行了实证分析，如杨长春以北美、日本和欧洲这三个世界上贸易活动最活跃和物流水平较为先进的国家和地区的资料对国际贸易和国际物流的关系做实证分析，认为国际贸易与国际物流存在互为因果的反馈关系，它们相辅相成，互相促进，国际贸易的进一步发展需要国际物流的支持，如果国际物流的发展无法跟上国际贸易发展的脚步，将会大大阻碍国际贸易的纵深发展③；王领认为上海市的对外贸易与现代物流存在着一个长期稳定的均衡关系④；侯方淼的研究表明北京市对外贸易促进了现代物流的发展，同时，现代物流业也为对外贸易发展起到积极的推动作用⑤；黄亮等的研究表明宁波市国际物流与国际贸易之间并非简单的单项关系，而是互相影响促进的因果关系⑥。在方法论方面，在我国现代物流与对外贸易的研究中，学者们较为普遍的应用的有单位根检验、协整检验和 Granger 因果关系检验，如刘亚

---

① 储昭昉，王强. 航空物流与国际贸易的关系：基于中国的实证研究[J]. 国际贸易问题. 2010(1).

② 刘南，李燕. 现代物流与经济增长的关系研究——基于浙江省的实证分析[J]. 管理工程学报. 2007(1).

③ 杨长春. 论国际贸易与国际物流的关系[J]. 国际贸易. 2007(10).

④ 王领. 对外贸易与现代物流关系的实证研究——基于上海市 1978—2008 年的数据[J]. 国际贸易问题. 2010(1).

⑤ 侯方淼. 对外贸易与现代物流发展的关系——以北京市为例的实证分析[J]. 河南商业高等专科学校学报. 2009(1).

⑥ 黄亮，许继琴. 宁波市国际贸易与国际物流的协整关系研究[J]. 经济论坛. 2008(20).

东、杨长春、王领、黄亮、付美林、石文虎；也有学者应用线性回归的方法，如侯方淼；张宝友则应用相关性分析和弹性分析；此外，孔原等应用VAR模型的脉冲响应函数。专门针对水产品贸易与物流之间的关系问题，李电生①对水产品贸易与物流之间的耦合性进行了研究，水产品的贸易与物流是水产品价值实现链条上的两个相似系统，价值流动将这两个系统连接起来构成一个复杂的开放性系统。

物流是随着贸易的发展而发展的，同时在影响和制约贸易发展的因素中，物流的发展程度也显得尤为重要。那么，台湾的水产品贸易与物流的关系为何？它们之间孰因孰果？近年来台湾的水产品贸易与物流的发展趋势又如何呢？这正是本书所要试图解决的问题。本书将视角着眼于台湾，基于台湾1989—2007年水产品进出口贸易额和运输、仓储与通讯产业产值数据，利用协整理论和Granger因果关系检验等方法，试图揭示台湾水产品进出口贸易与物流之间的关系。

6.3.1 资料来源与研究方法

1. 资料来源

由于台湾处于特殊的地理位置和气候环境，具有发展海洋渔业和养殖渔业的优异天然条件，早在几千年前，渔业就已经是台湾居民的经济活动之一。1950年，台湾渔业生产量仅为8万多吨，1960年也仅约26万吨，直到1967年渔业年生产量超过46万吨后，水产品加工业及水产品贸易才开始增长。依据台湾“渔业署”台湾渔业统计年报资料，台湾地区于2007年水产品进出口总量为1 074 503 913千克，进出口总值为2 258 093.4美元(73 433 200新台币千元)，其中出口总量为675 765 238千克，出口总值为148 013.25美元

① 李电生，夏国建. 基于灰色关联熵的水产品贸易与物流耦合性研究[J]. 统计与决策. 2010(2).

(4 813 391 新台币千元)，进口总量为 398 738 675 千克，进口总值为 777 983.05 美元(25 300 009 新台币千元)。出口的制品，以食用冷冻品为主，出口值占水产品出口总值的 91.4%，其次为生鲜或冷藏品，占 2.3%；出口方面以泰国(28.8%)、越南(3.4%)、马来西亚(2.2%)等为主要出口国家和地区。进口方面以中国大陆(13.9%)、越南(13.4%)、秘鲁(12.2%)等为主要出口国家和地区。台湾 2007 年渔业生产量达 1 499 523 吨，产值为 94 960 701 新台币千元。台湾生鲜渔货的运销以鱼市场为主，包括消费地鱼市场及生产地鱼市场两种类型，目前消费地鱼市场 17 处，2007 年总交易量为 129 871 吨，交易金额为 11 667 023 新台币千元。

台湾物流就整体而言，2007 年共有物流企业约 11 038 家，其中以汽车货运业(含路线货运业及集装箱货运业)共 5 833 家，约占 52.9%，其次为运输辅助业约占 36.3%。由于进出口总量及贸易总额均增长，故台湾整体物流营收呈增长趋势，约 6 816.4 新台币亿元。台湾物流行业分类，如表 6-25 所示。

表 6-25　台湾物流行业分类①

"行政院主计处"行业分类 (第 8 次分类)		"行政院经建会" (2004)	台湾物流统计年鉴
小　类	细类及主要经济活动	物流行业分类	物流行业分类
1. 铁路运输业	1.1 铁路运输业	1. 铁路运输业	1. 铁路运输业
2. 汽车货运业	2.1 汽车货运	2. 汽车货运业	2. 汽车货运业
	2.2 汽车货柜货运	3. 汽车货柜货运业	3. 汽车货柜货运业
	2.3 汽车路线货运	4. 汽车路线货运	4. 汽车路线货运

① 1. 陆上运输辅助业：从事停车场、汽车拖吊、货物装卸及道路、桥梁、隧道管理等陆上运输辅助的行业；2. 水上运输辅助业：从事运输辅助业：从事港口管理、港区内工作船、交通船及拖驳船经营、引水、货物装卸、海难救助等水上运输辅助的行业；3. 航空运输辅助业：从事航空站管理、机坪内航空器拖曳、导引及行李、货物、餐点装卸、飞行管制服务等航空运输辅助的行业；4. 指海关监管的企业。

续 表

“行政院主计处”行业分类（第8次分类）		“行政院经建会”（2004）	台湾物流统计年鉴
小 类	细类及主要经济活动	物流行业分类	物流行业分类
3. 邮政及快递业	3.1 邮政业	5. 快递业	5. 邮政业
	3.2 宅配服务		6. 快递业
	3.3 航空快递		
	3.4 陆运快递		
4. 海洋水运业	4.1 海洋船舶货运	6. 海洋水运服务业	7. 海洋水运服务业
5. 航空运输业	5.1 民用航空运输业	7. 民用航空运输业	8. 民用航空运输业
6. 运输辅助类	6.1 报关业	8. 报关类	9. 报关业
	6.2 船务代理业	9. 船务代理业	10. 船务代理业
	6.3 货运承揽业		
	6.3.1 陆上货运承揽业		11. 陆上货运承揽业
	6.3.2 海上货运承揽业	10. 海运承揽运送业	12. 海运承揽运送业
	6.3.3 航空货运承揽业	11. 航空货运承揽业	13. 航空货运承揽业
	6.4 陆上运输辅助业		
	6.5 水上运输辅助业		
	6.6 航空运输辅助业		

续　表

"行政院主计处"行业分类（第8次分类）		"行政院经建会"（2004）	台湾物流统计年鉴
小　类	细类及主要经济活动	物流行业分类	物流行业分类
6. 运输辅助类	6.7 其他运输辅助业 6.7.1 货物集散站经营 6.7.2 货柜集散站经营	12. 航空货物集散站 13. 货柜集散站经营业	14. 航空货物集散站 15. 货柜集散站经营业
7. 普通仓储业	7.1 仓储业 7.2 冷冻冷藏业	14. 保税仓库 15. 物流中心 16. 进出口货栈	16. 仓储业 17. 保税仓库 18. 物流中心 19. 进出口货栈

资料来源：台湾"行政院主计处"；台湾"行政院经建会"(2004)；台湾"经济部商业司"《台湾物流年鉴》(2007)。

本书样本数据时间跨度为1989—2007年，其中，水产品进出口贸易额资料来源于台湾"行政院农委会渔业署"出版的《台湾渔业统计年报》(1999年和2008年)中统计的相关数据计算而得，运输、仓储与通讯产业产值来源于台湾"经济部商业司"编出版的《台湾物流年鉴》(2007)中"台湾物流相关统计资料"部分，由台湾"行政院主计处"统计，具体数据如表6-26所示。

表6-26　台湾水产品进出口贸易额及运输、仓储与通信产业产值

单位：新台币百万元

年　份	水产品进出口贸易额	运输、仓储与通信产业产值
1989	47 147	240 173
1990	46 403	260 753
1991	46 357	291 863
1992	47 073	327 097

续 表

年 份	水产品进出口贸易额	运输、仓储与通信产业产值
1993	51 344	364 056
1994	49 674	402 745
1995	57 159	437 752
1996	55 578	480 207
1997	56 585	519 774
1998	53 172	579 815
1999	50 149	618 922
2000	56 581	633 979
2001	55 786	636 122
2002	60 547	658 072
2003	63 230	654 283
2004	69 646	697 265
2005	68 682	709 021
2006	59 891	724 329
2007	61 830	748 370

2. 研究方法

协整的基本定义首次在 Granger 的研究中提出，后来在诸多世界著名计量经济学家的不断努力下得到快速的发展和广泛的应用，比较重要的文献包括 Granger、Engle and Granger、Engle and Yoo、Phillips and Ouliaris、Stock and Watson 以及 Johansen 等。依据 1987 年恩格尔(Engle)和格兰杰(Granger)《协整与误差修正，描述、估计与检验》一文的定义，协整是指单个时间序列是非平稳的，但是两个或两个以上时间序列的线性组合却是平稳的。进行协整分析时，通常采用四个步骤，即，时间序列变量的平稳性检验、时间序列变量之间的协整检验、建立误差修正模型、时间序列变量的格兰杰因果关系。

6.3.2　测算结果与分析

1. 单位根检验

为保证模型有效，首先应用 ADF 检验对 1989—2007 年台湾水产品进出口贸易额(MY)和运输、仓储与通信产值(WL)的时间序列数据的稳定性进行检验。

$$\Delta x_t = a_0 + a_1 t + a_2 x_{t-1} + \sum_{i=1}^{k} a_{3i} \Delta x_{t-i} + \mu_t \qquad (6-7)$$

检验结果，如表 6-27 所示。

表 6-27　单位根检验结果

变量	ADF 检验统计量	1%临界值	5%临界值	10%临界值	结论
MY	−1.354 549	−3.857 386	−3.040 391	−2.660 551	不平稳
WL	−1.843 134	−3.857 386	−3.040 391	−2.660 551	不平稳
D(*MY*)	−4.600 025	−3.886 751	−3.052 169	−2.666 593	平稳
D(*WL*)	−3.533 695	−4.616 209	−3.710 482	−3.297 799	平稳

结果显示，时间序列 *MY* 和 *WL* 的 ADF 值均大于 10%水平的临界值，都是非平稳序列。而其一阶差分变量 *D*(*MY*)和 *D*(*WL*)的 ADF 值均在 10%的显著性水平下接收数据是平稳的假设，*D*(*MY*)和 *D*(*WL*)是平稳序列，从而得出时间序列 *MY* 和 *WL* 都是 I(1)的结论，可以对其进行进一步的协整分析。

2. 协整检验

由于四个原始序列都是 I(1)，采用 Engle-Granger 两步检验法检验贸易与物流之间的协整关系，其过程如下。

第一步，用 OLS 方法估计方程 $Y_t = a_0 + a_1 X_t + \mu_t t$ 并计算非均衡误差，得到：

$$\hat{Y}_t = \hat{\alpha}_0 + \hat{\alpha}_1 X_t$$
$$\hat{e}_t = Y_t - \hat{Y}_t \qquad (6-8)$$

第二步，检验 ε_t 的单整性。如果 ε_t 为稳定序列，则认为变量 Y_t，X_t为(1, 1)阶协整，如果 ε_t 为 1 阶协整，则认为变量 Y_t，X_t为(2, 1)阶协整，以此类推。

利用 EWIEWS 分析软件，先采用 OLS 法分别对 MY 和 WL 估计回归模型，得到的回归方程如下：

$$MY = 37\,230.602\,75 + 0.034\,999\,160\,48 \times WL$$

$$t = (11.982\,06)(6.204\,872)$$

$$R^2 = 0.693\,696 \quad F = 38.500\,44$$

现分别对该回归模型的残差序列 resid01 进行单位根检验，不含常数和时间趋势，由 SIC 准则确定滞后阶数，其结果如表 6 - 28 所示。

表 6 - 28　残差序列 ADF 检验

变量	ADF 检验 t 统计量	1%临界值	5%临界值	10%临界值	结论
resid01	−2.468 270	−2.997 69	−1.961 409	−1.606 610	平稳

检验结果显示，三个残差序列的 ADF 检验 t 统计量小于在 5% 的显著性水平下临界值，因此可以确定为平稳序列，说明 MY 与 WL 之间存在长期协整关系。

3. 误差修正模型(ECM)

最常用的 ECM 模型的估计方法是 Engle 和 Granger(1981)两步法。

第一步，首先建立 1989—2007 年期间贸易与物流的长期均衡方程

$$MY_t = k_0 + k_1 \times WL_t + u_t,\ t = 1,\ 2,\ \cdots,\ T \qquad (6-9)$$

估计结果为

$$MY_t = 37\ 230.602\ 75 + 0.034\ 999\ 160\ 48 \times WL_t + u_t$$
$$t = (11.982\ 06)(6.204\ 872) \qquad (6-10)$$
$$R^2 = 0.693\ 696 \quad F = 38.500\ 44$$

第二步,令 $ecm_t = u_t$,即将式(6-10)的残差序列 u_t 作为误差修正项,建立下面的误差修正模型

$$\Delta MY_t = \beta_0 + \alpha \times ecm_{t-1} + \beta_1 \times \Delta WL_t + \varepsilon_t \qquad (6-11)$$

估计得到

$$\Delta MY_t = 804.211\ 9 - 0.517\ 255 ecm_{t-1} + 0.002\ 029 \times \Delta WL_t$$
$$t = (0.439\ 744)(-2.290\ 353)(0.035\ 757) \qquad (6-12)$$
$$R^2 = 0.259\ 835 \quad F = 0.104\ 704$$

在式(6-12)表示的误差修正模型中,差分项反映了短期波动的影响。贸易额(MY)的短期变动可以分为两个部分:一部分是短期物流(WL)波动的影响;一部分是贸易和物流偏离长期均衡的影响。误差修正项 ecm_t 的系数大小反映了对偏离长期均衡的调整力度。从系数估计值(−0.517 255)来看,当短期波动偏离长期均衡时,将以(−0.517 255)的调整力度将非均衡状态拉回均衡状态。

4. 因果关系检验

通过协整检验,表明贸易和物流之间存在协整关系。但是,在这种长期的均衡关系中,孰为因孰为果还是互为因果?这需要对其进行格兰杰(Granger)因果关系检验,首先,检验“MY 不是引起 WL 变化的原因”的原假设,对下列两个回归模型进行估计。

无限制条件回归:$$WL_t = \sum_{i=1}^{m} a_i WL_{t-i} + \sum_{i=1}^{m} b_i MY_{t-i} + \mu_t, \qquad (6-13)$$

有限制条件回归:$$WL_t = \sum_{i=1}^{m} a_i WL_{t-i} + \mu_t \qquad (6-14)$$

用各回归的残差平方和计算 F 统计值,检验系数 $b_1, b_2 \cdots b_m$ 是否同时显著不为零。如果是,就拒绝“MY 不是引起 WL 变化的原因”原假

设。然后，检验“*WL* 不是引起 *MY* 变化的原因”的原假设，进行同样的回归估计，但是交换 *MY* 与 *WL*，检验 *WL* 的滞后项是否显著地不为零。如果是，就拒绝“*WL* 不是引起 *MY* 变化的原因”原假设。

我们取滞后期为 1—5 分别对 *MY* 和 *WL* 进行格兰杰因果关系检验，结果如表 6－29 所示（本书 1 个数据滞后期为 1 年）。

表 6－29　贸易和物流的因果检验结果

零　假　设	滞后阶数	观察值	F 值	P 值	结论
WL 不是 *MY* 的原因	1	18	3.194 41	0.094 11	拒绝
MY 不是 *WL* 的原因	1	18	0.152 35	0.701 78	接受
MY 不是 *WL* 的原因	2	17	1.156 22	0.347 38	接受
MY 不是 *WL* 的原因	5	14	0.365 78	0.846 63	接受

从表 6－29 可以看出，在 10%的显著性水平下，滞后 1 期时，*WL* 是 *MY* 的 Granger 成因，而在滞后 1，2，5 期时，*MY* 都不是 *WL* 的 Granger 成因。因此，格兰杰因果关系检验表明，物流是贸易的 Granger 原因，而贸易不是物流的 Granger 成因，即有物流增长为快速的贸易增长做了保障条件；但贸易的增长却不一定保证会带来高的物流增长。

6.3.3　台湾地区水产品贸易与物流发展趋势

根据台湾地区 1989—2007 年水产品进出口贸易额和运输、仓储与通信产业产值数据，利用协整理论和 Granger 因果关系检验等方法系统分析台湾地区水产品进出口贸易和物流之间的关系，结果显示：协整分析，台湾地区水产品贸易与物流之间存在协整关系，即台湾地区水产品贸易与物流之间存在长期均衡关系；Granger 因果关系检验结果显示，台湾地区物流是其水产品贸易 Granger 原因的概率显著，而水产品贸易是物流发展 Granger 原因的概率不显著，即台湾地区物流的发展为水产品贸易的增长提供了流通保障，是水产品贸易增长的显著原因，而水产品贸易的增长不是物流增长的显著原因；在 1989—2007 年，台湾地区水产品贸易与物流的发展是同步持续增长的，但就总体趋势而言，物流的发展速度快于水产品贸易的增长速度(见图6-10)。

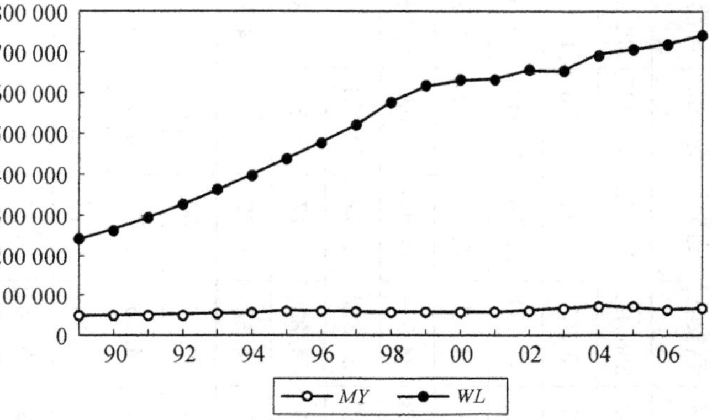

图6-10 台湾地区水产品贸易与物流发展趋势

台湾地区水产品贸易与物流关系的研究表明，传统物流向现代物流的转型对经济发展具有较大的促进作用。现代物流业是含运输、仓储及通讯产业等的新兴复合型产业，其发展水平是衡量一个地区核心竞争力的重要标志之一，物流的科学化、合理化不断完善的过程中，物流业高效的供应链为贸易的发展提供了有力的保障，物流对经济发展的促进作用在台湾地区水产品贸易中已经得以验证。由于水产品的鲜活性及易腐性，使得水产品物流区别于其他物流，其对包装、冷藏、冷链等方面都具有较高的要求，才能保证水产品的快速流通，因此水产品冷链物流的发展情况将成为制约或者推动水产品贸易的最主要因素。

6.4 闽台水产品物流中心区位选择

6.4.1 区位因子绩效值的测量

表6-30、表6-31分别显示了福建省水产品冷链物流中心备选城市各区位因子绩效值和台湾地区水产品冷链物流中心备选城市各

表 6-30　福建省水产品冷链物流中心备选城市各区位因子绩效值

关键指标及代码 \ 区位		霞浦县	连江县	福清市	平潭县	秀屿区	惠安县	石狮市	龙海市	漳浦县	东山县
水产品产量(吨)	PA1	273 781	621 500	293 891	325 586	380 000	266 021	351 952	330 197	332 160	280 525
水产养殖面积(公顷)	PA2	13 742	11 487	15 076	4 278	7 512	5 301	1 014	8 933	14 985	6 537
水产加工产量(吨)	PA4	53 549	317 444	176 616	66 327	24 710	42 771	81 740	98 865	136 929	149 570
人力资源供给能力	LF1	5.75	5.83	7.67	6.08	4.83	4.92	5.17	4.92	4.58	5.08
渔业人口数量(人)	LF2	109 211	191 402	125 630	135 892	90 123	84 609	48 903	22 036	102 855	37 741
渔业从业人数(人)	LF3	49 488	86 064	88 281	56 426	42 967	29 377	18 656	14 251	50 783	36 175
运输方式衔接程度	TC1	5.25	6.08	7.67	4.08	5.75	4.83	6.17	5.25	3.83	5.42
交通通达性	TC2	5.42	5.92	7.50	5.67	6.08	4.58	6.67	5.17	4.25	4.33
交通路网流量	TC3	5.67	5.42	7.58	5.00	6.25	5.25	6.00	6.00	4.83	4.00
渔业政策扶持程度	GS1	6.08	5.58	5.91	6.50	4.00	4.25	5.17	4.50	6.67	7.25
物流业政策扶持程度	GS2	6.08	5.587	5.91	6.50	4.00	4.25	5.17	4.50	6.67	7.25
渔业发展规划	GS3	6.17	5.57	5.25	6.25	3.33	3.58	4.00	6.17	6.83	7.75
物流业发展规划	GS4	6.17	5.57	5.25	6.25	3.33	3.58	4.00	6.17	6.83	7.75
土地总体价格	PU1	5.08	5.58	6.33	7.25	4.75	4.17	5.58	4.83	5.75	6.58

续　表

关键指标及代码 \ 区位		霞浦县	连江县	福清市	平潭县	秀屿区	惠安县	石狮市	龙海市	漳浦县	东山县
土地使用集约化程度	PU2	4.67	6.08	7.08	7.25	6.33	4.50	4.75	4.25	5.17	5.08
水电/通讯等配套设施完备程度	PU3	4.67	5.67	8.08	6.33	3.92	5.00	6.42	4.67	4.75	5.75
城市 GDP 水平(亿元)	DP1	73.95	135.92	401.51	60.49	83.6	315.21	287.80	244.42	111.67	51.09
渔业产业聚集程度	DP2	6.33	6.08	5.50	6.25	4.42	3.83	4.00	5.08	4.83	7.75
渔业经济辐射能力	DP3	6.50	7.00	6.58	6.17	4.33	4.75	4.83	5.00	5.00	5.92

表 6-31　台湾地区水产品冷链物流中心备选城市各区位因子绩效值

关键指标及代码 \ 区位		基隆市	台北县	新竹市	宜兰县	彰化县	云林县	嘉义县	高雄县	高雄市	屏东县
水产品产量(吨)	PA1	35 641	12 940	10 924	98 780	28 211	80 656	62 354	52 381	349 610	74 798
水产养殖面积(公顷)	PA2	0	71	364	642	5 209	8 712	12 300	4 185	0	4 230
水产加工产量(吨)	PA4	33	2	152	149	22	0	29	67	93	7
人力资源供给能力	LF1	8.79	6.43	5.25	7.14	5.35	6.78	7.57	7.12	6.90	5.34
渔业人口数量(人)	LF2	4 224	36 951	15 310	51 676	14 743	26 052	20 546	13 947	103 553	34 761

续 表

关键指标及代码 \ 区位		基隆市	台北县	新竹市	宜兰县	彰化县	云林县	嘉义县	高雄县	高雄市	屏东县
渔业从业人数(人)	LF3	4 927	38 066	14 922	27 184	13 531	27 814	15 986	35 917	43 707	28 573
运输方式衔接程度	TC1	4.32	5.17	6.02	4.30	9.13	5.78	9.10	6.62	7.39	8.61
交通通达性	TC2	5.21	5.79	6.91	5.37	9.21	6.80	8.93	6.92	7.71	8.46
交通路网流量	TC3	5.38	5.22	6.39	5.31	8.73	6.11	7.54	6.48	7.43	8.13
渔业政策扶持程度	GS1	8.76	7.31	8.05	8.35	6.01	5.63	7.19	7.36	9.04	5.38
物流业政策扶持程度	GS2	9.27	7.94	8.39	8.41	5.94	5.74	6.47	7.04	9.19	5.17
渔业发展规划	GS3	9.12	7.11	8.42	8.57	5.73	5.82	7.57	6.98	8.96	5.92
物流业发展规划	GS4	9.02	7.06	8.06	8.74	5.25	5.13	7.32	7.15	8.73	5.04
土地总体价格	PU1	8.82	9.06	8.23	8.31	7.23	6.16	5.49	8.31	9.52	5.34
土地使用集约化程度	PU2	9.17	7.29	8.04	8.64	5.47	5.96	7.49	7.31	9.31	5.85
水电/通讯等配套设施完备程度	PU3	9.04	7.37	7.91	8.80	6.49	6.79	6.57	7.69	6.45	4.96
渔业产业聚集程度	DP2	9.42	6.95	7.37	8.42	7.26	6.47	5.79	8.04	7.23	4.27
渔业经济辐射能力	DP3	8.97	7.02	7.93	8.03	6.71	6.32	6.27	8.31	8.92	5.31

注：台湾地区未对县域 GDP 进行统计，因此在对台湾地区水产品冷链物流中心进行区位选择评价时，删除此因子。

区位因子绩效值。

6.4.2　区位选择综合评价结果

1. 福建省水产品冷链物流中心区位选择

(1) 由于各指标的量纲不同，故需对初始数据作归一化处理（x 表示第 i 个渔业重点县（市、区）的第 j 个指标的评价值）。

$$y_{ij} = \frac{x_{ij}}{\sqrt{\sum (x_{ij})^2}}$$

由此得标准化矩阵：

$$y = \{y_{ij}\}_{m\times n}$$

如下：

$$Y = \begin{bmatrix}
0.24 & 0.55 & 0.26 & 0.29 & 0.33 & 0.23 & 0.31 & 0.29 & 0.29 & 0.25 \\
0.43 & 0.36 & 0.48 & 0.14 & 0.24 & 0.17 & 0.03 & 0.28 & 0.47 & 0.21 \\
0.12 & 0.71 & 0.40 & 0.15 & 0.06 & 0.10 & 0.18 & 0.22 & 0.31 & 0.34 \\
0.33 & 0.33 & 0.44 & 0.35 & 0.28 & 0.28 & 0.29 & 0.28 & 0.26 & 0.29 \\
0.32 & 0.57 & 0.37 & 0.40 & 0.27 & 0.25 & 0.15 & 0.07 & 0.31 & 0.11 \\
0.30 & 0.51 & 0.53 & 0.34 & 0.26 & 0.18 & 0.11 & 0.09 & 0.30 & 0.22 \\
0.30 & 0.34 & 0.44 & 0.23 & 0.33 & 0.28 & 0.35 & 0.30 & 0.22 & 0.31 \\
0.30 & 0.33 & 0.42 & 0.32 & 0.34 & 0.26 & 0.37 & 0.29 & 0.24 & 0.24 \\
0.32 & 0.30 & 0.42 & 0.28 & 0.35 & 0.29 & 0.33 & 0.33 & 0.27 & 0.22 \\
0.34 & 0.31 & 0.33 & 0.36 & 0.22 & 0.24 & 0.29 & 0.25 & 0.37 & 0.40 \\
0.34 & 0.31 & 0.33 & 0.36 & 0.22 & 0.24 & 0.29 & 0.25 & 0.37 & 0.40 \\
0.34 & 0.31 & 0.29 & 0.35 & 0.19 & 0.20 & 0.22 & 0.34 & 0.38 & 0.43 \\
0.34 & 0.31 & 0.29 & 0.35 & 0.19 & 0.20 & 0.22 & 0.34 & 0.38 & 0.43 \\
0.28 & 0.31 & 0.35 & 0.41 & 0.27 & 0.23 & 0.31 & 0.27 & 0.32 & 0.37 \\
0.26 & 0.34 & 0.40 & 0.41 & 0.36 & 0.25 & 0.27 & 0.24 & 0.29 & 0.29 \\
0.26 & 0.32 & 0.45 & 0.35 & 0.22 & 0.28 & 0.36 & 0.26 & 0.27 & 0.32 \\
0.11 & 0.20 & 0.60 & 0.09 & 0.12 & 0.47 & 0.43 & 0.36 & 0.17 & 0.08 \\
0.36 & 0.35 & 0.31 & 0.36 & 0.25 & 0.22 & 0.23 & 0.29 & 0.28 & 0.44 \\
0.36 & 0.39 & 0.37 & 0.34 & 0.24 & 0.26 & 0.27 & 0.28 & 0.28 & 0.33
\end{bmatrix}$$

(2) 根据公式 $S_{ij}=W_j^{\mathrm{T}}V_j^{\mathrm{T}}Y_{ij}+\delta_j^{\mathrm{T}}$ 计算各备选城市各项指标的最后得分，得到如下指标矩阵。

$$S=\begin{bmatrix}
0.48 & 0.52 & 0.49 & 0.49 & 0.49 & 0.48 & 0.49 & 0.49 & 0.49 & 0.49 \\
0.53 & 0.53 & 0.54 & 0.50 & 0.51 & 0.51 & 0.49 & 0.52 & 0.54 & 0.51 \\
0.63 & 0.68 & 0.66 & 0.63 & 0.63 & 0.63 & 0.64 & 0.64 & 0.65 & 0.65 \\
0.68 & 0.68 & 0.69 & 0.69 & 0.68 & 0.68 & 0.68 & 0.68 & 0.68 & 0.68 \\
0.48 & 0.51 & 0.49 & 0.49 & 0.48 & 0.47 & 0.46 & 0.48 & 0.48 & 0.45 \\
0.54 & 0.56 & 0.56 & 0.54 & 0.53 & 0.52 & 0.51 & 0.54 & 0.54 & 0.53 \\
0.74 & 0.75 & 0.76 & 0.74 & 0.75 & 0.74 & 0.75 & 0.74 & 0.74 & 0.74 \\
0.51 & 0.51 & 0.51 & 0.51 & 0.51 & 0.50 & 0.51 & 0.50 & 0.50 & 0.50 \\
0.40 & 0.40 & 0.40 & 0.40 & 0.41 & 0.40 & 0.40 & 0.40 & 0.40 & 0.39 \\
0.63 & 0.63 & 0.63 & 0.63 & 0.62 & 0.62 & 0.62 & 0.62 & 0.63 & 0.64 \\
0.74 & 0.74 & 0.74 & 0.75 & 0.73 & 0.73 & 0.74 & 0.74 & 0.75 & 0.75 \\
0.67 & 0.66 & 0.66 & 0.67 & 0.65 & 0.65 & 0.65 & 0.67 & 0.67 & 0.68 \\
0.57 & 0.56 & 0.55 & 0.56 & 0.54 & 0.54 & 0.55 & 0.56 & 0.57 & 0.57 \\
0.39 & 0.39 & 0.40 & 0.41 & 0.39 & 0.38 & 0.39 & 0.39 & 0.39 & 0.40 \\
0.42 & 0.43 & 0.44 & 0.44 & 0.44 & 0.42 & 0.43 & 0.42 & 0.43 & 0.43 \\
0.50 & 0.51 & 0.52 & 0.51 & 0.50 & 0.50 & 0.51 & 0.50 & 0.50 & 0.51 \\
0.40 & 0.41 & 0.46 & 0.39 & 0.40 & 0.45 & 0.44 & 0.43 & 0.40 & 0.39 \\
0.47 & 0.47 & 0.46 & 0.47 & 0.46 & 0.45 & 0.45 & 0.46 & 0.46 & 0.48 \\
0.34 & 0.35 & 0.35 & 0.34 & 0.33 & 0.33 & 0.33 & 0.33 & 0.33 & 0.34
\end{bmatrix}$$

(3) 确定最优的指标评价值集合 V^+（正理想解）和最劣的指标评价值集合 V^-（负理想解）。

$$V^+=\{(\max_i S_{ij}) \mid i=1,2,\cdots,m\}$$
$$V^-=\{(\min_i S_{ij}) \mid i=1,2,\cdots,m\}$$

根据以上公式求出正、负理想解分别如下。

$V^+=\{0.52,\ 0.54,\ 0.68,\ 0.69,\ 0.51,\ 0.56,\ 0.76,\ 0.52,\ 0.41,\ 0.64,\ 0.75,\ 0.68,\ 0.57,\ 0.41,\ 0.44,\ 0.52,$

0.46，0.48，0.35}

V^{-}= {0.48，0.49，0.63，0.68，0.45，0.51，0.73，0.50，0.39，0.62，0.73，0.65，0.54，0.38，0.42，0.50，0.39，0.45，0.33}

(4) 分别计算诸评价对象所有各指标值与最优方案及最劣方案的距离 D^{+} 和 D^{-}。

$$D_i^{+} = \sqrt{\sum_{j=1}^{n} | v_{ij} - v_j^{+} |^2} \quad (i = 1, 2, \cdots, m)$$

$$D_i^{-} = \sqrt{\sum_{j=1}^{n} | v_{ij} - v_j^{-} |^2} \quad (i = 1, 2, \cdots, m)$$

根据以上公式，分别求出备选城市各评价指标的评价值与正理想解和负理想解的距离，结果如下。

D^{+}= {0.11，0.07，0.06，0.11，0.13，0.12，0.12，0.12，0.10，0.12}

D^{-}= {0.07，0.12，0.12，0.08，0.05，0.06，0.06，0.06，0.08，0.07}

(5) 计算各备选城市评价指标的评价值与最优方案的接近程度 C_i，其计算公式如下，其中 C_i 越接近 1，表示该评价对象越接近正理想解，即最具竞争力。

$$C_i = D_i^{-} / (D_i^{-} + D_i^{+})$$

计算结果为：

C = {0.40，0.63，0.69，0.42，0.28，0.34，0.34，0.33，0.43，0.37}

(6) 将计算结果按照 C_i 由大到小的顺序排序，C_i 值越大表示该城市在进行水产品冷链物流中心区位选择决策中，其各项指标的综合竞争力越强。

$$C_3 > C_2 > C_9 > C_4 > C_1 > C_{10} > C_6 > C_7 > C_8 > C_5$$

按照城市排名，即 F3＞F2＞F9＞F4＞F1＞F10＞F6＞F7＞F8＞F5。

由此可得，福建省水产品冷链物流中心区位选择备选城市排序为：福清市，连江县，漳浦县，平潭县，霞浦县，东山县，惠安县，石狮市，龙海市，秀屿区（见图 6－11）。

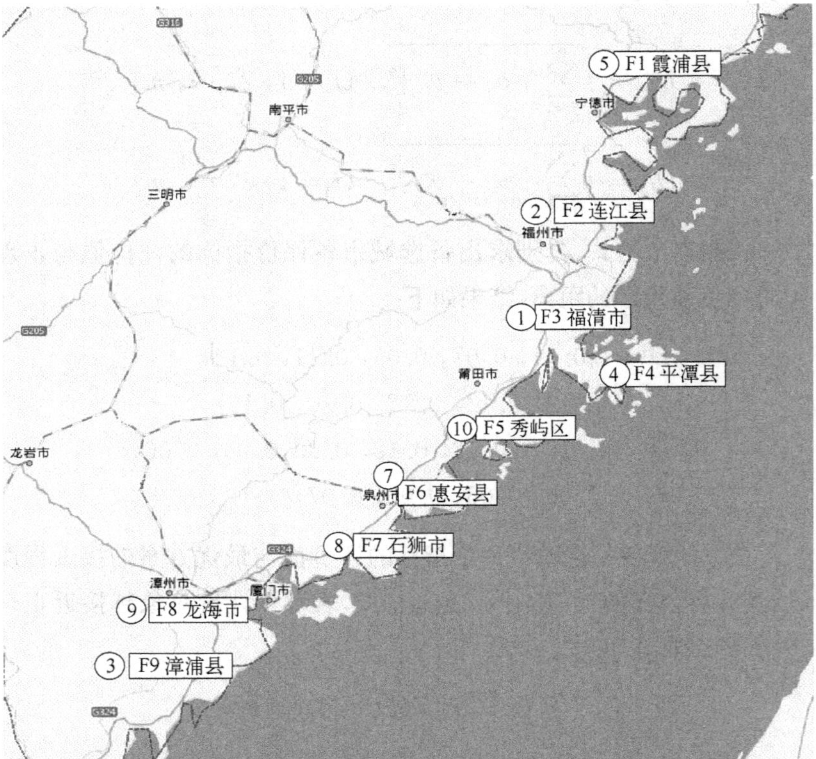

图 6－11　福建省水产品冷链物流中心区位选择

2. 台湾地区水产品冷链物流中心区位选择

(1) 由于各指标的量纲不同，故需对初始数据作归一化处理（x 表示第 i 个渔业重点县(市、区)的第 j 个指标的评价值)。

$$y_{ij}=\frac{x_{ij}}{\sqrt{\sum(x_{ij})^2}}$$

由此得标准化矩阵：

$$y=\{y_{ij}\}_{m\times n}$$

如下：

$$Y=\begin{bmatrix}
0.09 & 0.03 & 0.03 & 0.25 & 0.07 & 0.21 & 0.16 & 0.13 & 0.89 & 0.19\\
0.00 & 0.00 & 0.02 & 0.04 & 0.31 & 0.51 & 0.72 & 0.25 & 0.00 & 0.25\\
0.13 & 0.01 & 0.62 & 0.60 & 0.09 & 0.00 & 0.12 & 0.27 & 0.38 & 0.03\\
0.41 & 0.30 & 0.25 & 0.33 & 0.25 & 0.32 & 0.35 & 0.33 & 0.32 & 0.25\\
0.03 & 0.28 & 0.11 & 0.39 & 0.11 & 0.20 & 0.15 & 0.10 & 0.78 & 0.26\\
0.06 & 0.43 & 0.17 & 0.31 & 0.15 & 0.32 & 0.18 & 0.41 & 0.50 & 0.33\\
0.20 & 0.24 & 0.28 & 0.20 & 0.42 & 0.27 & 0.42 & 0.30 & 0.34 & 0.40\\
0.23 & 0.25 & 0.30 & 0.23 & 0.40 & 0.30 & 0.39 & 0.30 & 0.34 & 0.37\\
0.25 & 0.24 & 0.30 & 0.25 & 0.41 & 0.29 & 0.35 & 0.30 & 0.35 & 0.38\\
0.37 & 0.31 & 0.34 & 0.36 & 0.26 & 0.24 & 0.31 & 0.31 & 0.39 & 0.23\\
0.39 & 0.34 & 0.35 & 0.36 & 0.25 & 0.24 & 0.27 & 0.30 & 0.39 & 0.22\\
0.38 & 0.30 & 0.35 & 0.36 & 0.24 & 0.24 & 0.32 & 0.29 & 0.38 & 0.25\\
0.39 & 0.31 & 0.35 & 0.38 & 0.23 & 0.22 & 0.32 & 0.31 & 0.38 & 0.22\\
0.36 & 0.37 & 0.33 & 0.34 & 0.29 & 0.25 & 0.22 & 0.34 & 0.39 & 0.22\\
0.38 & 0.30 & 0.34 & 0.36 & 0.23 & 0.25 & 0.31 & 0.31 & 0.39 & 0.24\\
0.39 & 0.32 & 0.34 & 0.38 & 0.28 & 0.29 & 0.28 & 0.33 & 0.28 & 0.21\\
0.41 & 0.30 & 0.32 & 0.37 & 0.32 & 0.28 & 0.25 & 0.35 & 0.32 & 0.19\\
0.38 & 0.30 & 0.34 & 0.34 & 0.28 & 0.27 & 0.27 & 0.35 & 0.28 & 0.22
\end{bmatrix}$$

（2）根据公式 $S_{ij}=W_j^{\mathrm{T}}V_j^{\mathrm{T}}Y_{ij}+\delta_j^{\mathrm{T}}$ 计算各备选城市各项指标的最后得分，得到如下指标矩阵。

$$S=\begin{bmatrix}
0.47 & 0.46 & 0.46 & 0.49 & 0.47 & 0.48 & 0.48 & 0.48 & 0.55 & 0.48\\
0.49 & 0.49 & 0.49 & 0.49 & 0.52 & 0.54 & 0.56 & 0.51 & 0.49 & 0.51\\
0.63 & 0.62 & 0.68 & 0.67 & 0.63 & 0.62 & 0.63 & 0.64 & 0.65 & 0.62\\
0.69 & 0.68 & 0.67 & 0.68 & 0.68 & 0.68 & 0.69 & 0.68 & 0.68 & 0.68\\
0.44 & 0.48 & 0.45 & 0.49 & 0.45 & 0.47 & 0.46 & 0.45 & 0.54 & 0.47\\
0.51 & 0.55 & 0.52 & 0.54 & 0.52 & 0.54 & 0.52 & 0.55 & 0.56 & 0.54\\
0.74 & 0.74 & 0.74 & 0.74 & 0.75 & 0.74 & 0.75 & 0.74 & 0.75 & 0.75\\
0.50 & 0.50 & 0.51 & 0.50 & 0.52 & 0.51 & 0.52 & 0.51 & 0.51 & 0.51\\
0.39 & 0.39 & 0.40 & 0.39 & 0.41 & 0.40 & 0.41 & 0.40 & 0.41 & 0.41\\
0.63 & 0.63 & 0.63 & 0.63 & 0.62 & 0.62 & 0.63 & 0.63 & 0.64 & 0.62\\
0.75 & 0.74 & 0.75 & 0.75 & 0.74 & 0.73 & 0.74 & 0.74 & 0.75 & 0.73\\
0.67 & 0.66 & 0.67 & 0.67 & 0.66 & 0.66 & 0.66 & 0.66 & 0.67 & 0.66\\
0.57 & 0.56 & 0.56 & 0.57 & 0.55 & 0.55 & 0.56 & 0.56 & 0.57 & 0.55\\
0.40 & 0.40 & 0.40 & 0.40 & 0.39 & 0.39 & 0.38 & 0.40 & 0.40 & 0.38\\
0.44 & 0.43 & 0.43 & 0.44 & 0.42 & 0.42 & 0.43 & 0.43 & 0.44 & 0.42\\
0.52 & 0.51 & 0.51 & 0.52 & 0.50 & 0.51 & 0.50 & 0.51 & 0.50 & 0.50\\
0.48 & 0.46 & 0.47 & 0.47 & 0.46 & 0.46 & 0.46 & 0.47 & 0.46 & 0.45\\
0.35 & 0.33 & 0.34 & 0.34 & 0.33 & 0.33 & 0.33 & 0.34 & 0.35 & 0.32
\end{bmatrix}$$

（3）确定最优的指标评价值集合 V^+（正理想解）和最劣的指标评价值集合 V^-（负理想解）。

$$V^+=\{(\max_i S_{ij}) \quad | \; i=1, 2, \cdots, m\}$$

$$V^-=\{(\min_i S_{ij}) \quad | \; i=1, 2, \cdots, m\}$$

根据以上公式求出正、负理想解分别如下。

$V^+=\{0.55, 0.56, 0.68, 0.69, 0.54, 0.56, 0.75, 0.52, 0.41, 0.64, 0.75, 0.67, 0.57, 0.40, 0.44, 0.52, 0.48, 0.35\}$

$V^-=\{0.46, 0.49, 0.62, 0.67, 0.44, 0.51, 0.74, 0.50, 0.39, 0.62, 0.73, 0.66, 0.55, 0.38, 0.42, 0.50,$

0.45，0.32}

（4）分别计算诸评价对象所有各指标值与最优方案及最劣方案的距离 D^+ 和 D^-。

$$D_i^+ = \sqrt{\sum_{j=1}^{n} | v_{ij} - v_j^+ |^2} \quad (i = 1, 2, \cdots, m)$$

$$D_i^- = \sqrt{\sum_{j=1}^{n} | v_{ij} - v_j^- |^2} \quad (i = 1, 2, \cdots, m)$$

根据以上公式，分别求出备选城市各评价指标的评价值与正理想解和负理想解的距离，结果如下。

$D^+ = \{0.16, 0.15, 0.15, 0.12, 0.15, 0.13, 0.13, 0.13, 0.08, 0.14\}$

$D^- = \{0.07, 0.07, 0.08, 0.10, 0.06, 0.07, 0.09, 0.07, 0.16, 0.06\}$

（5）计算各备选城市评价指标的评价值与最优方案的接近程度 C_i，其计算公式如下，其中 C_i 越接近1，表示该评价对象越接近正理想解，即最具竞争力。

$$C_i = D_i^- / (D_i^- + D_i^+)$$

计算结果为：

$C = \{0.29, 0.31, 0.33, 0.46, 0.27, 0.34, 0.40, 0.35, 0.66, 0.30\}$

（6）将计算结果按照 C_i 由大到小的顺序排序，C_i 值越大表示该城市在进行水产品冷链物流中心区位选择决策中，其各项指标的综合竞争力越强。

$$C_9 > C_4 > C_7 > C_8 > C_6 > C_3 > C_2 > C_{10} > C_1 > C_5$$

按照城市排名，即 T9 > T4 > T7 > T8 > T6 > T3 > T2 > T10 >T1 > T5。

由此可得，台湾地区水产品冷链物流中心区位选择备选城市排序为：高雄市，宜兰县，嘉义县，高雄县，云林县，新竹市，台北县，屏东县，基隆市，彰化县(见图 6－12)。

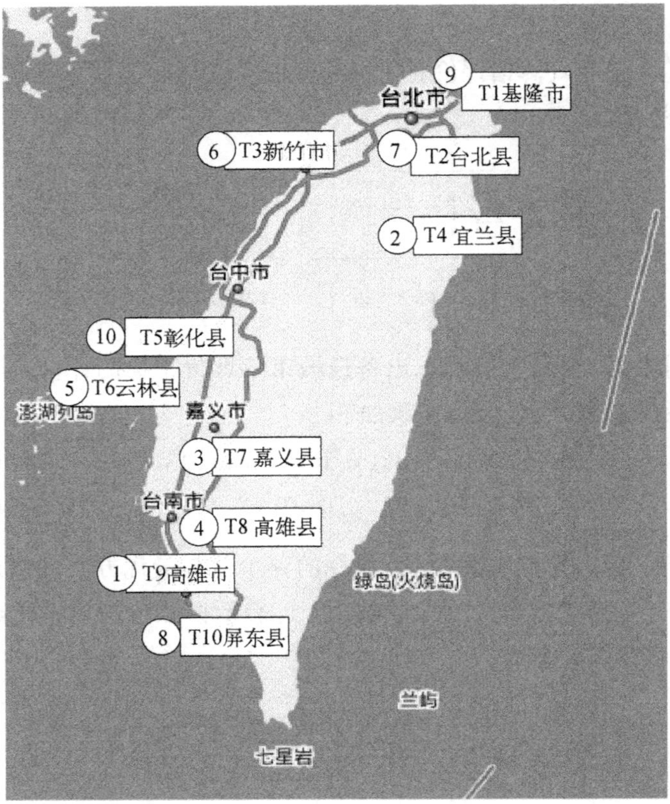

图 6－12　台湾地区水产品冷链物流中心区位选择

6.5　水产品物流中心现状分析——以福建为例

截至 2010 年底，福建省建设（规划建设）具有水产品冷链物流中心功能（或者部分功能的水产品加工中心、水产品配送中心、水产品加工基地等），主要有海峡（马尾）水产品交易中心、海峡两岸（福建东山）水产品加工集散基地、霞浦台湾水产品集散中心、闽台中心渔港农水产品交易中心（厦门高崎）、福建海峡连江水产品加工基地、泉州华洲水产品专业批发市场等，其中海峡（马尾）水产品交易中心、闽台中心渔港农水产品交易中心(厦门高崎)和泉州华洲水产品专业批发市场属于单纯进行水产品交易的市场,而海峡两岸(福建东山)水产品加工集散基地、霞浦台湾水产品集散中心及福建海峡连江水产品加工基地则具备了更多的水产品冷链物流中心的功能。

6.5.1 三大水产品冷链物流中心建设现状

1. 海峡两岸(福建东山)水产品加工集散基地

(1) 地理位置。

东山位于福建南端,与台湾隔海相望,拥有近海渔场 2.63 平方千米,海岸线长约 141 千米,福建渔业十强县,更是大陆渔业百强县、是对台小额贸易重要窗口、台胞重要祖籍地,由此,海峡两岸水产品加工集散基地获批在此建设。利用贯穿我国东南部沿海的高速铁路与便利的海上运输,充分发挥对台贸易的先天优势,以建成我国重要的对台贸易区与水产品交易市场。

(2) 建设概况。

该集散地始建于 2007 年,截至 2010 年 9 月,坐落在福建东山岛上,基地依托于水产品综合市场、中心渔港、物流中心与水产品加工区,占地面积达 3 000 亩。目前,总投资 7 亿元的东山水产品综合批发市场已投入使用,总投资 5 720 万元的国家中心渔港项目也已奠基,总建筑面积 45 万平方米,占地 418 亩,配套建设 2 万吨水产鲜品交易区、冷库、大型冷冻库及远洋渔获交易大厅等。

东山水产品综合批发市场项目的建设,进一步提高了东山水产品集散基地之于闽台水产物流中的中心作用,做大做强水产品精深加工业,并拓展东山水产品走向国内、国际两个市场,发挥其对台贸易功能,进而实现基地一年水产品 100 亿元产值、100 万吨产量的中期目标。此外,就基础设施建设而言,目前已建设成 1 922 米的水泥混凝土道路,路面宽 16 米,路基宽 30 米,排水管 1 922 米,三级 2 级标准,总投资 390 万元。

(3) 功能定位。

建设成水产品精深加工、闽台鲜活水产品交易等六大功能区,成为一集两岸水产品生产、加工、仓储、物流等功能于一体的两岸交流合作平台。

(4) 经营状况。

随着区内电、水、路等基础设施日趋完善，海峡两岸水产品加工集散基地的水产品加工区进驻了越来越多的海内外客商。目前，水产品加工区已签约10多家企业，其中约10家已投产，出口超3亿美元，产值可达5.6亿元人民币。

在海峡两岸水产品加工集散基地建设的推进下，东山对台水产品贸易不断增长。据统计数字，2010年1至10月，对台小额贸易进境活鱼102万美元、149批、388.2吨，分别比2009年同期增长116.9%、74.4%与98.4%，而2010年前8个月，东山口岸输往台湾的水产品达2.2亿美元，较上年增长30.49%，在福建东山县水产品出口值中占39.78%；目前，水产品精深加工区已有20多个项目入驻，“乐兴”“勋源”“茂源”等12家企业已投产，出口值可达6 500万美元，可创产值5.6亿元，该基地累计批准134家台资企业，实际利用台资额达2.1亿美元，从而形成了渔具制品、水产品精加工、罐头食品、箱包塑料、芦笋加工、果蔬速冻等特色企业群。

2. 霞浦台湾水产品集散中心

(1) 地理位置。

位于长三角至珠三角中心点与祖国大陆黄金海岸线中段的霞浦三沙港，距台湾省马祖南竿与基隆港分别仅有16海里与126海里，2006年6月22日，三沙港正式获得国务院台湾事务办公室批准设立台湾水产品集散中心。

(2) 建设概况。

台湾水产品集散中心规划年水产品交易量达85万吨以上，建成全国最大的水产品集散基地，是集加工交易、加工与配送于一体的综合项目。陇头核心区规划用地11 460亩，功能区主要划分如下：① 冷藏交易区500亩：交易大厅、电子交易平台、拍卖区、产品展示、水产品分装区、冷库等；② 水产品精深加工区1 280亩：鱼类、贝类、藻类加工区；③ 港口区 2 200 亩：港池 1 630 亩及码头作业区 570 亩；④ 海洋生物高新技术产业区 1 000 亩：海洋生物综合利用研发、生物制药；⑤ 渔需补给区 180 亩；⑥ 道路绿地广场 4 030 亩：区内道路广场 1 650 亩、绿地 1 420 亩、滞洪区 960 亩；⑦ 市政生活综合配套区 870 亩：专家楼、办公楼、职工宿舍楼、医院、学校、餐饮娱乐、宾馆等；⑧ 其他商业发展、工业备用地 1 400 亩。

建设三个配套小区。① 海洋生物高新技术产业合作区：开发高端产品，引入海洋生物高科技产业，承接两岸海洋生物科研成果，促进集散中心的可持续发展。② 对台小额贸易区（市场）：在陇头互通口附近投建对台小额贸易市场，从而做大台贸市场，方便旅游购物，在繁荣集散中心中起到支撑作用。③ 两岸养殖合作区：在集散中心附近的福宁湾围垦区 3.41 万亩内规划建设“台湾渔民创业园区”，促进当地养殖产品高端化。

建设五个支撑项目，即两岸渔工合作项目、两岸远洋捕捞合作项目、两岸直接通航项目、两岸金融合作项目与两岸旅游合作项目。其中，大龙溪以东为第一期建设区块，其建设内容有港口区、对台小额贸易市场、渔需加工补给区、40 万吨/年交易量与 8 万吨冷库的综合交易市场、生活配套建筑、21.2 万吨/年加工量的精深加工企业与一些配套综合管理楼等；大龙溪以西为第二期建设区块，其建设内容为 45 万吨/年交易量与 8 万吨冷库的综合交易市场、海洋生物高科技园区 29.8 万吨/年加工量的精深加工企业、与一些生活配套建筑、综合管理楼等。

(3) 功能定位。

基地将规划建设国内“交易量最多、园区面积最大、产业链最长、现代化水平最高、配套设施最完善”的水产品集散中心作为总体目标，以形成科技研发、水产养殖、水产育苗、市场贸易、远洋捕捞、生物工程、冷藏加工、船舶维修补给、渔需物资生产、旅游购物、中介服务、物业配送等相互促进、相互配套的循环业态，从而推动区域经济的发展。

(4) 经营状况。

2006年,基地共进境台湾地区水产品23.6万美元、390.4吨;2007年,进境台湾地区水产品280.6万美元、7 112吨,分别同比增长13.8倍与18.1倍;2008年1月至4月,进境台湾地区水产品21.2万美元、432.3吨,分别比上年增长5.76倍与6.95倍,其主要原因是台湾正处于秋刀鱼、鱿鱼等捕捞季节,其货源较为充足,再加上内地销售价格相对较高。根据统计,集散中心自2006年6月设立至2009年底,由三沙口岸入境的台湾地区水产品总计68艘次约9 900.5吨。

3. 海峡西岸连江水产品加工基地

(1) 地理位置。

该水产品加工基地处于连江县晓澳镇区,以"一轴三片"为空间布局,规划总用地规模达11 072亩:以131县道与201省道为联系轴;一期道澳—长沙片区约4 296亩;二期晓澳片区约3 369亩;三期百胜片约2 033亩,备用地约1 374亩。

(2) 建设概况。

据福建海峡连江水产品加工基地的总体规划:第一阶段,2007—2008年,建设鱼、贝、藻、虾四大类精深加工区,完成道澳的填方造地2 115亩;第二阶段,2008—2010年,在长沙2 181亩用地上建设海洋药物、海洋保健品及水产品交易物流中心等水产精深加工区。

(3) 经营概况。

2010年末,水产品出口创汇3亿美元,加工业产值实现50亿元,加工转化率超过60%,精深加工比例在福建省位居前列,已将该基地建设成集水产品加工、流通及贸易于一体的台湾水产加工集散基地与省级水产品加工基地。

6.5.2 三大水产品冷链物流中心运行良好的原因

通过对比本研究中对福建省水产品冷链物流中心区位选择的研究结果与实际已建设的水产品冷链物流中心(如图6-13),我们发现两者基本趋同,理论具有较好的解释力。

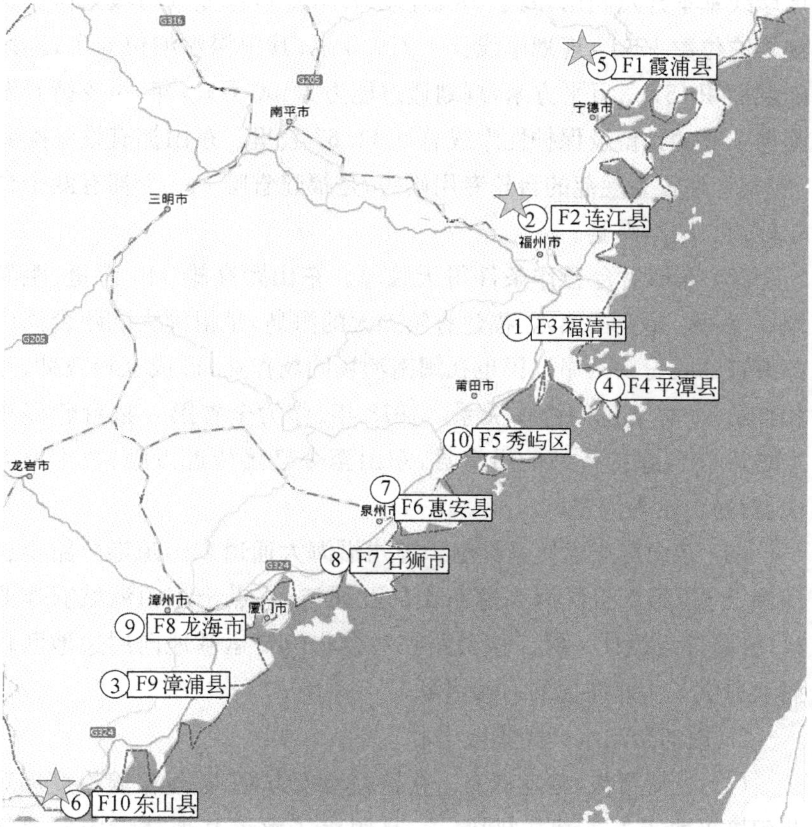

图6-13　福建省水产品冷链物流中心建设现状与区位选择评价结果对比

当前，福建省三大水产品冷链物流中心运行良好，呈现出快速发展的势头，分别是海峡两岸(福建东山)水产品加工集散基地、霞浦台湾水产品集散中心及福建海峡连江水产品加工基地。作为福建省水产品冷链物流中心的绝佳区位聚集区，现分别对其良好运行的原因分析如下。

1. 海峡两岸(福建东山)水产品加工集散基地

(1) 东山具备优越的对台贸易的港口条件。东山岛岸线资源丰富，多港湾，海岸线绵长曲折141公里。东山港辖有城安、铜陵、龙屿、冬古四个作业区，形成“北、东、南”三大港口群落。其中铜陵作业区岸线基本开发利用，属于一类开放口岸，冬古作业区与城安作业区规划泊位数 17 个，规划岸线长 4 279.5 米，其中深水泊位 6 个，港区陆域面积 157.7 万平方米，规划通过能力 1 450 万吨/年，可支持开发临港工业的预留及保护性岸线总计 11.67 公里。东山拥有设施配套齐全、管理较为规范的台轮专用码头，是福建省唯一一个拥有两个台轮停泊点的沿海县。

(2) 东山对台合作条件得天独厚。东山距高雄 110 海里、距澎湖 98 海里，是全国第六、福建省第二大的海岛，是祖国大陆距台湾南部最近的县份。两岸渔民也在闽南渔场同场作业，形成互相救助、互相补给、物资交易的协作关系。1978 年，作为全省第一批台轮停靠点与设立台胞接待站的沿海县，东山至今已接待近万艘、数十万人次、贸易台轮入港避风。

(3) 东山岛交通体系健全。漳州沿海大通道东山疏港公路全长 19.8 公里，起点于沈海高速东山岛互通口，终点于东山港城安作业区，公路等级设计一级。该公路在对台物流转运基地向周边地区辐射上提供了快速便捷的运输保障。

2. 霞浦台湾水产品集散中心

(1) 支持帮扶，措施得力。在检验检疫方面，福建检验检疫局对此积极采取了五项帮扶措施：一是跟踪了解该基地建设中所遇问题，积极与相关部门沟通、协商解决；二是通过召开现场讲解、座谈会等方式，方便企业办理入境检验检疫等业务，告知企业检验检疫相关程序与法规；三是出台八项服务中心建设的便捷措施，从建设隔离设施、进境水产品存放、加快验放速度、简化批准程序等方面积极帮扶；四是实施风险分析，出台对台检验检疫把关措施，以确保进境水产品的快验快放与质量安全；五是开展"监管本"管理，实施电讯检疫，对小额贸易入出境船舶进行 24 小时无休假传真报检，从而实现进出境船舶的"零滞港"。

(2) 积极探索，先试先行。由于陇头核心区开发建设形成规模需要一定的时间，为尽快产生国台办批准建立集散中心的对台政治效应，霞浦在全力争取国家相关部委赋予集散中心特殊优惠政策的同时，整合三沙镇域资源，集中海关、联检部门实行“一栋楼办公、一个窗口对外、一条龙服务”，目前在三沙古镇已形成年交易量可达20万吨的台湾水产品“零关税”进口先行先试区，并实现了两岸水产品进出口在三沙口岸按优惠政策顺利通关。

(3) 资源丰富，潜力巨大。一是丰富的可开发加工的物产。目前，霞浦海域已发现700余种近海鱼类、200多种滩涂生物，其水产品年产量均在30万吨以上，在福建省位居第二位，其中紫菜、海带的产量则居全国前列。二是丰富的可开发利用的海港资源。在福建省县域中，霞浦享有最长的海岸线（404公里，福建省的1/8）、最大的海域（2.89万平方公里，陆域的20倍）、最多的近海岛屿(196个)、最广的浅海滩涂（104万亩）。县域内分布有溪南和三沙两大深水港区，建港条件优越，能够开发建造3—50万吨，130多个码头泊位，被誉为“福建首选、国内少有”。

(4) 区位独特，交通便利。霞浦地位于长三角至珠三角中心点与祖国大陆黄金海岸线中段。三沙港与距台湾基隆港仅有126海里，与台湾东引岛、马祖南竿直接距离仅14与16海里。东面、北面、南面均是经济发达地区，与温州、福州的距离都是160公里。连接两大三角洲的“福温”铁路与“沈海”高速公路均有从霞浦过境，并且霞浦机场正加快建设中，海、陆、空交通优势与区位优势较为明显。

3. 福建海峡连江水产品加工基地

(1) 政策优惠。连江县政府出台了连政综〔2006〕37号文件，对经营期10年以上(除制冰、冷冻业外)，且入驻基地的注册资金(外资)100万美元、资本金(内资)500万元以上的企业，将在地价、环保排污治理费、用水费、企业技术创新、银行贷款贴息、市场开拓、品牌创立等方面给予不同程度的补助与优惠，对在基地内落户的水产品加工企业实行“无费区”管理、“一站式”服务，以鼓励水产加工企业向加工基地的集聚，从而推进水产品加工基地的发展。

(2) 交通便捷。131县道、201省道从基地穿过，距长乐国际机场58公里、福州市区52公里、敖江互通口10公里、同三高速公路管头互通口14公里、乌猪港千吨码头1公里、福温铁路连江火车站8公里、可门港26公里、马尾港区35公里、琯头3 000吨对台码头5公里。

(3) 资源丰富。连江县是水产品资源丰富，全国水产大县，总产量居全国县级第二位、福建省首位。其加工业年产值位居全县规模工业产值1/3强，并且已经形成产业链。

(4) 水电充足。其中，一期日供水2 000吨，二期日供水达2万吨；目前11万伏变电站已经完成规划的征地与选址，3.5万伏变电站可供使用，建成后足以满足入驻企业的用水用电需求。

(5) 地价适宜。工业用地出让金优惠，第一阶段已完成707亩国有盐场土地平整与交付使用，第二阶段道1 315亩澳垦区土地可交付使用。

(6) 产业优势。连江县拥有96家水产品加工企业，其中上千万元加工企业12家，上5 000万元企业5家，上亿元企业2家，三资企业10家。

4. 基于理论实证分析结果与建设实践的比较分析如下。

海峡两岸(福建东山)水产品加工集散基地、霞浦台湾水产品集散中心、福建海峡连江水产品加工基地，发挥着重要的水产品冷链物流中心功能，在福建省水产品冷链物流中心规划的区位选择层面具有较好的基础。基于以上福建省三大水产品冷链物流中心的良好发展态势来看，三者作为重要的区位聚集地，有着深层次的原因。

第一，交通条件，是促进水产品冷链物流中心发展的先天优势。以上三大水产品冷链物流中心能异军突起并迅猛发展，离不开各自具有的区位优势和交通条件，这也是区域经济学的基本共识。得天独厚的地理环境、海洋条件和交通设施，是基础，可以有效地节约成本，提高效率。这和前述理论分析和实证研究的结果基本一致，权重系数为0.16，处于第二梯队。

第二，发展潜力，是促进水产品冷链物流中心发展的后天优势。

上述三大水产品冷链物流中心，由于长期以来注重渔业聚集效应和渔业经济辐射能力的提升，水产品产业发展在地方GDP中占有较高份额，发挥着重要的产业支撑作用。因而，在水产品冷链物流中心规划的区位选择上，自然具有聚集效应，发挥着对经济发展的乘数效用。这与前述区位因子权重系数的实证分析结果基本一致，占有比重为0.18，属于第一梯队。因此，在可见的未来，这些地方还将继续显现出它们的这种经济发展潜力的后天优势。

第三，政府战略，是促进水产品冷链物流中心发展的关键因素。不论是霞浦台湾水产品集散中心，还是福建海峡连江水产品加工基地，两者都得到了相关政府部门的大力支持，在政策优惠和帮扶措施上都起到了非常重要的作用。这和第五章中关于区位因子权重的研究具有印证作用。由前述研究发现可知，政府战略的权重为0.18，在六个区位因子中权重最高，可见其重要性程度。事实上，霞浦县和连江县在发展水产品冷链物流，政府给予的政策扶持和相关政府规划，都起到了很好的调控和引导作用。

第四，公共设施，是促进水产品冷链物流中心发展的基础保障。土地价格水平和土地使用集约化程度，乃至水电、通讯等配套设施的完备程度都是公共设施方面的内容，这些对于促进水产品冷链物流发展是基础和保障，不可或缺。犹如前述实证分析结果可知公共设施的权重系数是0.17，这在六个区位因子中处于第二梯队。这一点，福建海峡连江水产品加工基地在水电方面具有很好的优势，因而能有力地为促进水产品冷链物流中心建设提供基础保障。

第五，人力资源，是促进水产品冷链物流中心发展的人才支撑。人力资源是第一重要资源，日益深入人心，成为大家的共识。由前述理论分析和实证研究结果可知，在诸多区位因子的区位选择结构中，权重系数为0.17，处于第二梯队水平，可见其重要性程度。但是，从上述三大水产品冷链物流中心的情况来看，似乎没有看到这方面的数据支持，因而没能得出二者具有一致性的结论。

第六，生产能力，是促进水产品冷链物流中心发展的动力机制。

每个地方的水产品的生产和加工能力，是发展渔业产业的不竭动力。如果没有一定规模的生产能力，集约化程度不高，分散性太强，那么就会影响到渔业产业的聚集程度和渔业经济辐射能力，进而影响到对地方经济发展中的地位。根据上述三个水产品冷链物流中心的发展状况来看，各自在水产品产量、水产品加工量和渔业养殖面积等方面都有很好的表现，这也为这三个地方可资建设和规划水产品冷链物流中心提供了发展的动力机制。事实上，根据第五章的实证分析结果，可知，在六个区位因子中，权重系数占到 0.14，属于第三梯队，尽管系数不高，但作用不容忽视。

当然，以上分析在一定程度上，还属于一种探索性研究，对于水产品冷链物流中心，本研究提出了六个维度的区位因子，但是否也能适用于其他类型产品，如农产品、水果蔬菜等。此外，这些分析对象都是产地型的区域，如果换成其他具有产地型依赖的产品是否也适用这几个维度来阐释说明，这都有待进一步实证研究来发现和发掘。

第七章

结论、局限与研究展望

本章主要就本研究的发现，进行进一步的讨论和分析，据此概括本书的研究结论和可能的创新，最后提出本研究存在的局限和下一步研究的展望。

7.1 研究结论与讨论

本书的选题主要立足于当前我国水产品生产和消费的矛盾背景下如何加强水产品冷链物流中心的区位选择和科学规划。从这个研究意图出发，本书通过文献检视、理论考察和实证分析，并比较了实证结果和福建省三大水产品冷链物流中心建设现状，得出以下五个主要结论。

(1) 探索和验证了水产品冷链物流中心的区位选择的多维度属性。本书首先从理论驱动的方式初步确定水产品冷链物流中心区位选择的维度，然后通过结构式访谈、专家访谈等探索性研究方法和技术，获得和筛选区位因子的初步量表。并且，通过信度和效度分析及探索性因子分析，确定初步的测量问卷。在理论驱动、经验总结和数据驱动相结合的分析下初步发现了六个区位因子。并且，通过正式调查的数据，采用验证性因子分析，验证了区位选择是一个六维度组成的构想，分别是生产能力、人力资源、交通条件、公共设施、经济发展潜力和政府战略。

本书在研究了国际竞争力评价指标、区域竞争力评价指标、城市竞争力评价指标、物流中心选址的影响因素、环境评价指标、点区位的评价指标的基础上，结合新鲜易腐产品物流中心的选址决策变量等方面进行综合考虑，借鉴国内外区位选择理论模型，以及根据国内外学者对物流中心选址决策的研究，结合我国经济发展水平、政治体制、社会需求等多方面因素，认为水产品冷链物流中心区位选择需要从生产能力、人力资源、交通条件、政府战略、公共设施、经济发展潜力六个维度进行测量。

在对以上六个维度进行分析后，对初步选定的 21 个测量项目通过预试的探索性研究，对量表进行修正和补充，认为以下维度和测量项目能够作为水产品冷链物流中心区位选择的测量项目：生产能力维度由水产品产量、水产养殖面积、水产加工产量三个变量测量；人力资源水平维度由人力资源供给能力、渔业人口数量、渔业从业人数三个变量测量；交通条件维度由运输方式衔接程度、交通通达性、交通路网流量三个项目测量；政府战略维度由渔业政策扶持程度、物流业政策扶持程度、渔业发展规划、物流业发展规划四个变量测量；公共设施维度由土地总体价格、土地使用集约化程度、水电/通讯等配套设施完备程度三个变量测量；经济发展潜力维度由城市 GDP 水平、渔业产业聚集程度、渔业经济辐射能力三个项目测量。

(2) 确立了影响水产品冷链物流中心区位选择的相关因素权重。为了避免片面主观的权重赋予，本书采用结构方程模型(SEM)进行分析，通过识别影响区位选择的关键因素，揭示其影响机理，确立相关因素的权重。对于水产品冷链物流中心区位选择的决策属于多属性决策问题，各区位因子的权重大小将直接影响决策结果。按照指标依据数据或者在决策中的作用的不同，可将权重分为主观权重、客观权重和组合权重三种。本研究中已利用 LISREL8.70 软件得出各潜变量(区位因子)之间的相关系数，可应用相关系数赋权法计算确定型的客观权重。“生产能力”权重系数为 0.14，“人力资源”

权重系数为0.17,“交通条件”权重系数为0.16,“公共设施”权重系数为0.17,“经济发展潜力”权重系数为0.18,“政府战略”权重系数为0.18。

(3) 闽台水产品贸易存在很强的互补性,水产品贸易对物流发展具有强有力的促进作用。根据显示性比较优势指数的分析(RCA),福建的RCA值接近3.55,大于台湾的RCA值1.06,更具比较优势,且通过贸易互补性指数(TC)分析发现,TC约等于1.96,远大于1,说明闽台水产品贸易互补性较强。此外,通过格兰杰因果关系检验(Granger)表明,物流是贸易的格兰杰Granger原因,而贸易不是物流的Granger成因,水产品贸易对物流发展具有较强的促进作用。根据台湾的水产品贸易经验,研究发现水产品贸易能有力地促进了物流业的发展。因此,加强闽台水产品冷链物流中心区位选择和规划,显得十分必要。

(4) 基于逼近理想点法(TOPSIS)对闽台水产品冷链物流中心区位选择进行实证研究得出区位选择综合评价结果。结果表明福建省水产品冷链物流中心区位选择备选城市优先排序为:福清市,连江县,漳浦县,平潭县,霞浦县,东山县,惠安县,石狮市,龙海市,秀屿区;台湾地区水产品冷链物流中心区位选择备选方案优先排序为:高雄市,宜兰县,嘉义县,高雄县,云林县,新竹市,台北县,屏东县,基隆市,彰化县。

(5) 福建三大水产品冷链物流中心的发展状况和经验总结,进一步验证了基于SEM和TOPSIS得出的闽台水产品冷链物流中心区位选择的区位因子的形成机理,展示了该理论的解释力。

7.2 创新点

水产品冷链是指水产品在生产流通的全过程,欧美和日本等国已逐步建设和形成了在装备、设施、信息、管理诸多方面较为完善的整套统一的水产品冷链系统,并特别注重现代水产品冷链物流中心的区位选择和规划。我国水产品冷链物流中心区位选择与规划先行，理论滞后，近年来已逐步引起了学界的关注。随着研究的不断深入，对水产品冷链物流的研究已不仅仅局限于定性研究，还有待于做进一步的实证研究。本书在已有文献和前人研究成果的基础上，构建了水产品冷链物流中心区位选择的量表，并提出了相应的测量模型，以闽台水产品冷链物流为具体实证研究对象，对区位因子和区位选择评价的影响因素及其机理进行了深入的探讨。

(1) 对水产品冷链物流中心区位选择进行理论阐释以及基于闽台水产品贸易和水产品冷链物流的实证性分析，研究主题新颖。通过文献的扫描及细致的研究发现，国内外已有的文献中关于物流中心选址、区位选择的研究取得了不少成果，但从笔者可获得的文献来看，就水产品冷链物流的研究还比较零散，特别是针对水产品冷链物流中心的区位选择和方案评价方面的系统研究基本处于空白，有待深入探索。本研究以水产品冷链物流中心的区位选择为新视角，通过对国内外相关研究的综述和访谈研究，总结影响区位选择的各要素及其相互关系，结合水产品物流中心的物流特性，建立相应的选址模型和选址方案评价模型，研究得到的结论可以衍生出更丰富的政策含义，为优化我国水产品冷链物流中心布局提供方向性路径。

(2) 基于结构方程模型(SEM)和逼近理想点法(TOPSIS)相结合进行水产品冷链物流中心的区位选择评价，方法运用独到。本研究的特色及最大的理论创新主要体现在对于水产品、水产品物流、冷链物流、水产品冷链物流相关问题的理论梳理，针对这一领域目前的研究局限，创设水产品冷链物流中心研究理论框架，通过探索性因子分析和验证性因子分析，对水产品冷链物流中心区位选择决策因子进行了系统的研究。与此同时，本研究对模型建构和评价方法进行创新，将 SEM 和 TOPSIS 方法相结合，应用 TOPSIS 进行选址中偏好结构的求取，应用 SEM 方法求取各个决策因子对于区位选择的权重排序，最终形成备选方案，进行排序，得出相应的优先次序。此外，在其他相关方法的选取上，问卷调查法、主成分分析法、结构方程模型的测量模型、相关系数赋权法、逼近理想点法等都运用较好，为模型建构和评价方法的科学选取具有基础保障。

(3) 依据规范的管理实证研究方法开发出一套适用于水产品冷链物流中心之区位选择的实证分析测量量表，问卷编制合理。理论探索和实证检验得到水产品冷链物流中心区位选择的六个维度及其19个关键指标组成的一套具有较高信度和效度的测量量表。

7.3 研究局限与研究展望

1. 研究局限

由于本书有关水产品冷链物流中心区位选择的研究，学界已有研究成果凤毛麟角，可供参考的不多，因而本研究更多属于一种探索性质的研究，难免存在一些不足之处，主要有以下四点。

(1) 本书开发和检验的水产品冷链物流中心之区位选择的区位因子测量量表，还需要在今后的研究中不断加以完善，并通过扩大研究范围来验证量表的适用性，包括在农产品果蔬等类型的物流中心区位选择。

(2) 区位选择评价和模型构建，一直以来是区域经济学和管理学研究上的难题，本书的研究只是一个初步尝试。本书只是针对水产品冷链物流中心区位选择提出了基于 SEM 和 TOPSIS 相结合的方法进行综合评价，当然不排除采用其他方法也能达到或者能够更好地达到效果的可能，这是本研究存在的不足之处，也是今后值得研究的课题。

(3) 受时间、精力和资金等方面的限制，本书在对台湾的实证研究的过程中，样本量不是很大，抽样范围不广，样本选择上存在一定的局限性，因而结论或许有一定的偏差，对于其他地区的参照性还值得进一步检验。

(4) 本研究仅以产地型水产品冷链物流中心为对象，未探讨水产品冷链物流中心的其他类型，已有的研究发现是否适用于配送型、加值型、研发型等不同类型，需要进一步加以评估。

2. 研究展望

关于水产品冷链物流中心区位选择的研究，是一个全新而又具有挑战性的课题，在本研究的基础上，笔者下一步将主要就以下三个方面继续深入研究。

(1) 扩大研究对象选取范围，进行全国范围内水产品冷链物流中心的调查研究和数据收集。根据已有研究发现，结合其他省市情况，进一步验证本书所开发的区位因子测量量表，拓展研究结论的应用范围。

(2) 深入考察多种主客观赋权法，比较应用于区位选择评价的多种方法，并比较各种方法的优劣和适用性。

(3) 加强产地型和配送型、加值型、研发型等多种类型间的比较研究。发现它们的共性和个性，为推进我国水产品冷链物流发展提供多样化的对策方案和指导建议。

附录一

水产品冷链物流中心区位选择排序问卷（福建）

敬启者：

为使本研究更具客观性和实用性，急需各位专家前辈的专业意见，以此作为研究的基础。

本问卷为匿名问卷，您所提供的意见仅作为学术研究之用，感谢您在百忙之中拨冗填写本问卷。

敬祝：事事顺心！

PS：

此问卷能回答者请尽量填答，如果不能填答，请依据您的经验与专业知识填答，期望能够提供更专业的信息。

一、指标的重要性评分

NO.	生产能力（Ⅰ）	1＝非常不重要，2＝很不重要，3＝不重要，4＝一般，5＝重要，6＝很重要，7＝非常重要
PA1	您认为区域的**水产品产量**对水产品物流中心区位选择重要吗？	1 2 3 4 5 6 7
PA2	您认为区域的**水产养殖面积**对水产品物流中心区位选择重要吗？	1 2 3 4 5 6 7

续 表

NO.	生产能力(Ⅰ)	1=非常不重要,2=很不重要,3=不重要,4=一般,5=重要,6=很重要,7=非常重要
PA3	您认为区域的**机动渔船数量**对水产品物流中心区位选择重要吗?	1 2 3 4 5 6 7
PA4	您认为区域的**水产加工产量**对水产品物流中心区位选择重要吗?	1 2 3 4 5 6 7
PA5	您认为区域**水产品种类的稀缺性**对水产品物流中心区位选择重要吗?	1 2 3 4 5 6 7

NO.	人力资源(Ⅱ)	1=非常不重要,2=很不重要,3=不重要,4=一般,5=重要,6=很重要,7=非常重要
LF1	您认为城市的**人力资源供给能力**对水产品物流中心区位选择重要吗?	1 2 3 4 5 6 7
LF2	您认为区域的**渔业人口数量**对水产品物流中心区位选择重要吗?	1 2 3 4 5 6 7
LF3	您认为区域的**渔业从业人数**对水产品物流中心区位选择重要吗?	1 2 3 4 5 6 7

NO.	交通条件(Ⅲ)	1=非常不重要,2=很不重要,3=不重要,4=一般,5=重要,6=很重要,7=非常重要
TC1	您认为区域的**运输方式衔接程度**对水产品物流中心区位选择重要吗?	1 2 3 4 5 6 7
TC2	您认为区域的**交通通达性**对水产品物流中心区位选择重要吗?	1 2 3 4 5 6 7
TC3	您认为区域的**交通路网流量**对水产品物流中心区位选择重要吗?	1 2 3 4 5 6 7

NO.	政府战略(Ⅳ)	1=非常不重要,2=很不重要,3=不重要,4=一般,5=重要,6=很重要,7=非常重要
GS1	您认为当地政府**渔业政策扶持程度**对水产品物流中心区位重要吗?	1 2 3 4 5 6 7
GS2	您认为当地政府**物流业政策扶持程度**对水产品物流中心区位重要吗?	1 2 3 4 5 6 7
GS3	您认为当地政府**渔业的发展规划**对水产品物流中心区位重要吗?	1 2 3 4 5 6 7
GS4	您认为当地政府**物流业的发展规划**对水产品物流中心区位重要吗?	1 2 3 4 5 6 7

NO.	公共设施(Ⅴ)	1=非常不重要,2=很不重要,3=不重要,4=一般,5=重要,6=很重要,7=非常重要
PU1	您认为城市的**土地总体价格**对水产品物流中心区位选择重要吗?	1 2 3 4 5 6 7
PU2	您认为城市的**土地使用集约化程度**对水产品物流中心区位选择重要吗?	1 2 3 4 5 6 7
PU3	您认为城市**水电/通讯等配套设施**对水产品物流中心区位选择重要吗?	1 2 3 4 5 6 7

NO.	发展潜力(Ⅵ)	1=非常不重要,2=很不重要,3=不重要,4=一般,5=重要,6=很重要,7=非常重要
DP1	您认为区域的 **GDP** 对水产品物流中心区位选择重要吗?	1 2 3 4 5 6 7
DP2	您认为城市的**渔业产业聚集程度**对水产品物流中心区位选择重要吗?	1 2 3 4 5 6 7
DP3	您认为城市的**渔业经济辐射能力**对水产品物流中心区位选择重要吗?	1 2 3 4 5 6 7

二、城市指标分值

请您对各个县市水产品物流发展的绩效水平进行打分(分值为1—10分,1分为最差,10分为最优)。

关键指标＼区位		F1霞浦县	F2连江县	F3福清市	F4平潭县	F5秀屿区	F6惠安县	F7石狮市	F8龙海市	F9漳浦县	F10东山县
PA5	水产品种类的稀缺性										
LF1	人力资源供给能力										
TC1	运输方式衔接程度										
TC2	交通通达性										
TC3	路网流量										
GS1	渔业政策扶持程度										
GS2	物流业政策扶持程度										
GS3	渔业发展规划										
GS4	物流业发展规划										
PU1	土地总体价格										
PU2	土地使用集约化程度										
PU3	水电、通讯等配套设施										
DP2	渔业产业聚集程度										
DP3	渔业经济辐射能力										

三、分类信息

F1. 您的性别: □ 男　□ 女

F2. 您的学历: □ 高中或中专　□ 大专　□ 本科　□ 硕士
□ 博士

F3. 您的职业领域: □ 渔业及相关政府职能部门
□ 物流及相关政府职能部门
□ 渔业及相关企业
□ 物流及相关企业
□ 渔业及相关科研院所
□ 物流及相关科研院所
□ 其他 ________

F4. 您从事相关行业年限: □ 1—5 年　□ 6—10 年　□ 11—15 年
□ 16—20 年　□ 21 年以上

问卷到此结束,再次感谢您的支持!

附录二

水产品冷链物流中心区位选择排序问卷（台湾）

敬启者：

为使本研究更具客观性和实用性，急需各位专家前辈的专业意见，以此作为研究的基础。

本问卷为匿名问卷，您所提供的意见仅作为学术研究之用，感谢您在百忙之中拨冗填写本问卷。

敬祝：事事顺心！

PS：

此问卷能回答者请尽量填答，如果不能填答，请依据您的经验与专业知识填答，期望能够提供更专业的信息。

一、指标的重要性评分

NO.	生产能力（Ⅰ）	1=非常不重要，2=很不重要，3=不重要，4=一般，5=重要，6=很重要，7=非常重要
PA1	您认为区域的**水产品产量**对水产品物流中心区位选择重要吗？	1 2 3 4 5 6 7
PA2	您认为区域的**水产养殖面积**对水产品物流中心区位选择重要吗？	1 2 3 4 5 6 7

续　表

NO.	生产能力(Ⅰ)	1＝非常不重要,2＝很不重要,3＝不重要,4＝一般,5＝重要,6＝很重要,7＝非常重要
PA3	您认为区域的**机动渔船数量**对水产品物流中心区位选择重要吗?	1　2　3　4　5　6　7
PA4	您认为区域的**水产加工产量**对水产品物流中心区位选择重要吗?	1　2　3　4　5　6　7
PA5	您认为区域**水产品种类的稀缺性**对水产品物流中心区位选择重要吗?	1　2　3　4　5　6　7

NO.	人力资源(Ⅱ)	1＝非常不重要,2＝很不重要,3＝不重要,4＝一般,5＝重要,6＝很重要,7＝非常重要
LF1	您认为城市的**人力资源供给能力**对水产品物流中心区位选择重要吗?	1　2　3　4　5　6　7
LF2	您认为区域的**渔业人口数量**对水产品物流中心区位选择重要吗?	1　2　3　4　5　6　7
LF3	您认为区域的**渔业从业人数**对水产品物流中心区位选择重要吗?	1　2　3　4　5　6　7

NO.	交通条件(Ⅲ)	1＝非常不重要,2＝很不重要,3＝不重要,4＝一般,5＝重要,6＝很重要,7＝非常重要
TC1	您认为区域的**运输方式衔接程度**对水产品物流中心区位选择重要吗?	1　2　3　4　5　6　7
TC2	您认为区域的**交通通达性**对水产品物流中心区位选择重要吗?	1　2　3　4　5　6　7
TC3	您认为区域的**交通路网流量**对水产品物流中心区位选择重要吗?	1　2　3　4　5　6　7

NO.	政府战略(Ⅳ)	1=非常不重要,2=很不重要,3=不重要,4=一般,5=重要,6=很重要,7=非常重要
GS1	您认为当地政府**渔业政策扶持程度**对水产品物流中心区位重要吗?	1 2 3 4 5 6 7
GS2	您认为当地政府**物流业政策扶持程度**对水产品物流中心区位重要吗?	1 2 3 4 5 6 7
GS3	您认为当地政府**渔业的发展规划**对水产品物流中心区位重要吗?	1 2 3 4 5 6 7
GS4	您认为当地政府**物流业的发展规划**对水产品物流中心区位重要吗?	1 2 3 4 5 6 7

NO.	公共设施(Ⅴ)	1=非常不重要,2=很不重要,3=不重要,4=一般,5=重要,6=很重要,7=非常重要
PU1	您认为城市的**土地总体价格**对水产品物流中心区位选择重要吗?	1 2 3 4 5 6 7
PU2	您认为城市的**土地使用集约化程度**对水产品物流中心区位选择重要吗?	1 2 3 4 5 6 7
PU3	您认为城市**水电/通讯等配套设施**对水产品物流中心区位选择重要吗?	1 2 3 4 5 6 7

NO.	发展潜力(Ⅵ)	1=非常不重要,2=很不重要,3=不重要,4=一般,5=重要,6=很重要,7=非常重要
DP2	您认为城市的**渔业产业聚集程度**对水产品物流中心区位选择重要吗?	1 2 3 4 5 6 7
DP3	您认为城市的**渔业经济辐射能力**对水产品物流中心区位选择重要吗?	1 2 3 4 5 6 7

二、城市指标分值

请您对各个县市水产品物流发展的绩效水准进行打分(分值为 1—10 分,1 分为最差,10 分为最优)。

关键指标 \ 区位		T1 基隆市	T2 台北县	T3 新竹市	T4 宜兰县	T5 彰化县	T6 云林县	T7 嘉义县	T8 高雄县	T9 高雄市	T10 屏东县
PA5	水产品种类的稀缺性										
LF1	人力资源供给能力										
TC1	运输方式衔接程度										
TC2	交通通达性										
TC3	路网流量										
GS1	渔业政策扶持程度										
GS2	物流业政策扶持程度										
GS3	渔业发展规划										
GS4	物流业发展规划										
PU1	土地总体价格										
PU2	土地使用集约化程度										
PU3	水电、通讯等配套设施										
DP2	渔业产业聚集程度										
DP3	渔业经济辐射能力										

三、分类资讯

F1. 您的性别: □ 男 □ 女

F2. 您的学历: □ 中学 □ 大学 □ 硕士 □ 博士

F3. 您的职业领域: □ 渔业及相关管理部门
□ 物流及相关管理部门
□ 渔业及相关企业
□ 物流及相关企业
□ 渔业及相关科研院所
□ 物流及相关科研院所
□ 其他 ________

F4. 您从事相关行业年限: □ 1—5 年 □ 6—10 年 □ 11—15 年 □ 16—20 年 □ 21 年以上

问卷到此结束,再次感谢您的支持!

参考文献

[1] 艾南山. 序言. 杨吾扬. 区位论原理——产业、城市和区域的区位经济分析[M]. 兰州：甘肃人民出版社，1989.

[2] 艾萨德，区位与空间经济：关于产业区位、市场区、土地利用、贸易和城市结构的一般理论[M]. 北京大学出版社，2011.

[3] 安虎森. 新区域经济学[M]. 大连：东北财经大学出版社，2008. 8.

[4] 安久意. 我国冷链物流标准化现状及发展思路研究. 标准与标准化研究，2010(7)：9－13.

[5] 奥古斯特·勒施. 经济空间秩序[M]. 北京：商务印书馆，2010.

[6] 毕延彤，王心一. 浅析现代水产品物流[J]. 渔业经济研究，2005 (5)：14－16.

[7] 侯杰泰，温忠麟，成子娟. 结构方程模型及其应用[M]，北京：教育科学出版社，2006.

[8] 黄天翔等. 基于区位势理论的物流中心选址[J]. 物流工程与管理，2009(8).

[9] 陈坚等. 建设水产品冷藏链的基本要点[J]. 冷藏技术，2001(3).

[10] 陈璟. 电子商务环境下我国物流业发展对策探讨[J]. 经济地理，2001，21(5)：554－558.

[11] 陈蓝荪. 水产品物流及其在中国的发展[J]. 中国流通经济，2006(1)：13－16.

[12] 陈述平. 在全国水产品对外贸易形势分析座谈会上的专题报告"2010 世界水产品贸易形势简析"［EB/OL］. http：//dof.

hainan. gov. cn/hyjj/detail. asp? gid=5009.

[13] 陈思云，陈细琰. 湖北水产品物流发展研究[J]. 物流技术，2006(9)：28-30.

[14] 陈卫平，赵彦云. 中国区域农业竞争力评价与分析——农业产业竞争力综合评价方法及其应用[J]. 管理世界，2005(3)：85-93.

[15] 陈晓萍，徐淑英，樊景立. 组织与管理研究的实证方法[M]. 北京：北京大学出版社，2008(6)：236.

[16] 陈志祥等. SCM 建模理论与方法研究[J]. 管理科学学报，1999，2(1)：67-70.

[17] 储昭昉，王强. 航空物流与国际贸易的关系：基于中国的实证研究[J]. 国际贸易问题，2010(1).

[18] 崔功豪，魏清泉，刘科伟. 区域分析与区域规划[M]. 北京：高等教育出版社，2006.

[19] 邓汝春. 冷链物流运营实务[M]. 北京：中国物资出版社，2007：7-8.

[20] 丁萍萍，程玉申. 经济地理学[M]. 北京：中国物资出版社，2002.

[21] 董国辉. 劳尔·普雷维什经济思想研究[M]. 天津：南开大学出版社，2003.

[22] 董艳萍. 基于模糊层次分析法的物流配送中心选址研究[J]. 科技创业月刊，2010(10)：92-93.

[23] 杜栋，庞庆华，吴炎. 现代综合评价方法与案例精选(第 2 版)[M]. 北京：清华大学出版社，2008.

[24] 杜栋. 现代综合评价方法与案例精选[M]. 北京：清华大学出版社，2006.

[25] 付美林. 我国对外贸易与国际物流关系的实证研究[J]. 知识经济，2009(18).

[26] 高学东，杜秀亭，董晓民. 配送中心选址影响因素的结构方程模

型分析[J]. 中国管理信息化,2009,12(21):77-79.
[27] 高莹,李卫东,尤笑宇. 基于网络DEA的我国铁路运输企业效率评价研究[J]. 中国软科学,2011(5):176-182.
[28] 管楚度. 交通区位分析泛型例说[M]. 北京:人民交通出版社,2006.
[29] 郭崇义. 商业布局与区位决策[M]. 北京:中国商业出版社,2008:6.
[30] 郭建兴. 对构建海峡西岸漳州水产品加工基地的思考[J]. 中国渔业经济,2006(3):67-70.
[31] 郭俊华,黄思嘉,吕守军. 知识产权政策评估指标体系的构建及其应用研究[J]. 中国软科学,2009(7):19-27.
[32] 郭茜. 我国物流业运输能力与基础设施规模预测分析[EB/OL]. http://www.bjstats.gov.cn/tjxh30zn/zwxd/201008/t20100819_182626.htm (20100809).
[33] 郭儒家. 低温仓库Q&A-1[J]. 冷冻空调&热交换. 2001(42).
[34] 国家食品安全追溯平台. 水产标准总目录:水产及水产品分类与名称[EB/OL]. http://safefood.gs1cn.org/news.asp?id=3073.
[35] 韩朝胜. 基于多属性决策的物流中心选址问题研究[J]. 企业管理,2010(06):177-179.
[36] 韩增林等. 城市物流园区及配送中心布局规划研究[J]. 地理科学,2003,23(5):535-541.
[37] 韩增林,王成金等. 我国物流业发展与布局的特点及对策探讨[J]. 地理科学进展,2002,21(1):81-90.
[38] 郝丹. 国际水产品冷链物流优化——以BSL公司为例[D]. 中国海洋大学,2009:1.
[39] 郝海,踪家峰. 系统分析与评价方法[M]. 北京:经济科学出版社. 2007.
[40] 郝寿义,倪方树,林坦,方兴. 企业区位选择与空间集聚的博弈

分析[J]. 南开经济研究,2011(3): 69 - 78.

[41] 郝书池,姜燕宁. 基于生态位适宜度和主成分——TOPSIS法的配送中心选址模型研究[J]. 统计与决策,2010,18(318): 59 - 61.

[42] 何好俊,祝树金. 中澳产业国际竞争力与贸易互补性分析[J]. 国际经贸探索,2008. 24(12): 19 - 23.

[43] 何曼青. 我国区域投资环境评估及检测指标体系与模型的构建[J]. 中国外资,2004(11): 30 - 33.

[44] 何小群. 现代统计分析方法[M]. 北京: 中国人民大学出版社,1998: 215 - 344.

[45] 侯方淼. 对外贸易与现代物流发展的关系——以北京市为例的实证分析[J]. 河南商业高等专科学校学报,2009(1).

[46] 侯杰泰,温忠麟,成子娟. 结构方程模型及其应用[M]. 北京: 教育科学出版社,2004.

[47] 胡鞍钢,王磊. 社会转型风险的衡量方法与经验研究(1993 - 2004)[J]. 管理世界,2006(6): 46 - 54.

[48] 胡天石. 冷链物流发展问题研究[J]. 北京工商大学学报,2010,25(4): 27 - 29.

[49] 黄芳铭. 结构方程模式: 理论与应用[M]. 北京: 中国税务出版社,2005.

[50] 黄亮,许继琴. 宁波市国际贸易与国际物流的协整关系研究[J]. 经济论坛,2008(20).

[51] 黄明知,张守凤,江涛. 决策理论的发展演变及新动向[J]. 统计与决策,2003(6): 42 - 43.

[52] 姜军. 我国进出口水产品冷链物流的六西格玛管理模式研究[D]. 中国海洋大学,2008.

[53] 姜清春. 加快发展水产加工业,全力打造国际性水产品加工基地[J]. 中国水产,2005(3): 28 - 30.

[54] 蒋国玲,张银,沈海亮,宋平. 浅谈我国冷藏链物流的主要问题

及措施. 饮料工业,2011(06): 6-8.

[55] 蒋颖. 闽台农产品贸易互补性实证研究[J]. 福建农林大学学报(哲学社会科学版),2008,11(6): 44-47.

[56] 金凤君. 我国航空客流网络发展及其地域系统研究[J]. 地理研究,2001,20(3): 31-39.

[57] 井淼. 消费者网上购买行为感知风险研究——基于上海大学生的实证分析[D]. 上海交通大学,2006.

[58] 柯欣玮整理自农产贸易统计查询系统. 2008 年台湾水产品进出口概况[EB/OL]. 鳗鱼网. http: //www. chinaeel. cn/showBoardInfo. do? id = f59900121cabaa4f011fcedc461e0bd3 [20090304].

[59] 克鲁格曼. 地理和贸易[M]. 北京: 北京大学出版社,2001.

[60] 克鲁格曼. 发展、地理和经济理论[M]. 北京: 北京大学出版社,2000.

[61] 孔峰. 模糊多属性决策理论方法及其应用[M]. 北京: 中国农业科学技术出版,2008.

[62] 孔原,刘览. 现代物流与我国进出口贸易的关系研究——基于VAR模型的脉冲响应函数分析[J]. 价值工程,2009(8).

[63] 匡勇,张晨. 国内外冷链物流的发展现状比较研究[J]. 科技和产业,2008,8(8): 35-37.

[64] 来建强. 闽台将建亚洲最大水产品交易中心[EB/OL]. http: //news. qq. com/a/20090919/ 001382. htm [2009/09/19].

[65] 冷藏和冷冻方法的原理[EB/OL]. http: //www. foodmate. net/tech/jiagong/jiagong3/163474. html.

[66] 李朝鲜,李宝仁. 现代服务业评价指标体系与方法研究[M]. 北京: 中国经济出版社. 2007.

[67] 李电生,夏国建. 基于灰色关联熵的水产品贸易与物流耦合性研究[J]. 统计与决策. 2010(2).

[68] 李海涛,包特力根白乙.中国水产品物流模式研究[J].商业经济.2008(19):104-106.
[69] 李利等.水产品保活运输方法综述[J].安徽农业科学,2009(15).
[70] 李利,江敏,马允,晓琴.水产品保活运输方法综述[J].安徽农业科学.2009(15):7303-7305.
[71] 李闽榕,李建平,黄茂兴著.中国省域经济综合竞争力评价与预测研究[M].北京:社会科学文献出版社,2007.
[72] 李荣均.模糊多准则决策理论与应用[M].北京:科学出版社,2002.
[73] 李旸.物流经济地理[M].北京:北京理工大学出版社,2007:1-323.
[74] 李育辉,谭北平,王芸,申靓.不同等级数李克特量表的比较研究[J],数据研究(香港),2006(2):159-173.
[75] 李志,何小勇.物流系统评价指标权重的确定方法[J].统计与决策,2010(8):60-61.
[76] 连玉明.中国城市综合竞争力报告[M].北京:中国时代经济出版社,2009.
[77] 林冰,刘春艳.多视角看中日农产品贸易互补性[J].改革与战略,2009(10):1-4.
[78] 林善浪,张惠萍.通达性、区位选择与信息服务业集聚——以上海为例[J].财贸经济,2011(5):106-114.
[79] 刘春,朱俊林.中国城市物流中心的布局现状分析[J].资源开发与市场,2003(6):368-370.
[80] 刘禾文.克鲁格曼新经济地理学[J].文化经济,2011(14):225.
[81] 刘南,李燕.现代物流与经济增长的关系研究——基于浙江省的实证分析[J].管理工程学报,2007(1).
[82] 刘筱洁,曹立明,王小平.基于模糊神经网络模型的配送中心选址综合评[J].计算机应用与软件,2007,(3).

[83] 刘亚东. 对外贸易与现代物流发展关系的研究——基于我国1985—2007年统计数据的实证分析[J]. 黑龙江对外经贸, 2009(8).

[84] 刘勇. 我国典型地区区域竞争力初步探究[J]. 城市经济、区域经济, 2003(5).

[85] 刘勇. 我国典型地区区域竞争力初步研究[R]. 调查研究报告, 2002,(202).

[86] 卢斌. 建设长株潭区域物流中心的研究[D]. 湖南师范大学, 2006.

[87] 卢川. 国外物流中心建设的一些经验和做法[J]. 湖南大学学报(社会科学版), 2002, (5): 45-48.

[88] 卢纹岱, 朱红兵, 何丽娟, 石国书. 统计软件应用的常见误区与解决途径[J]. 首都体育学院学报, 2005(3): 122-125.

[89] 罗应霞. 浅析杜能及其《孤立国》在经济学中的贡献[J]. 云南行政学院学报, 2003(02): 01-04.

[90] 马庆国. 管理统计: 数据获取、统计原理、SPSS工具与应用研究[M]. 北京: 科学出版社, 2002.

[91] [美] 罗伯特·F·德威利斯. 量表编制: 理论与应用(第2版)[M]. 重庆大学出版社, 2004.

[92] [美] 迈克尔·波特. 国家竞争优势[M]. 北京: 华夏出版社, 2002.

[93] [美] 沃尔特·艾萨德著, 杨开忠, 沈体雁, 方森, 王滔等译. 区位与空间经济: 关于产业区位、市场区、土地利用, 贸易和城市结构的一般理论[M]. 北京: 北京大学出版社, 2011.

[94] 孟省. 区域经济理论综述[J]. 区域经济, 2011(7): 99-101.

[95] 倪鹏飞等. 城市竞争力报告[M]. 北京: 社会科学文献出版社, 2003.

[96] 倪鹏飞. 决定区域竞争力的九大因素[J]. 港口经济, 2009(6): 48.

[97] 倪鹏飞. 中国城市竞争力理论研究与实证分析[M]. 中国经济出版社,2001.

[98] 聂彤彤. 网络环境下应急物流中心能力评价指标选取研究[J]. 技术与创新管理,2011(5): 247-250.

[99] 彭丽霞. 我国冷链物流发展现状及对策研究[D]. 河北工程大学,2011.

[100] 齐凤生,程秀荣. 水产品冷藏链的现状和发展趋势[J]. 河北渔业,2003(3).

[101] 钱伟. 区位理论三大学派的介析与评价[J]. 科技创业月刊,2006(02): 179-180.

[102] 秦璐,刘凯. 城市物流空间结构演化机理研究[J]. 中国流通经济,2011(6): 30-35.

[103] 秦绪伟,范玉顺,尹朝万. 整车物流网络规划问题的混合粒子群算法研究[J]. 系统工程理论与实践,2006(7).

[104] 邱皓政. 结构方程模式: LISREL 的理论、技术与应用[M]. 台北: 双叶书廊有限公司,2003.

[105] 芮文琴,荆有印. 中国冷库现状及节能途径[J]. 冷藏技术,2011(3).

[106] 沙丁. DAIFUKU 印象之案例篇(一)——日本水产株式会社东京综合物流中心[J]. China storage & transport magazine. 2006(1): 45-47.

[107] 石文虎. 物流水平与对外贸易的协整分析[J]. 中国集体经济,2009(5).

[108] 宋建晓. 积极借鉴台湾经验发展福建海洋渔业[J]. 发展研究,2006(3).

[109] 苏春玲. 区域物流规划研究——以广西壮族自治区为例[D]. 中南大学, 2007.

[110] 苏玲利. 城市冷链物流发展现状及存在问题探析[J]. 流通论坛,2007(7): 45-46.

[111] 苏为华.综合评价学[M].北京：中国市场出版社，2005.
[112] 苏雄义.物流与运筹管理：观念、机能、整合[M].台北：华泰文化出版社，2007.
[113] 隋博文.基于实证的港口物流功能评价模型构建[J].技术与创新管理，2010(02)：197－201.
[114] 台湾渔业概况[J].水产养殖，2011(3)：53.
[115] 谭兆涛.浅述我国冷链物流的现状与提升[J].西南工业，2010(3)：43－45.
[116] 田立新等.配送中心选址研究[J].安徽农业科学，2008(33).
[117] 汪超，杨东援.中心城市现代物流系统规划框架研究[J].城市规划汇刊，2001(2)：53－56.
[118] 汪明锋.城市竞争、职能与竞争力：一个理论分析框架[J].现代城市研究，2002(2)：44.
[119] 王春颖，肖丽娜，肖朋民.物流中心选址方法的研究[J].武汉理工大学学报(交通科学与工程版)，2007，31(6).
[120] 王非，王丽萍，贾涛.引入补偿策略的风险共担配送中心选址问题研究[J].公路交通科技，2010(5)：171－177.
[121] 王非，徐渝，李毅学.离散设施选址问题研究综述[J].运筹与管理，2006(5)：64－69.
[122] 王冠贤，魏清泉.物流企业区位研究：综述与思考[J].物流科技，2008(6)：10－13.
[123] 王贵新，沈建法.中国地级以上城市综合竞争力研究[J].复旦学报，2002(2)：69－77.
[124] 王健.现代物流概论[M].北京：北京大学出版社，2005.
[125] 王玖河，白满元.基于BSC和PCA的港口物流绩效评价[J].技术与创新管理，2011(7)：416－418.
[126] 王利，韩增林.现代区域物流规划的理论框架研究[J].经济地理，2003，23(5)：601－605.
[127] 王领.对外贸易与现代物流关系的实证研究——基于上海市

1978—2008 年的数据[J]. 国际贸易问题. 2010(1)：59－65.

[128] 王瑜. 增长极理论与实践评析[J]. 商业研究，2011(4)：33－37.

[129] 王之泰. 物流工程研究[M]. 北京：首都经济贸易出版社，2005：230－233.

[130] 王宗军. 综合评价的方法、问题及其研究趋势[J]. 管理科学学报，1998，1(1)：75－79.

[131] 魏浩. 中国和巴西双边贸易的比较优势与互补性：1992—2006[J]. 社会科学战线，2009(7)：66－73.

[132] 沃尔特·克里斯塔勒. 德国南部中心地原理[M]. 北京：商务印书馆，1998.

[133] 吴楚媛，车斌. 湖北渔业重点县市综合竞争力研究[J]. 湖南农业科学，2009(6)：147－149.

[134] 吴楚媛，车斌. 基于 AHP 模型的湖北省渔业重点县(市)综合竞争力研究[J]. 山西农业科学，2009，37(10)：72－76.

[135] 吴稼乐，孔庆源，陈坚，朱富强. 水产品冷链物流中三项指标的构建——冷链物流流通率、冷链运输率和损失率[J]. 中国渔业经济，2008. 5(26)：66－71.

[136] 郗河，余红剑. 企业社会责任特征问卷初步编制研究[J]. 经济问题，2009(2)：77－79.

[137] 徐春祥，李梨梨. 基于双视角的中韩水产品贸易互补性研究[J]. 商业研究，2010(1)：201－205.

[138] 徐玖平. 多属性决策的理论与方法[M]. 北京：清华大学出版社，2006.

[139] 徐妍. 中国新疆与俄罗斯贸易互补性的实证分析[J]. 新疆财经，2009(2)：61－71.

[140] 雅各布斯. 城市经济[M]. 北京：中信出版社，1997.

[141] 闫逢柱，乔娟，张文兵. 中美高新技术产品贸易互补性实证研究[J]. 商业经济与管理，2009，214(8)：53－62.

[142] 杨博. 基于系统思想的冷链物流研究[J]. 物流科技,2010,(4): 56-58.

[143] 杨长春. 论国际贸易与国际物流的关系[J]. 国际贸易, 2007(10).

[144] 杨红军,董礼. 基于直觉模糊集多属性决策的灰色关联分析法[J]. 微电子学与计算机,2011(9): 155-157.

[145] 杨吾扬,梁进社. 高等经济地理学[M]. 北京: 北京大学出版社,1997.

[146] 杨吾扬. 区位论原理——产业、城市和区域的区位经济分析[M]. 兰州: 甘肃人民出版社,1989.

[147] 杨吾扬. 区位论中的宏观和一般均衡分析[J]. 经济地理, 1989(3): 161-165.

[148] 杨贤才. 经济增长理论文献综述[J]. 东方企业文化,2011(1): 253.

[149] 姚文捷. 空间点面视角下的区位选择理论探微[J]. 哈尔滨商业大学学报(社会科学版),2010,6(115): 73-78.

[150] 叶义成,柯丽华,黄德育. 系统综合评价技术及其应用[M]. 北京: 冶金工业出版社,2006.

[151] 于学军,张国治. 冷冻、冷藏食品的贮藏与运输[M]. 北京: 化学工业出版社,2007.

[152] 余辉,秦祥梅等. 水产品物流发展研究[J]. 上海物流,2008(2): 24-26.

[153] 俞玮. 我国冷链物流系统技术的革新与展望[J]. 信息与电脑, 2008(9): 20-24.

[154] 约翰·冯·杜能,吴衡康译,谢钟准校. 孤立国同农业和国民经济的关系[M]. 北京: 商务印书馆,1986.

[155] 张宝友. 现代物流业对进出口贸易的影响——基于我国1995—2004年数据的实证研究[J]. 国际贸易问题,2009(1).

[156] 张传涛,姚国成. 提高水产品质量安全水平的新思考[J]. 河北

渔业,2010(9): 53 - 56.
[157] 张海珍. 物流经济地理[M]. 北京: 人民交通出版社,2008: 1 - 164.
[158] 张华,王东,王晶日,吕波. 建设节水型社会评价指标体系及赋权方法研究[J]. 环境保护科学,2010(36): 65 - 68.
[159] 张瑞夫. 城市冷链物流系统构架研究[D]. 吉林: 吉林大学管理科学与工程系,2008.
[160] 张绍杰,朱程. 现代物流中心综述[J]. 济南职业学院学报,2005,51(6): 59 - 61.
[161] 张庭伟. 城市的竞争力以及城市规划的作用[J]. 城市规划,2000(11): 39 - 40.
[162] 张文忠. 经济区位论[M]. 北京: 科学出版社,2000: 221.
[163] 张务栋. 交通运输布局概论[M]. 上海: 华东师范大学出版社,1993: 51 - 60.
[164] 张西瑞. 水产品质量安全管理与对策[J]. 河南水产,2007(3): 1 - 9.
[165] 赵勤. 浅议我国水产品物流的发展[J]. 物流科技,2005(124): 7 - 9.
[166] 赵勤. 中国现代农业物流问题研究[D]. 东北林业大学,2006: 10.
[167] 赵彦云,李静萍. 中国生活质量评价、分析和预测[J]. 管理世界,2000(3): 32 - 40.
[168] 郑延福. 高校教学质量评价指标权重的确定方法[J]. 统计与决策,2011(15): 167 - 168.
[169] 中国物流产品网. 2010 年中国仓储行业发展综合报告[EB/OL]. http: //www. 56products. com/special/201076153916/Index. html. [2010. 07. 06].
[170] 中华人民共和国国家标准《物流术语》(GB/T18354 - 2006).
[171] 中华人民共和国国家物流标准术语. 中国储运,2001(3).

[172] 周凌云，赵刚. 物流中心规划与设计[M]. 北京：清华大学出版社，2010.

[173] 周应恒，吕超等. 中国水产业物流链研究[J]. 中国渔业经济，2008(4)：46 - 48.

[174] 朱伟伟，陈蓝荪. 我国水产品物流的发展模式[J]. 时代贸易，2006(8)：6 - 8.

[175] 庄思勇，冯英浚. 基于核心竞争力的核心刚性相对评价研究[J]. 中国软科学，2009(9)：174 - 178.

[176] Ady，Robert M. Shifting factors in plant location [J]. Industrial Development. 1981，11(12)：13 - 17.

[177] Aleotti，L. O.，Araujo，R.，Yahya，R.. Selection of postharvest technology routes by mixed-integer linear programming [J]. International Journal of Production Economics. 1997(49)：85 - 90.

[178] Allen，S. J.，Schuster，E. W.，Controlling the risk for an agricultural harvest[J]. Manufacturing & Service Operations Management. 2004，6(3)：225 - 7236.

[179] A · Lösch. Die raumliche Ordnung der Wirtschaft. Jena. 1940.

[180] Ambrosino，D.，Scutella，M. G.，Distribution network design：New problems and related models [J]. European Journal of Operational Research. 2005，165：610 - 624.

[181] Annevelink，E.. Operational planning in horticulture：Optimal space allocation in pot-plant nurseries using heuristic techniques [J]. Journal of Agricultural Engineering Research. 1992(51)：167 - 177.

[182] August Losch. The economics of location [M]. Yale University Press，1954，New Haven and London. [德] 奥古斯特 · 勒施著，王守礼译. 经济空间秩序—经济财货与地理间的

关系[M]. 北京：商务印书馆. 1995.

[183] A · Weber. Über den Standort der Industrien, Tübingen. 1909.

[184] Badri, M. A.. Dimensions of industrial location factors: review and exploration[J]. Journal of Business and Public Affairs. 2007, 1(2): 1-26.

[185] Bagozzi, R. P. and Y. Yi. On the evaluation of structural equation models[J]. Journal of the Academy of Marketing Science. 1988,16: 74-94.

[186] Beamon, B. M. Supply chain design and analysis: Models and methods. International Journal of Production Economics. 1998, 55: 281-294.

[187] Bender, Peter M., and Chih-Ping Chou. Practical issues in structural modeling[J]. Sociological Methods and Research. 1987(16): 78-117.

[188] Berge ten, H. F. M., van Ittersum, M. K., Rossing, W. A. H., van de Ven, G. W. J., Schans, J., van de Sanden, P. A. C. M. Farming options for the Netherlands explored by multi-objective modeling[J]. European Journal of Agronomy. 2000(13): 263-277.

[189] B · Ohlin. Interregional and international trade. Cambridge, mass. 1933.

[190] Bohrnstedt, G. W. Measurement, in P. H. Rossiet al. (eds.) Handbook of survey research [M]. New York: Academic Press, 1983.

[191] Bollen, KA & Long, JS. (Eds.). Testing structural equations models[J]. Newbury Park, CA: Sage, 1993.

[192] Boomsma, A. & Hoogland, J. J. The robustness of LISREL modeling revisited[M]. 2001.

[193] Buzzell Robert D, Orlmeyer Gwen. Channel partnerships streamline distribution [J]. Sloan Management Review. 1995(1): 85－96.

[194] Caixeta-Filho, J. V. Orange harvesting scheduling management: A case study[J]. Journal of the Operational Research Society. 2006, 57(6): 637－642.

[195] Caixeta-Filho, J. V., van Swaay-Neto, J. M., Wagemaker, A. P. Optimization of the production planning and trade of lily flowers at Jan de Wit Company[J]. Interfaces. 2002, 32 (1): 35－46.

[196] Canel, C., Khumawala, B. M., Law, J., Loh, A. An algorithm for the capacitated, multi-commodity multi-period facility location problem [J]. Computers & Operations Research. 2001, 28: 411－427.

[197] Carmines, Edward G. and John P. McIver. Analyzing models with unobserved variables: analysis of covariance structures. In George W. Bohrnstedt and Edgar F. Borgatta, eds. Social Measurement: Current Issues [M]. Beverly Hill, CA: Sage Publications, 65－115.

[198] CDC Report. Surveillance for food borne disease outbreaks-USA, 1988－1992.

[199] Chin, W. W. and Todd, P. A. On the use, usefulness, and ease of use of structural equation modeling in MIS research: a note of caution[J]. MIS Quarterly, 1995, 19 (2): 237－246.

[200] C·J·Friedrich. Alfred Weber's theory of the location of Industry[J]. University of Chicago. 1966.

[201] Clark K B. Project scope and project performance: The efect of part strategy and supplier involvement on project

development[J]. Management Science. 1989,35(4): 1247 - 1263.

[202] Cordeau, J. F. , Pasin, F. , Solomon, M. M. , An integrated model for logistics network design[J]. Annals of Operations Research. 2006, 144(1), 59 - 82.

[203] Darby-Dowman, K. , Barker, S. , Audsley, E. , Parsons, D.. A two-stage stochastic programming robust planting plans in horticulture[J]. Journal of the Operational Research Society. 2000(51): 83 - 89.

[204] Daskin, M. , Snyder, L. , Berger, R. Facility location in supply chain design[J]. In: Langevin, A. , Riopel, D. (Eds.),Logistics Systems: Design and Optimization. 2005: 39 - 65.

[205] Deng J L. Grey system theory [D]. Wuhan: press of Huazhong University of Science & Technology. 2002.

[206] D. F. Ross. Distribution planning and control[M]. Kluwer Academic Publishers, Norwell, Mass. USA, 1998.

[207] Ding, L. , Velicer, Ww, L. Effect of estimation methods, number of indicators per factor and improper solutions on structural equation mod. & Harlo eling fit indices [J]. Structural Equation Modeling. 1995(2): 119 - 143.

[208] Donovan, Dennis J. Twelve Key Questions for Site Selection Decision Makers[J]. Industrial Development. 1982,7(8): 12 - 15.

[209] Dyer Jefrey H,Ouchi willian G. Japanese-style partnerships: Giving companies a competitive edge[J]. Sloan Management Review. 1993(3): 51 - 63.

[210] Engle,R. F. and and S. B. Yoo. Forecasting and tesing in cointegrated system[J]. Journal of Econometrics. 1987(35):

143－159.

[211] Engle, R. F. and Granger, C. Co-integration and error correction representation, estimation and testing [J]. Econometrica. 1987(55): 251－276.

[212] Farch, J. L., Cannella, A. A. Jr. and Lee, C. Approaches to scale development in Chinese management research [J]. Management and Organization Review. 2006(2): 301－308.

[213] Ferrer, J. C., MacCawley, A., Maturana, S., Toloza, S., Vera, J. An optimization approach for scheduling wine grape harvest operations [J]. International Journal of Production Economics. 2008, 112(2): 985－999.

[214] Fornell, C. and D. F. Larcker. Evaluating structural equation models with unobservable variables and measurement error [J]. Journal of Marketing Research. 1981, 18: 39－50.

[215] Freed, Sherwin and Best, William. Future challenges to the site selection expert [J]. Industrial Development. 1981, 15(4): 9－13.

[216] Gaforth, Bob C. Collection data for site location analysis[J]. Industrial Development. 1981, 5(6): 26－27.

[217] Granger, C. W. J. Co-integrated variables and error-correcting models[J]. University of California, San Diego, Dept. of Economics. Working Paper. 1983: 83－13.

[218] Granger, C. W. J. Some propierties of time series data and their use in econometric model specification[J]. Journal of Econometrics. 1981(16): 121－130.

[219] Hair, J. F., Anderson, R. E., Tatham, R. L., & Black, W. C. Multivariate data analysis (5th eds) [M]. NJ: Prentice-Hall. 1998: 640－654.

[220] Hamer-Lavoie, G., Cordeau, J. F., Un modele pour laconception d'un reseau de distribution avec localisation[J]. affectation et stocks. 2006, 44: 99 - 115.

[221] Hamer, P. J. C. A decision support system for the provision of planting plans for Brussels sprouts [J]. Computers and Electronics in Agriculture. 1994, 11: 97 - 115.

[222] Hammer Michael, Champy James. Recnginecring the corporation, a manifesto for business revolution [M]. New York: Linda Michaels Literary Agency. 1993.

[223] Hesket, T. J. L., W. E. Sasser, L. A. Schlesinger. Service value chain[M]. Harvard Business School Press. 1996: 57.

[224] Hinking, T. R. A brief tutorial on the development of measures for use in survey questionnaires. Organizational Research Methods. 1998(1): 104 - 121.

[225] Hoogland, J. J. & Boomsma, A. Robustness studies in covariance structure modeling: An overview and a meta-analysis[J]. Sociological Methods & Research. 1998(26): 329 - 367.

[226] Hu L., Bentler P M. Cutoff criteria for fit indices in covariance structure analysis: Conventional criteria versus new alternatives[J]. Structural Equation Modeling. 1996, 6(1): 1 - 55.

[227] Itoh, T., Hiroaki, I., Teruaki, N. A model of crop planning under uncertainty in agricultural management[J]. International Journal of Production Economics. 2003, 81 (82): 555 - 558.

[228] Jacgues Savoy. Statistical inference in retrieval effectiveness evaiuation [J]. Information Processing and Management. 1997,33(4): 495 - 512.

[229] Jiang L. Economic entropy and its application to the structure of the transport system—Ouality & guantity[J]. International Journal of Methodoiogy. 1996, 30 (2): 161-171.

[230] Johansen, S. Statistical analysis of co-integration vectors [J]. Journal of Economic Dynamics and Control. 1988(12): 231-254.

[231] John T. Mentzer. Supply Chain Management Review[F]. New York. 2008,12(5): 25.

[232] Journal of Data Analysis April. 2006,1(2): 159-173.

[233] Ju-Chia Kuo, Mu-Chen Chen. Developing an advanced Multi-Temperature Joint Distribution System for the food cold chain[J]. Food Control. 2010: 559-566.

[234] Kazaz, B., Production planning under yield and demand uncertainty with yield-dependent cost and price [J]. Manufacturing & Service Operations Management. 2004, 6 (3): 209-224.

[235] Kelloway, E. K. Using LISREL for structural equation modeling: A researcher's guide[J]. Thousand Oaks, CA Sage. 1998.

[236] Krugman P R. Increasing Returns and Economic Geography [J]. Journal of Political Economy. 1991,99(3): 483-499.

[237] Lai, Y. J., Liu, T. Y., and Hwang, C. L. TOPSIS for MODM [J]. European Journal of Operational Research. 1994, 76: 486-500.

[238] Leutscher, K. J., Renkema, J. A., Challa, H.. Modeling operational adaptations of tactical production plans on pot plan nurseries: A simulation approach [J]. Agricultural Systems. 1999(59): 67-78.

[239] Lu Z, Levis A H. A colored petri net model of distributed tactical decision-making[J]. IEEE Trans on Systems, Man & Cybernetics. 1991, 21(4): 2035 - 2040.

[240] Marija Bogataj, Ludvik Bogataj, Robert Vodopivec. Global logistics management of cold chains[J]. International Journal of Production Economics. 2005: 345 - 356.

[241] McMillan John. Managing suppliers: Incentive systems in Japanese and US industry [J]. California Management Review. 1990(4): 38 - 55.

[242] Miller, W. A., Leung, L. C., Azhar, T. M., Sargent, S.. Production planning for fresh tomato packing [J]. International Journal of Production Economics. 1997 (53): 227 - 238.

[243] M. L. Htch, R. D. Badineei. Conurrent optimization in design for logistic support [J]. European Journal of Operation Research. 1999, (1): 55 - 74.

[244] Oskar Englander. Kritisches und Positives zu einer allgemeinen reinen Lehre vom Standort[J]. Zeitschrift fur Volkswirtschaft und Sozialpolitik. Neue Folge. 1926: 7 - 9.

[245] Owen, S. H., Daskin, M. S. Strategic facility location: a review[J]. European Journal of Operational Research. 1998, 111: 423 - 447.

[246] Peng Yongxing, Yu Shangzhi. The multi-hierarchy integrated evaluation method of enterprise's credit grade [A]. In: Proceedings of ISAHP'99[C]. Kobe, Japan, 1999: 125 - 128.

[247] Phillips, P. C. B., and S. Ouliaris, Asymptotic properties of residual based tests for cointegration[J]. Econometrica. 1990(58): 165 - 193.

[248] Porter. M. E. Clusters and New Economics of Competition

[J]. Harvard Business Review. 1998(11).

[249] Puccia C. J. , Levins R. Ouaiitative modeiing of compiex systems[M]. Boston: Harvard University Press. 1985: 217 - 298.

[250] Purcell, D. L. , Turner, S. C. , Houston, J. , Hall, C. A portfolio approach to landscape plant production and marketing [J]. Journal of Agriculture and Applied Economics. 1993,25 (2): 13 - 26.

[251] Quinn Francis J. Recngineering the supply chain: An interview with Michael Hammer [J]. Supply Chain Management Review. 1999(1): 20 - 26.

[252] Rantala, J. Optimizing the supply chain strategy of a multi-unitfinish nursery[J]. Silva Fennica. 2004,38(2): 203 - 215.

[253] Romero, C. Risk programming for agricultural resource allocation[J]. Annals of Operation Research. 2000 (94): 57 - 68.

[254] Saedt, A. P. H. , Hendriks, T. H. B. , Smits, F. M. A transition planning method applied in a decision support system for pot-plant nurseries [J]. European Journal of Operations Research. 1991(52): 142 - 154.

[255] Seichi Kawasaki, McMillan John. The design of contracts: Evidence from Japanese subcontracting[J]. Journal of the Japanese and International Economics. 1987(4): 327 - 349.

[256] Sexton R S, Dorsey R E, Johnson J D. Toward global optimization for artificial neural networks: A comparison of the genetic algorithm and back propagation[J]. Decision Support Systems. 1998, 22(2): 171 - 185.

[257] Shapiro Roy D. Get leverage from logistics[J]. Harvard Business Review. 1984(3): 119 - 127.

[258] Stiger J H. Structure model evaluation and modification: an interval estimation approach [J]. Multivariate Behavioral Research. 1990(25): 173 - 180.

[259] Stock, J. and M. Watson. Variable Trends in Economic Time Series[J]. Journal of Economic Perspectives. 1988(2): 147 - 174.

[260] Stokes, J., Mjelde, J., Hall, C. Optimal marketing of nursery crops from container-based production systems[J]. American Journal of Agricultural Economics. 1997 (79): 235 - 245.

[261] Syam, S. S. A model and methodologies for the location problem with logistical components [J]. Computers & Operations Research. 2002, 29: 1173 - 1193.

[262] Tabachnick, B. G., &Fidell, L. S. Using multivariate statistics (5thED) [M]. Needham Heights, MA: Allyn and Bacon. 2007.

[263] T • Hagerstrand. Regional forecasting and social engineering [J]. Regional forecasting, London. 1971.

[264] Tian Chun qiao, Zhang Qiang. Intuitionistic fuzzy sets method for fuzzy multiple attribute decision making [J]. Fuzzy systems and Mathematics. 2006, 20(05): 71 - 76.

[265] Tinsley Randolph Harrison, Eugene Braunwald. Harrison's Principles of internal medicine [M]. McGraw-Hill. 1987: 2118.

[266] Turcotte Jim. Are you ready for the e-supply chain [C]. APICS. 1998 (8): 56 - 67.

[267] Van Berlo, M. Jules. A decision support tool for the vegetable processing industry; an integrative approach of market, industry and agriculture [J]. Agricultural Systems.

1993(43): 91 - 109.

[268] Vokurka Robert J, et al. Supply partnership: A case study [J]. Production and Inventory Management. 1998 (1): 30 - 35.

[269] W • Christaller. Die zentralen Orte in Süddeutschland[J]. 1966.

[270] Wheaton, B., Muthén, B., Alwin, D. & Summers. G. Assessing reliability and stability in panel models[J]. In D. R Heise (ed) Sociological Methodology. 1977: 84 - 136.

[271] Widodo, K. H., Nagasawa, H., Morizawa, K., Ota, M.. A periodical flowering-harvesting model for delivering agricultural fresh products [J]. European Journal of Operational Research. 2006(170): 24 - 43.

[272] Womack J P, Jones D T, Roos D. The Machine That Changed the World [C]. New York: Rawson Associates. 1990: 98 - 145.

[273] Yoon K, Hwang. TOPSIS(Technique for order preference by similarity to ideal solution)—a multiple attribute decision making[J]. A paper to be published. 1980.

[274] Yoon K. The propagation of error in multiple-attribute decision analysis: a practical approach [J]. Journal of the operational Research Society. 1989, 40(7): 681 - 686.

[275] Zhang, G., Habenicht, W., & Spie, W. E. L. Improving the structure of deep frozen and chilled food chain with search procedure[J]. Journal of Food Engineering. 2003, 60(1). 67 - 79.

后　记

千言万语，提笔却不知从何说起。

三年，在生命中留下了时光的印记。

将博士论文修改、整理完善成书稿的时候，不禁不自信起来，但无论如何，这也是个人成长过程中一个不可或缺的真实存在。

写作过程中，我一直盼望着写致谢，因为这意味着我可以以此为机会感谢那些一直以来帮助我、常常让我感动的人们。

硕博跟随恩师王健教授的五年时光，是我积累、沉淀直至发生蜕变的五年。在恩师的带领下，我找到了自己的研究方向，也找到了自己的人生方向。老师思维的活跃、对大局的掌控力、领导力以及对问题独到的视角和见解无时不使我惊叹，成为我学习、模仿但难以超越的对象。在承担着繁重的行政工作的同时，老师能够利用每天非行政办公时间进行科研，其精神一直让我等学生钦佩。毕业论文的写作从选题到至今的形成，经历了两年的时光，历经多次修改，老师一直以来给予的鼓励与帮助才使得我能够坚持完成，特别是调研过程中老师所创造的各种便利条件，才使得调研工作得以顺利开展。因调研需要，老师所提供的去台湾的机会以及各方面联系的支持，是论文得以完成的必要条件。

感谢王新民研究员及师母卢老师一家，我有幸成为你们的学生，在福州这个他乡异地你们常常带给我家的温暖，让我一直得到父亲母亲般的关爱，你们的鼓励一直是我前行的重要动力。

感谢台湾海洋大学黄文吉教授，在论文的选题及后期调研过程中，老师都给予了极大的帮助；感谢台湾宋慧龙老师、台湾政治大学蔡孟佳老师、台湾铭传大学黄旭男院长、铭传大学王金龙副校长、杨宗恒处长给予的在台期间的种种帮助；感谢黄尊贤、黄尊德两位弟弟给予的台湾方面问卷调查及回收做出的重大贡献。

在论文开题时，王应明教授提出了宝贵意见，对于后续的研究起到不可磨灭的指导作用。在论文进行预答辩时，黄志刚教授、黄敬前研究员、吴兴南研究员、阳成虎博士的灼见使得文章得以完善。在论文写作过程中，刘丹副院长、刘穹林博士给予了技术支持。杨道田博士在论文写作过程中给予了诸多帮助，蓝以信博士在论文的写作过程中提出了宝贵意见，对于他们的帮助，甚为感激。

感谢福建省经贸委经济运行局魏重德局长、薛尚泉科长及李婷，福建省物流协会林秘书长、沈绍刚副秘书长，在我论文的调研中提供的各方联系与便利。感谢所有问卷的被调研对象。

我的师弟师妹胡晓瑜、陈春辉、陈晓凤、杨凤影、蔡怀鲁、俞炳熙、余朋林、何鹏、林双娇在论文写作过程中文献的搜集整理特别是调研过程中做出了重大贡献，感谢你们，如果没有你们的辛勤劳动，文章不可能如此顺利地完成。

感谢我的爷爷奶奶，正因为来自你们对我从小的教育，才得以成就我的今天。感谢爸爸妈妈，亲恩于点点滴滴，无以为报。感谢我的弟弟，虽然长大后我们为各自的事业交流越来越少，但我能时时刻刻感受到你的关心。

感谢我的儿子杨恩灏在肚子里陪伴妈妈完成论文的写作，如今已经三岁的你是那么的懂事、聪慧，感谢生命中有你，愿你快乐，妈妈永远爱你。

最后，感谢江西财经大学“信毅学术文库”对本书出版的资助，感谢复旦大学出版社王雅楠、岑品杰两位编辑为本书的出版付出的辛勤劳动。

2015 年初秋

图书在版编目(CIP)数据

水产品冷链物流中心区位选择与评价研究/王友丽著. —上海:复旦大学出版社,2015.12
(信毅学术文库)
ISBN 978-7-309-12027-1

Ⅰ. 水… Ⅱ. 王… Ⅲ. 水产品-冷冻食品-物流-研究-中国 Ⅳ. F252.8

中国版本图书馆 CIP 数据核字(2015)第 306584 号

水产品冷链物流中心区位选择与评价研究
友丽　著
责任编辑/宋朝阳　王雅楠

复旦大学出版社有限公司出版发行
上海市国权路 579 号　邮编:200433
网址:fupnet@fudanpress.com　http://www.fudanpress.com
门市零售:86-21-65642857　团体订购:86-21-65118853
外埠邮购:86-21-65109143
江苏凤凰数码印务有限公司

开本 787×960　1/16　印张 15.5　字数 198 千
2015 年 12 月第 1 版第 1 次印刷

ISBN 978-7-309-12027-1/F·2231
定价:39.00 元